W0083777

Text und Recherche: Wolfgang Ziegler **Lektorat:** Nikola Braun, Ute Fuchs, Peter Ritter **Redaktion und Layout:** Susanne Beigott, Ute Fuchs **Karten:** Michael Müller Verlag GmbH **Fotos:** alle Fotos Wolfgang Ziegler außer: Carlos Torres, Cubaimagen: S. 12, Condor Flugdienst GmbH: S. 13, Paul Bica: S. 56, Ministerio de Turismo de Cuba: S. 8/9, 32/33, 35, 39, 63, 91 **Covergestaltung:** Karl Serwotka **Covermotive:** oben: Kathedrale von Havanna © dred2010/Fotolia.com, unten: Varadero-Strand © kmiragaya/Fotolia.com

1. AUFLAGE 2016

VARADERO & HAVANNA

WOLFGANG ZIEGLER

Varadero & Havanna – Willkommen in Cuba 10

Kartenverzeichnis

Alles im Kasten

Was haben Sie entdeckt?

Haben Sie in einer empfehlenswerten Casa particular übernachtet, eine neue Bar entdeckt oder an einem besonders schönen Strand die Sonne genossen? Dann lassen Sie uns dies bitte wissen.

Für Tipps, Anregungen, aber auch Kritik sind wir immer dankbar.

Schreiben Sie an: Wolfgang Ziegler „Havanna & Varadero" | c/o Michael Müller Verlag GmbH | Gerberei 19, D – 91054 Erlangen | wolfgang.ziegler@michael-mueller-verlag.de

Vielen Dank!

Mein besonderer Dank gilt: **Carolin Welsch**, Condor Flugdienst GmbH; **Johannes Winter**, Condor Flugdienst GmbH; **Dr. Frano Ilíc**, Studiosus Reisen GmbH; **Gudrun Schlehhuber-Sasse**, www.islands-and-more.de; **Peter Ritter**, Michael Müller Verlag. Ohne sie wäre die Realisierung dieses Reisebuchs nicht möglich gewesen.

Making of … Varadero & Havanna

Und wieder sitze ich in einer dieser unschicken Cafeterías am Malecón in der Avenida del Puerto Havannas, wo das Bier 1,50 CUC kostet und wo man schon für 2,50 CUC essen kann – Bistec de Cerdo zum Beispiel. Im deutschsprachigen Europa würde man wohl Naturschnitzel dazu sagen und es liebevoll anrichten, aber wir sind nicht zu Hause, und so kommt das Bistec etwas hemdsärmelig daher – mit einem Häufchen Reis und etwas Weißkraut, gekrönt von ein paar Schnittlauch-Krümeln, alles auf einem Teller. Dazu stellt die Kellnerin Essig und Öl auf den Tisch und wünscht: „¡Buen provecho!" – „Guten Appetit!" Nun, die Kombination ist selbst für cubanische Verhältnisse gewagt und das Fleisch zäh wie immer, aber es schmeckt herrlich. Zudem entschädigt der Blick auf die Hafeneinfahrt, die Bucht von Havanna und die Festungen gegenüber für alles.

Für die Ohren gibt es dazu das unaufhörliche Murmeln des Verkehrs, der vielen, inzwischen meist wieder aufpolierten Straßenkreuzer von anno dazumal, die Gespräche der Menschen, die an der Promenier-Meile der Millionenstadt ihren Feierabend genießen, für ein paar Pesos von den fliegenden Händlern ein Tütchen geröstete Erdnüsse gekauft haben – und in einer der Kioske gegenüber eine Flasche Rum. Hinter mir schlagen die Wellen des Atlantiks unaufhörlich an die mächtige Kaimauer, als wollten sie Havanna nicht zur Ruhe kommen lassen. Wohin treibt meine Insel auf diesen Wellen? Den nächsten dunklen Wolken entgegen? Oder vielleicht doch der aufgehenden Sonne? Quien sabe – wer weiß?

Wie oft ich inzwischen in dem Land meiner Träume war, wollen Sie wissen? Keine Ahnung! Irgendwann habe ich aufgehört, zu zählen. Irgendwann habe ich damit begonnen, nur noch die unendliche Leichtigkeit des Seins zu empfinden, wenn ich auf dem Juán-Gualberto-Gómez-Airport von Varadero oder dem José-Martí-Airport von Havanna lande, einen Mietwagen nehme und losfahre. Je lauter die Geräusche und je intensiver die Gerüche werden, desto stärker wird dann ein ums andere Mal auch dieses Gefühl von Leben, das – mir jedenfalls – nur Cuba zu geben vermag. Deshalb würde ich eines Tages auch für immer bleiben – wenn Ausländern dies einmal erlaubt werden sollte. Vielleicht sind Sie bis dahin ja auch ein Cuba-Junky. Vielleicht kann ich Sie ja begeistern für die Insel und ihre Menschen, die so wenig besitzen und doch so viel haben. Vamos a ver – wir werden sehen!

Wenngleich Cuba jeden Besucher früher oder später zu der Erkenntnis kommen lässt, nicht zu leben, um arbeiten zu müssen, sondern zu arbeiten, um leben zu können – heute müssen wir etwas tun, Sie und ich. Denn heute möchte ich Sie gerne mitnehmen auf einen Streifzug durch Varadero und den einen oder anderen Spaziergang durch Havanna. Ich möchte Ihnen zeigen, warum Sie die Insel mit ihren Museen, ihrer Architektur, ihren Stränden und ihrer Musik unbedingt erleben sollten. Vielleicht haben Sie „Buena Vista Social Club" gesehen und seitdem ihren eigenen Cuba-Film im Kopf. Vielleicht lassen Sie sich von mir aber dennoch an ein paar ganz besondere Plätze (ent-)führen, die Sie so nicht auf dem Schirm haben.

Doch wo anfangen, wo aufhören? Beginnen wir mit unserem Bummel einfach am Parque Josone in Varadero oder am Parque Central in Havanna mit dem Denkmal für José Martí – jenen Freiheitskämpfer, der den ersten Stein gelegt hat zu einem Cuba, wie es heute – allen Veränderungen zum Trotz – noch an vielen Ecken ist. Und betrachten wir die imposanten Gebäude, deren Farben inzwischen so verblasst sind wie die Ideale der Revolution. Mit der Renovierung hat man aber schon begonnen – hier wie dort.

Wir sehen uns, nos vemos.

Herzlichst

Ihr Wolfgang Ziegler

Willkommen in Cuba

Cuba ist Musik

Einreise

Die Einreise nach Cuba ist für Touristen aus Deutschland, Österreich und der Schweiz nur mit einem Visum in Form einer sogenannten Touristenkarte zusammen mit einem noch mindestens sechs Monate gültigen Reisepass möglich.

Touristenkarte

Pauschaltouristen erhalten die Touristenkarte über ihr Reisebüro, Individualtouristen müssen sich vor der Einreise an die zuständige cubanische Auslandsvertretung in Berlin oder Bonn bzw. Wien oder Bern wenden, wo sie die Karte zum Preis von 22 Euro erwerben können. Sofern der Antrag für die Touristenkarte nicht durch persönliches Erscheinen im Konsulat, sondern per Post gestellt wird, werden zusätzlich 25 Euro Bearbeitungsgebühr, insgesamt also 47 Euro, fällig, die mittels Verrechnungsscheck (keine Banküberweisung!) zu begleichen sind. Außerdem ist dem Antrag dann ein frankierter Rückumschlag beizulegen, wobei ein

Einschreiben zu empfehlen ist, da das Konsulat keine Haftung für auf dem Postweg verloren gegangene Briefe übernimmt.

Eine kostengünstigere Variante offeriert der Cuba-Spezialist „Islands and More" in München (www.islands-and-more.de). Dort kann man die Touristenkarte für 35 Euro online über einen Secure-Server bestellen. Porto fällt nur bei Versand per Einschreiben oder per Express an. Eine Bestellung ist selbst bei einer kurzfristigen Abreise möglich, der Versand kann noch am gleichen Tag erfolgen. Wenn man bei der Agentur zudem weitere Leistungen wie etwa einen Mietwagen bucht, verringert sich der Preis für die Touristenkarte auf 25 Euro.

Mit Touristenkarte und Reisepass kann man sich bis zu 30 Tage im Land aufhalten, eine einmalige Verlängerung um weitere 30 Tage ist bei der Einwanderungsbehörde (span. „Inmigración") vor Ort möglich. Eine Touristenkarte ist auch dann erforderlich, wenn ausländische Staatsbürger Freunde oder entfernte Verwandte in Cuba privat besuchen möchten, sie stellt allerdings keine Genehmigung dar, bei diesen auch zu nächtigen.

Da sich die Einreisebestimmungen für Staatsangehörige Deutschlands, Österreichs und der Schweiz kurzfristig ändern können, wird vor allem vor Antritt von Individualreisen eine Rückfrage bei den cubanischen Auslandsvertretungen empfohlen.

oder Obst werden bei der Einreise beschlagnahmt, da deren Einfuhr aus gesundheitspolizeilichen Gründen verboten ist. Elektrogeräte dürfen ebenfalls nur für den persönlichen Bedarf und nicht als Geschenke für cubanische Staatsangehörige eingeführt werden. Für Geschenke (nichtkommerzielle Einfuhr) ab einem Gegenwert von 100 CUC wird Zoll in Höhe von 100 Prozent erhoben.

Auswärtiges Amt, Bürgerservice, Referat   040,   11013   Berlin, ✆ (030) 50002000,   www.auswaertiges-amt.de.
Islands and More, ✆ (089) 3128 6947, www.islands-and-more.de.

Krankenversicherung

Neben Touristenkarte und Reisepass ist für die Einreise der Nachweis einer auf der Insel gültigen Krankenversicherung notwendig. Darunter fallen grundsätzlich alle europäischen Reisekrankenversicherungen, auch jene, die in bestimmten Kreditkartenverträgen (z. B. Eurocard Gold) enthalten sind. Ihr Abschluss ist mittels der entsprechenden Police, die nicht zwingend ins Spanische übersetzt sein muss, zu dokumentieren. Sollte man keine im Land gültige Krankenversicherung vorweisen können, muss vor Ort eine cubanische Versicherung abgeschlossen und bezahlt werden. Die Kosten von ca. zwei Euro pro Tag müssen noch am Flughafen bzw. Hafen für die Gesamtdauer des Aufenthaltes entrichtet werden.

Reisegepäck

Im Reisegepäck sollten grundsätzlich nur Dinge für den persönlichen Bedarf mitgeführt werden. Übermengen können beschlagnahmt werden, weil sie der Zoll (span. „Aduana") als unerlaubte Geschenke ansieht. Frische Wurstwaren, Milchprodukte, Gemüse

Die Condor fliegt von Frankfurt und München nach Cuba

Fortbewegung mit Spaß-Garantie: Coco-Taxen in Havanna

Ausreise

Bei der Ausreise über Flughäfen wird eine Gebühr (Airport-Tax) in Höhe von derzeit 25 CUC erhoben, die bei Pauschalreisen – abhängig vom Reiseveranstalter – allerdings oft im Reisepreis enthalten ist. Quittiert wird die Entrichtung mit einem holographierten Aufkleber in Briefmarkengröße auf der Bordkarte.

Grundsätzlich ist darauf zu achten, dass sich im Reisegepäck – wie bei der Einreise – nur Dinge für den persönlichen Bedarf befinden. Wie außerdem nur in wenigen anderen Ländern wird bei der Ausreise aus Cuba nicht nur jedes Handgepäckstück, sondern auch jeder bereits eingecheckte Koffer gescannt und im Zweifelsfall geöffnet. In jüngster Zeit wurden wiederholt selbst wertlose kunsthandwerkliche Gegenstände, die auf Touristenmärkten gekauft wurden, von den Zollbehörden mit dem Hinweis beschlagnahmt, es handle sich um cubanisches Kulturgut. Auskünfte über Ausfuhrgenehmigungen von kunsthandwerklichen Gegenständen erteilt Bienes Culturales, Calle 17 Nr. 1009 e/ 10 y 12, Vedado, Ciudad La Habana,

☎ (07/017) 839658. Informieren kann man sich auch unter www.aduana. co.cu, dem spanisch- und englischsprachigen Internetauftritt der cubanischen Zollbehörde.

Außerdem hat Cuba die ausfuhrrechtlichen Vorschriften für Zigarren verschärft, um Schwarzmarktgeschäfte einzudämmen. Bis zu 20 „Habanos" dürfen dennoch ohne Vorlage eines Kaufbelegs mit nach Hause genommen werden. Werden aber bis zu 50 Zigarren (zwei Kisten) ausgeführt, muss grundsätzlich die entsprechende Rechnung des offiziellen Tabakwarengeschäfts vorgelegt werden, die Schachteln selbst müssen zudem ungeöffnet und mit dem offiziellen, fälschungssicheren Hologramm versehen sein.

Tourismus

Der Fremdenverkehr mit seinen mehr als 60.000 Zimmern in Hotels und weiterer 10.000 in privaten Pensionen, den sogenannten Casas particulares, ist der Lebensnerv der cubanischen Wirtschaft.

Die laut Caribbean Tourism Organization knapp drei Millionen Touristen (Stand: 2014), die inzwischen jedes Jahr auf die Insel kommen, bescheren dem Staat regelmäßige Einnahmen von deutlich über zwei Milliarden US-Dollar. Während sich der Pauschaltourismus auf wenige Zentren wie Havanna, Varadero, Cayo Coco und die Nordküste der Provinzen Villa Clara und Holguín konzentriert, erfreuen sich Individualreisen immer größerer Beliebtheit. Dem trägt das cubanische Tourismusministerium dadurch Rechnung, dass es seit Mai 2007 in verstärktem Maße Privatunterkünfte zulässt. Gleichzeitig wurde das Einreiseprozedere auf den größeren Flughäfen beschleunigt und die Start- und Landegebühren für Fluggesellschaften gesenkt. In naher Zukunft sollen außerdem in Varadero 50 weitere kleine bis mittlere Hotels entstehen und landesweit 26 Freizeiteinrichtungen wie Themenparks und Golfplätze gebaut werden. Dieses Bündel an Maßnahmen soll zur Verteidigung des zweiten Platzes unter den Urlaubsgebieten der Karibik beitragen (hinter der Dominikanischen Republik mit 5,1 Millionen Touristen und vor Jamaica mit 2,0 Millionen Urlaubern, Stand: 2014).

Allerdings könnte Cuba der Dominikanischen Republik ganz schnell den Rang ablaufen, sollten die USA eines Tages allen US-Bürgern touristische Reisen auf die Insel gestatten. Aktuell dürfen nur Staatsbürger mit cubanischen Wurzeln beliebig oft in die Heimat ihrer Väter reisen.

Die Beschränkung auf maximal einen Besuch innerhalb von drei Jahren wurde 2009 aufgehoben und die Locke-rung 2010 außerdem auf Trips mit akademischem, religiösem, kulturellem oder sportlichem Hintergrund ausgeweitet, um verstärkte Kontakte „von Mensch zu Mensch" und den Austausch von Erfahrungen zu ermöglichen, wie es hieß. US-Amerikaner ohne cubanische Abstammung hingegen müssen, wenn sie in Cuba Urlaub machen wollen, nach wie vor mühsame Umwege über Kanada, Mexiko oder die Bahamas in Kauf nehmen. So ist derzeit noch Kanada mit rund 38 Prozent das wichtigste touristische Herkunftsland, gefolgt von den europäischen „Reise-Weltmeistern" Großbritannien, Italien, Spanien und Deutschland sowie Argentinien und Mexiko.

Ein Strauß von Erdnusstütchen

Willlkommen in Cuba!

Cuba von A bis Z

Adressen

Die cubanischen Adressen sind recht verwirrend – auf den ersten Blick. Bei näherer Betrachtung sind sie allerdings wesentlich genauer als die Anschriften in den deutschsprachigen Ländern Europas. Neben dem Namen der Straße (Calle, Avenida oder Carretera) und den – nicht immer vorhandenen – Hausnummern wird nämlich mit „entre" (Abk. „e/", dt. „zwischen") oder „esquina" (dt. „Ecke") auch die Lage des jeweiligen Gebäudes näher beschrieben. Teilweise geht aus den Adressen sogar hervor, in welcher Etage die Wohnung liegt. „Bajos" steht dabei für Parterre, „altos" für eines der Obergeschosse.

Beispiele: „Calle Concordia Nr. 418 e/ Gervasio y Escobar" bedeutet, dass das Gebäude an der Straße Concordia steht, die Hausnummer 418 trägt und sich zwischen den Querstraßen Gervasio und Escobar befindet. „Calle Virtudes Nr. 169 A esquina Amistad" heißt, man findet das Haus mit der Nummer 169 A an der Ecke der Straßen Virtudes und Amistad.

Damit man sich leichter nach dem Weg erkundigen kann, sind in diesem Reisebuch alle Adressen in der cubanischen Originalschreibweise angegeben. Notfalls genügt es also, mit dem Finger auf die entsprechende Zeile zu zeigen.

Diplomatische Vertretungen

Cubanische Botschaft in Deutschland: Stavanger Straße 20, 10439 Berlin, ✆ (030) 91611811, embacuba-berlin@botschaft-kuba. de, www.cubadiplomatica.cu/alemania/EN/ Home.aspx.

Außenstelle Bonn: Kennedyallee 22–24, 53175 Bonn, ✆ (0228) 3090, ofidip-bonn@ botschaft-kuba.de.

Konsularabteilung: Gotlandstraße 15, 10439 Berlin, ✆ (030) 44793109, recepcion-consulado @botschaft-kuba.de, www.cubadiplomatica. cu/alemania/EN/ConsularServices.aspx.

Cubanische Botschaft in Österreich: Kaiserstraße 84, A-1070 Wien, ✆ (01) 8778198, www. cubadiplomatica.cu/austria/EN/Home.aspx.

Konsularabteilung: ✆ (01) 877819828.

Cubanische Botschaft in der Schweiz: Gesellschaftsstraße 8, CH-3012 Bern, ✆ (031) 3022111, www.cubadiplomatica.cu/suiza/En/ Home.aspx.

Deutsche Botschaft in Cuba: Calle 13 Nr. 652 esquina B, ✆ (07/017) 8332539, 8332569. Rechts- und Konsularabteilung: ✆ 8333188.

Österreiche Botschaft in Cuba: Avenida 5ta A Nr. 6617 esquina 70, ✆ (07/017) 2042825.

Schweizer Botschaft in Cuba: Avenida 5ta, Nr. 2005 e/ 20 y 22, ✆ (07/017) 2042611.

Essen, Trinken, Schlafen in Cuba

Die Gastro Szene Cubas lässt sich grob in vier Kategorien einteilen: Devisen-Restaurants, Peso-Lokale, Privat-Restaurants (früher Paladares) und Cafeterías. Während man in Havanna, den Provinzhauptstädten und allen größeren Orten die gesamte gastronomische Bandbreite vorfindet, wird das Angebot umso spärlicher, je weiter man ins flache Land vordringt.

Am besten fährt man in aller Regel in den inzwischen nahezu perfekt durchorganisierten Privat-Restaurants, die auf Service, Qualität und Kundenzufriedenheit setzen – und schon allein deshalb jedem staatlichen Restaurant vorzuziehen sind. Das Essen ist authentisch, kommt in großzügigen Portionen auf den Tisch, schmeckt in der Regel vorzüglich und ist mit Preisen um 10 CUC nicht überteuert.

Cubas Getränkepalette hält grundsätzlich jedem Vergleich stand, obwohl wegen des immer noch bestehenden Handelsembargos nicht alle internationalen Labels in den Regalen der Geschäfte und auf den Tresen der Bars stehen. Doch die Cubaner wissen seit mehr als 50 Jahren, wie man (über)lebt. Was man nicht auf direktem Weg einführen kann, wird über Drittländer importiert oder einfach selbst hergestellt – basta. So kommt das Cola beispielsweise eben nicht von der Coca-Cola-Company in Atlanta/USA, sondern von deren Tochterunternehmen in Mexiko oder vom eigenen Softdrink-Hersteller Ciego Montero aus der Provinz Cienfuegos.

Liebhaber von Rum-Mixgetränken und anderen Cocktails kommen in Cuba hingegen voll auf ihre Kosten. In fast keinem anderen Land der Erde werden sie perfekter zubereitet, definitiv nirgendwo sonst sind sie günstiger. Selbst in Devisen-Bars bekommt man einen „Cuba libre", einen „Daiquiri" oder einen „Mojito" schon ab 1,50 CUC – und damit beinahe geschenkt.

Obwohl Rum als Nationalgetränk gilt, wird in Cuba eigentlich wesentlich mehr Bier (span. „Cerveza") konsumiert, von dem die bekanntesten Marken „Mayabe", „Cristal" und das bei Touristen besonders beliebte „Bucanero" in Holguín gebraut werden. Bei den Import-Produkten dominieren die Niederlande mit „Bavaria" und „Heineken", in einigen Lokalen kommt aber auch das deutsche „Beck's" auf den Tisch. Doch egal, für welches man sich entscheidet, meist wird es in 0,355-Liter-Dosen verkauft – selbst in Restaurants. Eine der ganz wenigen Ausnahmen ist die „Factoría Plaza Vieja" in der Altstadt Havannas, die ihr Cerveza nicht nur selbst herstellt, sondern auch frisch gezapft serviert. Größere Gruppen oder besonders Durstige können sich dort auch eine eisgekühlte Drei-Liter-Plexiglasröhre mit dem in hell und dunkel erhältlichen Spezialbier bestellen und daraus die Gläser am Tisch selbst füllen.

Traurig, aber wahr ist indes, dass sich die Hotellerie des Landes noch immer nicht – noch nicht einmal überall in Varadero – auf der Höhe der Zeit befindet. Schäbige Gebäude, renovierungsbedürftige Zimmer und vorsintflutliche Bäder sind gegenwärtig eher die Regel als die Ausnahme – zumindest bei jenen Häusern, die sich komplett in staatlicher Hand befinden. Eine höhere Qualität darf man von den Joint Ventures erwarten, bei denen renommierte internationale Hotel-Ketten wie etwa Barceló, Meliá oder Iberostar mit dem cubanischen Staat kooperieren und ihr Know-how einbringen. Nicht zuletzt deshalb ist man mit einem der rund 10.000 Zimmer in den privaten Casas particulares in aller Regel besser bedient, denn dort wird man von den Besitzer-Familien umsorgt und bezahlt nur einen Bruchteil dessen, was man in Hotels für die Übernachtung hinblättert. Wie die Zulassung von privaten

Mal Imbiss, mal Hauptmahlzeit:
Lechón (Spanferkel vom Grill)

Restaurants ist auch die Möglichkeit, Privatquartiere zu eröffnen, ein Ergebnis der Bemühungen um Wirtschaftsreformen Mitte der 1990er Jahre. Und ihre Zahl wächst stetig.

Die schönsten Casas particulares findet man im Internet übrigens auf www.visit cuba.de, der Website des Autors dieses Reisebuchs.

Frauen auf Reisen

Für allein reisende Frauen gibt es eigentlich kein sichereres Ferienziel als Cuba. Gewalt gegen (ausländische) Frauen ist praktisch unbekannt, sexuelle Übergriffe kommen ebenfalls so gut wie nicht vor, auch nachts ist es jederzeit möglich, sich unbehelligt auf den Straßen zu bewegen – und das selbst in der Millionenstadt Havanna. Wer sich von den Pfiffen, dem Zischen, den Luftküsschen und den unvermeidlichen Komplimenten der Cubanos nicht belästigt fühlt, wird sicherlich einen wunderbaren Urlaub verbringen. Und wer doch, muss wissen, dass „Anmache" dieser Art in der cubanischen Macho-Gesellschaft einfach dazugehört. Deshalb ist eine solche vielleicht plump anmutende Kontaktaufnahme immer nett und freundlich gemeint, und deshalb genügt meist auch ein resolutes „No!", um sie zu unterbinden. Noch hilfreicher ist es, wenn frau sich einige spanische „Brocken" aneignet, um dem Gegenüber im Zweifelsfall unzweideutig klarzumachen, was sie will und – vor allem – was nicht. Ein strenges „Déjame en paz!" (dt. „Lass mich in Ruhe!") wird zwar wohl als unfreundlicher Akt gewertet werden, aber definitiv klare Verhältnisse schaffen. Und die sind durchaus angebracht. Denn die Annäherungsversuche oder gar Liebesschwüre von Cubanern sind zu einem ahohen Prozentsatz keine Herzensangelegenheiten, sondern (pekuniäres) Kalkül.

Eine Frau aus einem „kapitalistischen" Land verheißt schließlich Reichtum,

Wohlergehen und irgendwann die Ausreise – ist jedenfalls die landläufige Meinung. Deshalb werden selbst flüchtige Bekanntschaften oft auch sehr schnell in die Familie eingeladen und Verwandte sowie Freunden als „Novia" (dt. „Verlobte") vorgestellt. Vorsicht ist also die „Mutter der Porzellankiste", wenn es nicht schon im Urlaub zu einem Polterabend mit ungeahnten und vor allem ungewollten Folgen kommen soll.

Gedenk- und Feiertage

1. Januar: Tag des Sieges der Revolution [oben steht: Tag der Befreiung, 1959]

28. Januar: Geburtstag von Nationalheld José Martí

4. April: Tag des Kindes

1. Mai: Tag der Arbeit

20. Mai: Tag der Unabhängigkeit

26. Juli: Tag des nationalen Aufstandes (Jahrestag des Sturms auf die Moncada-Kaserne)

30. Juli: Tag der Märtyrer der Revolution

8. Oktober: Todestag von Comandante Ernesto Che Guevara

10. Oktober: Jahrestag der Unabhängigkeitserklärung (Beginn des Ersten Unabhängigkeitskrieges)

28. Oktober: Todestag von Comandante Camilo Cienfuegos

Geld

Die offizielle Währung Cubas ist der Peso cubano (Abk. CUP), der landläufig auch als Moneda nacional (Abk. MN) bezeichnet wird und nur für die einheimische Bevölkerung bestimmt ist. Er ist unterteilt in 100 Centavos, Banknoten gibt es im Wert von 1, 3, 5, 10, 20, 50 und 100 Pesos, Münzen von 1 Centavo bis 3 Pesos. Grundsätzlich ist es auch Ausländern erlaubt, mit dem cubanischen Peso zu bezahlen, hauptsächlich dient er aber für den Bezug von staatlich subventionierten Waren und für den Zahlungsverkehr in einfacheren Gaststätten, den sogenannten

Peso-Restaurants. Daneben existiert für Touristen und für den Kauf von sogenannten „Luxusgütern" (= alle Waren, die nicht für Moneda nacional erhältlich sind) der Peso cubano convertible, kurz Peso convertible (Abk. CUC). Er hat den US-Dollar seit November 2004 als offizielle Zweitwährung abgelöst, ist aber noch immer an dessen Kurs gebunden. Der offiziell festgelegte Wechselkurs beträgt 1:1. Der Tageskurs anderer Währungen, auch des Euro, errechnet sich folglich aus ihrem aktuellen Verhältnis zum US-Dollar sowie dessen fixem Wechselkurs zum CUC.

Bargeld in US-amerikanischer Währung mitzuführen, macht für Touristen aus Europa keinen Sinn, da deren Einfuhr und Besitz zwar nach wie vor erlaubt sind, US-Dollars von cubanischen Banken anders als andere Währungen beim Barankauf aber mit einer Umtauschgebühr von zehn Prozent belegt werden. Von den gängigen Kreditkarten werden in den Geldinstituten und Wechselstuben Cubas Eurocard/Mastercard und Visa akzeptiert.

Als Alternative bzw. zusätzlich zu Kreditkarten und Euros ist es ratsam, Euro-Reiseschecks mitzuführen, die jedoch nicht von American Express ausgestellt sein dürfen.

Der Wechselkurs zwischen CUC und CUP beträgt 1:24, allerdings können Touristen die cubanische Binnenwährung nicht in den Banken, sondern nur in den „Casas de cambio" (Abk. „Cadeca") erwerben. Auch ein Rücktausch in CUC ist dort jederzeit möglich, angenommen werden dabei aber ausschließlich Beträge von mindestens 25 CUP bzw. ein Vielfaches davon, um Centavo-Auszahlungen zu vermeiden. Nicht verbrauchte Pesos convertibles werden demgegenüber von allen Instituten zurückgenommen, selbst an den internationalen Flughäfen kann man sie am Abreisetag noch in Euros zurücktauschen.

Süßes am Straßenrand: Churros

Im Alltag ist darauf zu achten, dass die Preise von Waren in Geschäftsauslagen grundsätzlich mit dem Dollar-Zeichen ($) versehen sind, unabhängig davon, ob Pesos cubanos oder Pesos convertibles gemeint sind. Im Zweifelsfall fragt man also besser gezielt nach. Bei Preisverhandlungen haben es Touristen nicht viel leichter, da im cubanischen Sprachgebrauch immer, wenn es um Geld geht, von Pesos die Rede ist – egal, ob der Busfahrer zum Beispiel Pesos cubanos oder der Taxi-Chauffeur Pesos convertibles möchte. Wenn von Letzteren gesprochen wird, benutzen Cubaner zur Unterscheidung aber auch Begriffe wie „Dolares" oder „Divisa".

Dieses Peso-Dickicht umgeht man, wenn man sich ausschließlich in Touristenzentren bewegt. Nachdem der Euro zunächst in den Touristenzentren Varadero, Cayo Coco und Cayo Largo erfolgreich als Drittwährung eingeführt worden war, wurde die europäische Einheitswährung ab 2003 auch in den Badeorten anderer Provinzen als offizielles Zahlungsmittel zugelassen.

Gesundheit

Eigentlich kann einem nichts Besseres passieren, als in Cuba krank zu werden – aber wer will das schon, zumal in den Ferien. Doch für den Fall der Fälle ist es gut zu wissen, dass man bei cubanischen Ärzten in den allerbesten Händen ist. Nach der Revolution wurde das cubanische Gesundheitswesen sukzessive ausgebaut und gilt heute als Vorbild für den gesamten lateinamerikanischen Kontinent. Nicht umsonst reisen immer mehr Touristen ausschließlich deshalb auf die Insel, um sich dort operieren zu lassen. Allein 2006 wurden in den internationalen Kliniken Cubas über 36.000 ausländische Patienten behandelt, von denen allerdings rund 30.000 erst während ihres Aufenthalts erkrankten. Insgesamt umfasst das cubanische Gesundheitssystem 283 Krankenhäuser, 440 Polikliniken, 166 zahnmedizinische und kieferorthopädische Hospitäler und mehr als 1500 andere Versorgungseinrichtungen, in denen Cubaner kostenlos behandelt werden.

Pro 1000 Einwohner stehen 5,9 Krankenhausbetten zur Verfügung – ein einsamer Rekord. Außerdem wurde für die gesamte Bevölkerung das sogenannte Hausarzt-Programm aufgelegt, durch das die medizinische Erstversorgung gewährleistet wird.

Apotheken

Trotz des hervorragenden Gesundheitssystems herrscht in Cuba aufgrund des Wirtschaftsembargos ein steter Mangel an Medikamenten. Touristen sind davon zwar meist nicht tangiert, weil die internationalen Apotheken immer zuerst mit frischer Ware bestückt werden. Sobald man allerdings in Peso-Apotheken einkaufen möchte, was Ausländern jederzeit erlaubt ist, wird man ernüchtert feststellen müssen, dass die Regale mit Ausnahme von ein paar Kopfschmerztabletten oft leergefegt sind. Und die wenigen Arzneien, die es möglicherweise gibt, sind nur gegen (cubanische) Rezepte erhältlich. Grundsätzlich empfiehlt es sich daher, vor Antritt des Urlaubs seine persönliche Reiseapotheke zu überprüfen, gegebenenfalls aufzufüllen und vor allem die „üblichen Verdächtigen" wie Aspirin, Paracetamol und Imodium einzupacken. Ganz wichtig sind auch Insektensprays – in den Regenwäldern und an den Stränden wird man von Moskitos und Sandflöhen oftmals regelrecht überfallen.

Impfungen

Pflichtimpfungen sind für die Einreise nach Cuba nicht vorgeschrieben. Ärzte empfehlen trotzdem grundsätzlich einen Impfschutz gegen Hepatitis A, Tetanus und Diphtherie, bei Langzeit-Aufenthalten zudem gegen Hepatitis B und Typhus. Malaria kommt auf der Insel nicht vor, allerdings wurden in jüngster Zeit vermehrt Fälle von Dengue-Fieber bekannt, in deren Zusammenhang auch von Toten berichtet wird. Der cubanische Staat geht dagegen mit einem umfangreichen Aktionsprogramm vor, um die das Virus übertragenden Moskitos zu vernichten. Unter anderem sieht die Prävention bei einem Dengue-Alarm vor, an den Grenzen betroffener Provinzen sämtliche Kraftfahrzeuge anzuhalten, die dann an Ort und Stelle mittels chemischer Keule ausgeräuchert werden. Für Menschen sind die eingesetzten Chemikalien angeblich nicht gefährlich – es handle sich nur um „ein bisschen Gift", wird von den Mitarbeitern der Gesundheitsbehörden freundlich mitgeteilt.

Krankheiten

Neben den üblichen Reisekrankheiten geht man normalerweise keinerlei länderspezifische Gesundheitsrisiken ein. AIDS ist zwar in der ganzen Welt ein Thema, die Zahl der HIV-positiven Personen in Cuba allerdings eher unterdurchschnittlich. Offiziell wird ein Prozentsatz von 0,34 Promille genannt, was im Vergleich mit anderen Ländern tatsächlich niedrig wäre. Tatsache ist aber, dass HIV-Infektionen natürlich auch in Cuba vorkommen und das Ansteckungsrisiko bei Reisebekanntschaften bedacht werden sollte.

Infos im Internet

www.aduana.co.cu: spanisch- und englischsprachige Seite der cubanischen Zollbehörde mit detaillierten Hinweisen über Ein- und Ausfuhrbestimmungen.

www.cuba.cu: offizielle cubanische Website mit Nachrichten und Informationen über Cuba.

www.cubagob.cu: offizielle Seite der Regierung der Republik Cuba.

www.cubainfo.de: cubanisches Fremdenverkehrsamt in Deutschland.

www.cubanacan.cu: cubanisches Tourismusunternehmen mit Hotels, Autovermietungen, Yachtcharter etc.

www.cubatravel.cu: Portal des cubanischen Tourismusministeriums mit vielen Informationen zu einzelnen Reisezielen in Cuba – auch in Deutsch.

www.deutscher-verein-havanna.org:
Homepage des 1861 in Havanna gegründeten und bis heute bestehenden Vereins mit Aktivitäten und Terminen.

www.digiradio.ch/radiocuba: Schweizer Seite in Deutsch, Englisch und Spanisch mit der Möglichkeit, verschiedene cubanische Fernseh- und Radiosendungen live zu empfangen.

www.gran-caribe.com: cubanische Hotelgruppe mit Vier- und Fünf-Sterne-Häusern im ganzen Land.

www.granma.cu: Homepage der bedeutendsten cubanischen Tageszeitung in fünf Sprachen – auch in Deutsch.

www.met.inf.cu: Internetauftritt   des meteorologischen Instituts der Republik Cuba mit Auskünften zum Wetter auf der Insel – leider nur auf Spanisch.

www.viazul.com: Informationen zu sämtlichen Überland-Busverbindungen von Viñales bis Baracoa.

www.visitcuba.de: Informationen   über Land und Leute sowie Buchungsmöglichkeit von ausgewählten Casas particulares im ganzen Land.

Internetzugang

Beim Zugang zum World Wide Web – für Touristen! – hat Cuba inzwischen weitgehend internationalen Standard erreicht, wenngleich die Zahl der inselweiten Access-Points mit knapp über 300 noch hinterherhinkt und das Tempo der Server oftmals eher mit einem Bummelzug als mit einem Intercity zu vergleichen ist. Dennoch: In jedem größeren Ort gibt es mittlerweile mindestens ein Internetcafé, in nahezu allen auf den internationalen Tourismus ausgerichteten Hotels mehrere PCs, an denen man seine E-Mails abrufen und surfen kann. Das System basiert auf Prepaidkarten mit einem mehrstelligen Zahlen- und Buchstabencode. Die meisten Einrichtungen betreibt die cubanische Telefongesellschaft ETECSA (Empresa de Telecomunicaciones de Cuba S.A.), die unter der Bezeichnung „Telepunto" im ganzen Land Niederlassungen hat. Dort kann man nicht

nur online gehen, sondern meist auch telefonieren und faxen. In den „Telepuntos" bezahlt man generell 3 CUC für 30 Minuten bzw. 6 CUC für 60 Minuten, während auf Flughäfen, in Hotels und in Internet-Cafés zwischen 6 und 12 CUC verlangt werden.

Kriminalität

Verglichen mit anderen Ferndestinationen ist Cuba noch immer ein sicheres Reiseland. In jüngster Zeit registriert das Auswärtige Amt allerdings eine zunehmende Zahl von Eigentumsdelikten, Körperverletzungen und in seltenen Fällen von Gewaltverbrechen, von denen auch Touristen betroffen sind. Der cubanische Staat reagiert darauf mit verstärkter Polizeipräsenz vor allem in den Großstädten und Urlauber-Hochburgen. In der Altstadt von Havanna etwa gibt es inzwischen kaum noch eine Straßenkreuzung, an der keine uniformierten Streifenpolizisten stehen – nicht nur, um den Verkehr zu regeln. Dennoch lassen sich Taschendiebstahl und Handtaschenraub nicht ganz vermeiden – Letzterer häufig begangen vom Fahrrad oder vom Kleinkraftrad herunter. Und auch an den Stränden verschwinden unbeaufsichtigte Wertgegenstände nicht gerade selten. Deshalb ist es für Touristen besonders wichtig, Reisedokumente wie Pass und Flugtickets im Hotelsafe zu deponieren und nur Fotokopien davon bei sich zu tragen, die bei möglichen Polizeikontrollen anstandslos akzeptiert werden.

Während die meisten Touristen von massiven Übergriffen verschont bleiben, gibt es wohl nur wenige Urlauber, die nicht irgendwann von Bettlern und „freischaffenden" Straßenhändlern behelligt werden. Vor allem in Havanna, viel mehr aber noch in Santiago de Cuba kann ihre permanente „Anmache" ganz schön nerven. Dabei gehen sie fast immer nach dem gleichen Strickmuster vor: Sie erspähen einen Touristen, was aufgrund des Aussehens und der Kleidung meist kein Kunststück ist, machen sich an ihn heran und deuten auf ihr linkes Handgelenk, um zu signalisieren, dass sie gerne die Uhrzeit wüssten. Hat man sie ihnen gesagt, wissen sie natürlich sofort, woher man kommt – so viel Deutsch, Englisch, Französisch oder Italienisch können sie alle. Und auch zu einfachen Phrasen wie „Guten Tag!" oder „Alles klar?" reichen ihre Sprachkenntnisse meist aus, weil der Vetter in Frankfurt arbeitet, die Schwester in Berlin verheiratet ist, der Großvater einen deutschen Schäferhund besaß – oder weiß Gott, was sie sich alles einfallen lassen, um ins Gespräch zu kommen. Lässt man sich darauf ein, hat man einen Begleiter mehr – ob man will oder nicht. Um ihn wieder loszuwerden, bedarf es meist kleinerer finanzieller Zuwendungen und vieler guter oder böser Worte – „Déjame en paz!" (dt. „Lass mich in Ruhe!") oder „Pírate!" (dt. „Verpiss dich!") sind noch die harmloseren.

Jineteros

Die weitaus unangenehmste Sorte von ungebetenen cubanischen Begleitern sind die Schlepper (Jineteros, von span. „jinetear" = reiten), die üblicherweise mit englischen Standardsätzen wie „How are you?" oder „Where are you from?" den ersten Kontakt aufnehmen, um ihrer unfreiwilligen Klientel anschließend die verschiedensten Dienstleistungen anzubieten: Zigarren, Casas particulares, Paladares, Taxis und Mädchen – ihr Fundus und ihr Einfallsreichtum sind fast grenzenlos. Da sich bei den meisten Touristen inzwischen herumgesprochen hat, dass man cubanische Cohibas keinesfalls auf der Straße kaufen sollte, da die dort offerierten Zigarren meist aus Tabakabfällen zusammengestopft werden, sind ihre lukrativsten Einkommensquellen private Quartiere und Restaurants. Zwischen fünf und zehn CUC sogenannte Kommission bezahlen die Besitzer für die

Vermittlung von Kunden, was in der Folge natürlich auf die Preise für Zimmer und Menüs umgeschlagen wird. Aus diesem Grund lungern Jineteros oftmals auch in der Nähe von Casas particulares bzw. Paladares herum und folgen den Touristen, sobald diese das Haus oder das Lokal betreten haben, um damit den Anschein zu erwecken, als seien die Gäste auf ihre Veranlassung hin gekommen.

Um diesem inselweiten Phänomen aus dem Wege zu gehen oder Jineteros zumindest „abblitzen" zu lassen, sollte man einige Verhaltensmaßregeln beherzigen:

- Wenn man auf der Straße angesprochen wird, helfen oftmals Sätze wie „No necesito nada" (dt. „Ich brauche nichts") oder „Tengo todo" (dt. „Ich habe alles"). Lässt man dann auch noch „No me moleste!" (dt. „Nerven Sie mich nicht!") folgen, dürfte der Fall erledigt sein.

- Wird man nach seiner Herkunft gefragt, lauten die Zauberwörter „Soy ruso" (dt. „Ich bin Russe") oder „Soy de Rusia" (dt. „Ich bin aus Russland"). Da vor dem Fall des Eisernen Vorhangs viele Sowjetbürger im Land waren, wissen die Cubaner, dass bei denen nichts zu holen ist.

- Ist man ortsunkundig und muss nach Adressen, Straßen oder Richtungen fragen, wendet man sich am besten an ältere Personen oder Kinder oder man geht in ein Geschäft.

- Beim Betreten von Casas particulares und/oder Paladares sollte man darauf achten, ob ein Cubaner folgt, und das Haus und/oder Restaurant im Zweifelsfall wieder verlassen.

Jineteras

Die weiblichen Pendants zu den Schleppern sind die Jineteras (von span. jinete = Reiter/Reiterin), die eine andere Art von Dienstleistung anbieten.

Obwohl Prostitution in Cuba streng verboten und mit drakonischen Strafen bewehrt ist, bekommt die Polizei das Geschäft mit der käuflichen Liebe offenbar nicht so recht in den Griff. Vor allem in Cabarets und Diskotheken oder auf dem Malecón Havannas, wo sogar ein eigener Abschnitt ausschließlich für Homosexuelle „reserviert" ist, feiert das Rotlichtmilieu fröhliche Urständ. Dies verwundert umso mehr, als Jineteras ein hohes Risiko eingehen. 1999 wurden die Verhaftungsbefugnisse der Polizei erweitert, 2003 zudem ein Gesetz erlassen, das den Besitzern von Casas particulares vorschreibt, alle cubanischen Gäste in Begleitung von Ausländern den Behörden zu melden. Taucht ein Name häufiger im Zusammenhang mit (verschiedenen) Touristen auf, droht zunächst die „Gelbe Karte", schon beim dritten Mal allerdings eines der berüchtigten Umerziehungslager – für drei Jahre.

Drogen

Der Kontakt mit Drogen aller Art, die auf den Straßen Cubas und dort vor allem in den Touristengebieten angeboten werden, sollte unbedingt vermieden werden. Selbst der Besitz einer minimalen Menge von Haschisch oder Marihuana wird als Drogenschmuggel gewertet, für den das Strafmaß von vier bis zu 30 Jahren Haft reicht.

Post

Die cubanische Post ist so zuverlässig wie die cubanische Eisenbahn – manchmal kommt sie, manchmal nicht. Bei Ansichtskarten oder Briefen nach Europa muss man grundsätzlich mit Laufzeiten von etwa vier Wochen rechnen. Im Zweifelsfall wissen die Lieben zu Hause also schon längst, dass man wieder gut zurückgekehrt ist, ehe die postalischen Urlaubsgrüße eintreffen. Nicht viel schneller geht es innerhalb des Landes, wo Briefe und Päckchen zwischen Havanna und Santiago ebenfalls bis zu zwei Wochen unterwegs sind – falls sie überhaupt ankommen, was zumindest bei Warensendungen alles andere als gewährleistet ist. Briefmarken, die man ebenfalls in den Postämtern erhält, bewegen sich preislich deutlich unter europäischem Niveau. Für Ansichtskarten und Briefe nach Europa zahlt man einheitlich 0,75 CUP/ ca. 0,03 CUC.

Reisezeit

Cuba ist ein Ganzjahresziel, die angenehmste Reisezeit ist von November bis April – zumindest dann, wenn man nicht nur am Strand liegen will. Denn dann herrscht meist trockenes Wetter und die Tagestemperaturen liegen bei ca. 25 Grad Celsius. Im Januar und Februar kann es auch kühlere Tage geben, an denen die Quecksilbersäule nachts bis auf 15 Grad Celsius und teilweise darunter fällt. Tagsüber ist es dank des subtropischen Klimas aber immer warm bei einer durchschnittlichen Luftfeuchtigkeit um die 80 Prozent.

Shopping

Geldausgeben wird in Urlaubsländern grundsätzlich leicht gemacht, Cuba macht da keine Ausnahme. Ausgedehnte Einkaufstouren kann man allerdings nicht unternehmen, dafür gibt es einfach viel zu wenig interessante Geschäfte mit noch weniger lohnenswerten Luxusgütern – und wenn, dann haben diese die gleichen Preise wie in Europa. Schnäppchen macht man allenfalls in den Adidas-Stores, wo die Originalware aus Herzogenaurach teilweise um bis zu 50 Prozent günstiger zu haben ist als in den Sportgeschäften zu Hause. So bleiben meist nur T-Shirts mit dem Konterfei von Ernesto Che Guevara, cubanisches Kunsthandwerk, naive Malereien und Musik-CDs als denkbare Souvenirs. Ganz anders präsentiert sich Cuba Liebhabern von feinem Rum und edlen Zigarren. Die wichtigen Devisenbringer werden im ganzen Land in Hülle und Fülle – und in allen Preislagen – angeboten. Während man bei Rum bedenkenlos in jedem Supermarkt zugreifen kann, sollte man Zigarren ausschließlich in den ausgewiesenen „Casas del Habano" kaufen – beides jedenfalls unter keinen Umständen auf der Straße. Man weiß nie, welche Überraschung die vermeintlichen „Super-Sonderangebote" bergen, die dort feilgeboten werden. Diese Spielregeln muss man auch beim Erwerb von Kunst und hochwertigem Kunsthandwerk beachten. Denn dafür benötigt man bei der Ausreise immer die Originalrechnung, meist sogar eine Ausfuhrgenehmigung. Einige Galerien wie beispielsweise „La Acacia" in Havanna haben selbst die Berechtigung, diese Zertifikate auszustellen, andere verweisen an das Registro Nacional de Bienes Culturales, das sein Büro in Havanna-Vedado, Calle 17 Nr. 1009, unterhält.

Geschäfte

Man muss nicht lange um den heißen Brei herumreden: Die meisten Läden des Landes halten keinem Vergleich mit europäischen Geschäften oder Einkaufspassagen stand. In aller Regel bestehen sie aus einem größeren Raum, in dem ein kunterbuntes Durcheinander herrscht und Haushaltswaren neben Parfümerieartikeln, Kleidung neben Süßigkeiten, Schuhe neben Elektrogeräten angeboten werden. Dennoch akzeptieren sie ausschließlich Devisen, weil in Cuba eben alles, was nicht unter die Grundnahrungsmittel fällt, zu den Luxusprodukten zählt. Und die gibt es nun mal nicht für Pesos. Die einzige Ausnahme stellen die – absolut sehenswerten – „Casas de Comisiones" dar, eine Mischung aus Secondhandshop und Trödelmarkt, wo die Einheimischen all das verkaufen lassen können, was nicht passt, nicht gefällt oder nicht

(Warte-)Zeit ist Geld

mehr gebraucht wird. Entsprechend ist das Angebot, das vom Gartenschlauchventil bis zur Mausefalle, vom Lampenschirm bis zur Fernsehröhre reicht.

Ausschließlich auf die Bedürfnisse von Touristen ausgerichtet sind – logischerweise – die Geschäfte in den großen Hotels, die allerdings meist nur Souvenirs führen oder Waren, die man andernorts deutlich preisgünstiger bekommt. In den großen Shopping-Malls etwa – die gibt es in Cuba und hauptsächlich in Havanna auch. Die „Plaza de Carlos Tercero" in Havanna-Centro oder die „Galerías de Paseo" in Havanna-Vedado sind solche Konsumtempel, in denen es Dutzende von Läden gibt, die ein breites Warenangebot vorhalten. Wenngleich Passagen dieser

Art noch dünn gesät sind, so findet man inzwischen zumindest in den Provinzhauptstädten wenigstens ein größeres Kaufhaus mit mehreren Abteilungen nach „Karstadt"- oder „Kaufhof"-Muster. In grundsätzlich allen Geschäften Cubas gelten übrigens besondere Sicherheitsvorschriften. So darf sich meist nur eine bestimmte Anzahl von Kunden in dem jeweiligen Laden aufhalten, hat man vor dem Betreten etwaige Taschen oder Rucksäcke immer an der „Guardabolsos" (dt. „Taschenaufsicht") abzugeben, muss man beim Verlassen die erstandenen Waren von der Security mit dem Kassenzettel vergleichen lassen – Quittungen also unbedingt mitnehmen.

Die Öffnungszeiten der Geschäfte sind variabel und höchst unterschiedlich, man kann aber davon ausgehen, dass man von Montag bis Samstag zwischen 10 und 17 Uhr selten vor verschlossenen Türen steht. Die in anderen lateinamerikanischen Ländern übliche Siesta ist in Cuba gänzlich unbekannt. Sogar sonntags haben die meisten Läden geöffnet – in den Vormittagsstunden bis maximal 14 Uhr.

Zigarren

Denkt man an Cuba, denkt man an Musik, Rum und – genau! – Zigarren.

Es müssen nicht immer Cohibas sein

Nicht umsonst ist der Name der Hauptstadt Havanna quasi zu einem Synonym für die dicken, würzigen „Puros" geworden, wie sie in der Landessprache genannt werden. 27 verschiedene Marken, von denen Cohiba, H. Upmann, Montecristo, Partagás und Romeo y Julieta zu den bekanntesten zählen, werden derzeit auf der Insel hergestellt – natürlich in Handarbeit. Und von allen gibt es mehrere Sorten, allein Cohiba hat elf unterschiedliche Zigarren auf dem Markt. Wer kein Kenner ist und von dieser Vielfalt erschlagen wird, kann entweder auf Fidel Castro vertrauen, der bis 1989, als er den Glimmstängel für immer ausdrückte, entweder „Corona Grande" aus dem Hause Montecristo oder Cohibas „Espléndidos" rauchte. Oder er kann sich an die Experten der offiziellen „Casas del Habano" halten, einer landesweiten Kette, in deren Läden man nicht nur das breiteste Sortiment, sondern auch die kompetenteste Beratung findet. So erfährt man beispielsweise, dass die Einlageblätter für die Cohibas eine dritte Fermentierung durchlaufen, was ihre ohnehin hohe Qualität noch einmal steigert, dass der Geschmack der in Havanna gerollten Partagás als erdig gilt oder dass die Marke Romeo y Julieta ihre berühmteste Zigarre nach Churchill benannt hat. Die hohe Qualität hat allerdings ihren Preis, Schnäppchen darf man beim Kauf von „Habanos" keinesfalls erwarten. Die Zigarren sind zwar grundsätzlich preisgünstiger als in Europa, mit 50 CUC für eine Kiste (25 Stück) muss man aber schon rechnen – und 400 CUC sind auch keine Seltenheit. Billiger gibt es cubanische Puros nur auf der Straße zu kaufen, wovor noch einmal ausdrücklich gewarnt werden muss. Zigarren im „freien Verkauf" sind mit an Sicherheit grenzender Wahrscheinlichkeit aus Tabakabfällen gerollt.

Rum

Cubas zweiter Exportschlager neben den „Habanos" ist Rum. Um ihn zu kaufen, bedarf es keines Fachgeschäfts, wenngleich es auch davon welche gibt. Eines der größten davon findet man in der Avenida 1ra von Varadero, wo eine Auswahl von sage und schreibe 74 verschiedenen Sorten angeboten wird. Am berühmtesten – weil international vertrieben – ist der „Havana Club". Als bester – jedenfalls nach Meinung vieler Cubaner – gilt allerdings der „Ron Santiago", eine Marke, die in der nach dem Sieg der Revolution verstaatlichten Bacardí-Destillerie in Santiago de Cuba produziert wird. Andere Produkte wie „Ron Varadero", „Liberación" oder „Legendario" befinden sich geschmacklich aber durchaus auf Augenhöhe mit diesen Aushängeschildern der cubanischen Rum-Industrie. Entscheidend ist auch gar nicht so sehr das Label, sondern die Zeit, in der das Destillat in den Eichenfässern heranreiten durfte. Und die kann man ganz einfach am Etikett ablesen, wo man den Hinweis „tres (3) años", „siete (7) años" oder – wenn es ganz teuer wird – „quince (15) años" findet. Während der feine „Siebenjährige" überall für etwa 10 CUC/0,7 l erhältlich ist, muss man nach dem seltenen 15 jährigen „Zungenschnalzer" selbst in einem Rum-Land wie Cuba regelrecht suchen. Noch nicht einmal Fachgeschäfte haben ihn immer vorrätig – und wenn, bezahlt man dafür mindestens 80 CUC.

Stromspannung

Die Stromspannung beträgt in der Regel 110 Volt, in den meisten Hotels und Casas particulares ist aber auch oder sogar ausschließlich 220 Volt-Strom verfügbar. Da die Steckdosen auf die US-amerikanische Norm (zweipolige Flachstecker) ausgerichtet sind, benötigt man immer Adapter, die zumindest in Ferienanlagen auch leihweise erhältlich sind.

Telefonieren

Telefonieren aus Cuba

Internationale Telefonate nach Deutschland, Österreich oder in die Schweiz sind an den öffentlichen Fernsprechern am preiswertesten, allerdings sind nicht alle Münz- oder Kartentelefone für Auslandsgespräche eingerichtet, worauf entsprechende Aufkleber hinweisen. In der Regel zahlt man derzeit für Anrufe nach Europa rund 5 CUC pro Minute, vom Hotel-Zimmer aus natürlich entsprechend mehr. Um in das internationale Netz zu gelangen, wählt man in Cuba zunächst den Zugangscode 119, danach die Länder-Vorwahl (für Deutschland also 0049), gefolgt von der Ortsvorwahl (ohne die „0") und schließlich die jeweilige Teilnehmer-Nummer

Deutschland: 119 – 0049 – Ortsvorwahl ohne „0" – Nummer des Teilnehmers

Österreich: 119 – 0043 – Ortsvorwahl ohne „0" – Nummer des Teilnehmers

Schweiz: 119 – 0041 – Ortsvorwahl ohne „0" – Nummer des Teilnehmers

Mobiltelefone

Wer sein Handy (span. „Móvil" bzw. „Celular") mit nach Cuba nimmt, kann inzwischen – abgesehen von wenigen Ausnahmen – davon ausgehen, erreichbar zu sein und telefonieren zu können. Zumindest in und um die Provinzhauptstädte, erst recht aber in den Touristenzentren sind die Mobilfunk-Netze so gut ausgebaut, dass der Empfang stets gewährleistet ist. Cubanische Netzbetreiber sind die (Staats-)Firmen Cubacel und C.com, die beide Roaming-Verträge mit den gängigen europäischen Providern abgeschlossen haben, in Deutschland mit T-Mobile,

Vodafone, O2 und E-Plus. Handy-Telefonate nach Deutschland, Österreich oder in die Schweiz schlagen mit rund 5 CUC pro Minute zu Buche, abhängig von der Vertragsart und dem jeweiligen Anbieter. Bei Auslandsgesprächen ist im Gegensatz zum Festnetz nur die internationale Länder-Kennung (für Deutschland also 0049) zu wählen, gefolgt von der Ortsvorwahl (ohne die „0") und der jeweiligen Teilnehmer-Nummer.

Touristen-Information

Die offiziellen und tatsächlich besten Anlaufstellen für Touristen sind die Büros von Infotur, wo man nicht nur kompetente Auskünfte erhält, sondern auch Stadtpläne und Straßenkarten erwerben kann. Allerdings ist Infotur nicht in allen Städten vertreten. Dort treten an ihre Stelle dann die Niederlassungen von Cubanacán, Havanatur, Cubatur oder Rumbos, wobei diese staatlichen Reiseveranstalter natürlich in erster Linie ihre organisierten Ausflüge verkaufen wollen. Für Informationen vor Antritt der Reise ist die beste Adresse das Cubanische Fremdenverkehrsbüro, Stavangerstraße 20, 10439 Berlin, ☎ (030) 44719658, 44718949, www.cubatravel.cu, www.autenticacuba.com.

Trinkgeld

Bevor man Trinkgelder gibt oder – bitte nicht! – verweigert, sollte man immer bedenken, dass Cubaner, egal ob Servicekraft im Restaurant, Zimmermädchen im Hotel, Musiker, Reiseleiter oder Toilettenfrau, im Durchschnitt maximal 15 CUC pro Monat verdienen und auf das Zubrot wirklich angewiesen sind. Und zieht man dann noch in Betracht, was man zu Hause in eine Parkuhr wirft, wenn man seinen Wagen für eine Stunde abstellt, sollte man eigentlich wissen, was man zu tun hat. Die Empfehlungen für die Höhe von Trinkgeldern sind unterschiedlich und reichen von 10 Centavos convertibles für die Toilettenbenutzung über zwei CUC pro Tag für Tourguides bis zu drei CUC pro Woche für aufmerksames Hotelpersonal. Ausnahmen sind die Taxifahrer, mit denen ein Fixpreis ausgehandelt wird und die ohne Taxameter chauffieren. Bei ihnen kann man davon ausgehen, dass ohnehin der komplette Betrag in die eigene Tasche fließt. Und in privaten Restaurants und Casas particulares werden Trinkgelder grundsätzlich nicht erwartet – gerne genommen werden sie aber doch.

Zeitunterschied

In Cuba gilt von November bis März die Central Standard Time (CST) bzw. von März bis November die Central Daylight Time (CDT). Die Differenz zwischen der koordinierten Weltzeit (engl. Universal Time Coordinated, kurz: UTC) und der CST beträgt minus fünf Stunden, zwischen der UTC und der CDT minus vier Stunden. Die Mitteleuropäische Zeit (MEZ) entspricht der UTC+1, die Mitteleuropäische Sommerzeit (MESZ) der UTC+2.

Der Zeitunterschied zwischen Cuba und Mitteleuropa beträgt damit bis auf wenige Wochen im Jahr immer minus sechs Stunden. Wenn es also in Deutschland, Österreich und der Schweiz 18 Uhr ist, schlagen die Uhren in Cuba 12 Uhr mittags.

Zu beachten ist, dass die Umstellung der CST auf die CDT zwei bis drei Wochen früher erfolgt als die Umstellung von der MEZ auf die MESZ. Im Herbst werden die Uhren in Cuba hingegen später von der Sommer- auf die Winterzeit umgestellt als in Europa. In den Übergangsphasen beträgt der Zeitunterschied deshalb vorübergehend fünf bzw. sieben Stunden.

Geschichte im Überblick

ca. 8000 v. Chr. Erste Besiedlung Cubas durch Indios des Stammes Guanahatabey. Ihnen folgen die Siboney und schließlich die Taíno.

1492 Christoph Kolumbus landet an der Nordküste Cubas in der Bucht von Bariay.

1511 Diego Velázquez gründet im Namen der spanischen Krone mit Baracoa die erste Stadt in Cuba, sechs weitere folgen.

1514 An der Karibikküste wird die Siedlung San Cristóbal de la Habana (Havanna) gegründet, vier Jahre später aber an die Atlantikküste verlegt.

1522 Santiago de Cuba wird zur ersten Hauptstadt der spanischen Kolonie ausgerufen.

1607 Havanna löst Santiago de Cuba als Hauptstadt der Insel ab.

1762 Havanna wird von britischen Truppen eingenommen, aber schon nach elf Monaten im Tausch gegen Florida an Spanien zurückgegeben.

1791 In der Folge der Französischen Revolution wird Haiti von einem Sklavenaufstand überzogen, die aus Frankreich stammenden Zuckerrohr-Farmer flüchten nach Cuba und machen das Land zum größten Zuckerproduzenten der Welt.

1837 Cuba baut als fünftes Land der Erde und als erstes der spanischsprachigen Welt eine Eisenbahnlinie.

1868 Unter Führung von Carlos Manuel de Céspedes bricht der Erste Unabhängigkeitskrieg aus, der bis 1878 dauert und deshalb auch „Zehnjähriger Krieg" genannt wird.

1879/80 Rebellen unter Führung der Generäle Calixto García und Antonio Maceo geben den Kampf nicht verloren und ziehen gegen die spanischen Besatzer in den „Kleinen Krieg" (span. „Guerra Chiquita").

1895 Es kommt zum Zweiten Unabhängigkeitskrieg, zu dessen Beginn Nationalheld José Martí in einem Scharmützel bei Dos Ríos in der heutigen Provinz Granma fällt.

1898 Obwohl die cubanische Rebellenarmee die spanischen Besatzer bereits am Rande einer Niederlage hat, schalten sich die USA in den Krieg ein und stellen sich auf die Seite der Revolutionäre. Die Kolonialtruppen unterliegen.

1899 Die USA erhalten formell die Hoheit über die Insel. Die vorausgegangenen Friedensverhandlungen in Paris finden ohne cubanische Beteiligung statt.

1902 Die Republik Cuba wird gegründet, ein Zusatz in der Verfassung („Platt-Amendment") räumt den USA unter bestimmten Umständen aber das Recht auf Interventionen ein.

1903 Die verfassunggebende Versammlung Cubas verpachtet die Bucht von Guantánamo an die USA.

1924–1933 Gerardo Machado kommt an die Macht und errichtet eine Diktatur.

1934 Fulgencio Batista stürzt Machado mit Rückendeckung der USA und wird 1940 zum Präsidenten gewählt.

1952 Nachdem er die anstehenden Präsidentschaftswahlen als verloren ansieht, putscht sich Batista erneut an die Macht, die Wahlen werden abgesagt.

1953 Fidel Castro stürmt mit seinen Gefolgsleuten die Moncada-Kaserne in Santiago de Cuba, wird festgenommen, verurteilt, ins Gefängnis gesteckt, 1955 jedoch amnestiert und verbannt.

1956 Unter Führung von Fidel Castro landet die Yacht „Granma" an der cubanischen Ostküste, der bewaffnete Kampf gegen das Batista-Regime beginnt.

1958/59 Die Rebellen um Fidel Castro, Raúl Castro, Ernesto Che Guevara und

Camilo Cienfuegos entscheiden die Revolution für sich, Diktator Batista flieht in die USA.

1960 Nach der Verstaatlichung ausländischer Großunternehmen in Cuba verhängen die USA ein Wirtschaftsembargo.

1961 Die USA brechen die diplomatischen Beziehungen zu Cuba ab und starten die Invasion in der Schweinebucht, die von der Revolutionsarmee zurückgeschlagen wird.

1962 Die Sowjetunion stationiert Atomraketen auf der Insel, die sogenannte „Cuba-Krise" bringt die Welt an den Rand eines Atomkriegs.

1967 Ernesto Che Guevaras Revolution in Bolivien scheitert, er wird festgenommen und standrechtlich erschossen.

1975 Cuba und die Bundesrepublik Deutschland nehmen diplomatische Beziehungen auf.

1991 Nach dem Zusammenbruch der Sowjetunion erlebt Cuba eine massive Wirtschaftskrise, die „Período Especial" (dt. „Sonderperiode") wird ausgerufen.

1998 Papst Johannes Paul II. besucht Cuba und erreicht größere Freiheiten für die 42 Prozent Christen unter der Bevölkerung.

2004 Nach elf Jahren wird der US-Dollar als offizielle Zweitwährung abgeschafft und durch den „Peso convertible" (CUC) ersetzt.

2006 Wegen schwerer Krankheit übergibt Fidel Castro alle Amtsgeschäfte vorübergehend an seinen jüngeren Bruder Raúl.

2008 Raúl Castro wird vom Parlament zum Präsidenten des Staatsrates (Staatsoberhaupt) und Präsidenten des Ministerrates (Regierungschef) gewählt, nachdem sein Bruder Fidel nicht mehr für diese Ämter kandidiert hatte.

2009 US-Präsident Barack Obama macht erste Schritte zu einer Änderung der amerikanischen Cuba-Politik und lockert die Sanktionen für Reisen von US-Bürgern auf die Insel, Devisentransfers und Exporte.

2010 Zwei Jahrzehnte nach dem Ende des Kommunismus in Europa lässt auch Cuba mehr Privatwirtschaft zu. In 178 verschiedenen Berufen darf künftig selbstständig gearbeitet werden. Gleichzeitig kündigt die Führung in Havanna an, rund 20 Prozent der Stellen in Ministerien und Behörden zu streichen.

2011 Um die Privatwirtschaft anzukurbeln und selbstständige Erwerbstätigkeit zu fördern, vergeben die cubanischen Banken erstmals Privatkredite. Nach nur sechs Monaten werden Darlehen in Höhe von insgesamt mehr als 250 Millionen Pesos (CUP), umgerechnet knapp neun Millionen Euro, genehmigt.

2012 Papst Benedikt XVI. stattet der Insel einen Besuch ab, feiert auf der Plaza de la Revolución eine Messe mit 300.000 Besuchern und kritisiert das US-Embargo. Im Anschluss trifft er mit Fidel Castro zusammen und erreicht, dass der Karfreitag fortan als staatlicher Feiertag gilt.

2013 Im Januar tritt die Reisefreiheit für alle Cubaner in Kraft. Ab sofort können alle Staatsangehörigen einen Pass beantragen und ohne Sondergenehmigung ausreisen. Gleichzeitig wird die maximale Dauer einer Auslandsreise von elf auf 24 Monate verlängert.

2014 Präsident Raúl Castro und US-Präsident Barack Obama kündigen völlig überraschend die Neuausrichtung der cubanisch-amerikanischen Beziehungen an.

2015 Die USA streichen Cuba von der Liste der Staaten, die den Terror unterstützen. Auf dem 7. Amerika-Gipfel kommt es zu einem historischen Handschlag zwischen den Präsidenten Barack Obama und Raúl Castro. Schließlich eröffnen die einstigen Erzfeinde nach 54 Jahren wieder Botschaften im jeweils anderen Land.

Cuba in Zahlen

Geographie

Gesamtfläche: 110.860 km², davon Cuba 104.945 km², Isla de la Juventud 2200 km², Cayos und Inseln 3715 km²

Landfläche: 110.837 km²

Wasserfläche: 23 km²

Küste: 3735 km

Höchster Berg: Pico Turquino (1974 m)

Längster Fluss: Río Cauto (343 km)

Durchschnittstemperatur: 25 °C

Relative Luftfeuchtigkeit: 81 %

Demographie (Zensus 2011)

Bevölkerung: 11,075 Mio., davon 65 % Weiße, 10 % Schwarze, 25 % Mulatten

Bevölkerungsdichte pro km²: 100

Bevölkerungswachstum p. a.: −0,12 %

Säuglingssterblichkeit: 4,76 je 1000

Lebenserwartung Frauen: 80,1 Jahre

Lebenserwartung Männer: 75,5 Jahre

Religionszugehörigkeit: Christen 43 %, Konfessionslose 55 %, Sonstige 2 %

Hauptstadt: Havanna (2,2 Mio. Einwohner)

Größte Städte nach Havanna: Santiago de Cuba
(514.000 Einwohner), Holguín (346.000), Camagüey (322.000), Santa Clara (236.000)

Gesundheit

Ärzte: 69.630 (6,399 je 1000 Einwohner)

Zahnärzte: 9635 (0,87 je 1000 Einwohner)

Krankenhausbetten: 5,9 je 1000 Einwohner

HIV-Infizierte: 6200

Bildung

Analphabeten (Bevölkerung über 14 Jahre): 0,2 %

Einschulungsquote: 100 %

Währung

Peso Convertible (CUC), Peso Cubano (CUP) – 24 CUP entsprechen 1 CUC bzw. 1 US-Dollar

Wirtschaft

Bruttoinlandsprodukt: 55,180 Mrd. US-Dollar

Auslandsverschuldung: 21,02 Mrd. US-Dollar

Inflationsrate: 4,7 %

Exportvolumen: 4,67 Mrd. US-Dollar

Importvolumen: 12,97 Mrd. US-Dollar

Wirtschaftswachstum: 7,6 %

Stromproduktion: 16,99 Mrd. kWh/Jahr

Ölproduktion: 53.680 Barrel/Tag

Landwirtschaftliche Anbaufläche: 37.559 km²

Rinder: 3,764 Mio., Schweine: 2,430 Mio., Schafe: 3,1 Mio.

Fischfang: 99.000 t

Lebensstandard

Durchschnittseinkommen: 350 CUP (ca.12 Euro)

Arbeitslosenquote: 2,5 % (offiziell)

Mindestrente: 200 CUP (ca. 8 Euro)

Kommunikation

Telefon-Hauptanschlüsse: 1,16 Mio.

Mobiltelefone: 1 Mio.

Rundfunkgeräte: 3,342 Mio.

Fernsehgeräte: 4,66 Mio.

Computer: 910.000

Internetnutzer: 1,6 Mio.

Verkehr

Eisenbahnnetz: 8598 km

Befestigte Straßen: 29.820 km, davon 638 km Schnellstraßen

Wasserstraßen: 240 km

Autos: 309.000

Militär

Streitkräfte (Truppenstärke): 46.000

Kampfpanzer: 700

Kampfflugzeuge: 110

Sonstiges

Nationalfeiertag: 1. Januar (Tag der Befreiung, 1959)

Internet-Ländercode: .cu

Kfz-Länderkennzeichen: C

Landesvorwahl: 0053

Elektrizität: 110 Volt / 60 Hz

Zeitverschiebung: minus 6 Std.

Das Capitolio – Wahrzeichen Havannas und geographischer Nullpunkt Cubas

Die Reiseziele

Träume in Weiß: die Strände Varaderos

Varadero

Cubas berühmtester Ferienort braucht nicht viele Worte. Die Zahlen sagen alles: Weit mehr als 50 Hotels und Ferien-Resorts, mehr als 15.000 Gästezimmer und wöchentlich mehr als 100 Landungen von Flugzeugen aus – beinahe – aller Welt machen Varadero seit Jahren zur unumstrittenen Nummer eins der cubanischen Tourismusindustrie.

Über 30 Prozent aller Cuba-Urlauber kommen für die angeblich schönsten Tage des Jahres sogar ausschließlich an die strahlend weißen Strände der Hicacos-Halbinsel. Kein Wunder: Unter den tropischen Ferien-Paradiesen, die sich durch Sonne, Sand und Palmen auszeichnen, befindet sich Varadero auf Augenhöhe mit Cancún auf der mexikanischen Halbinsel Yucatán oder Punta Cana im Südosten der Dominikanischen Republik. Wer Erholung am Meer sucht und bereit ist, sich zehn Stunden ins Flugzeug zu setzen, wird also nicht enttäuscht sein. Für einen unbeschwerten Badeurlaub ist Varadero mit seinem 20 Kilometer langen Strand sicherlich eine gute Adresse.

Allerdings muss man wissen: Mit Otto-Normal-Cubanern in Kontakt kommen zu wollen, ist in der Hotel-Zone von Varadero ein schier hoffnungsloses Unterfangen. Abgesehen vom Personal in den Resorts, Restaurants und Diskotheken ist sind sie hier nämlich eine so gut wie ausgestorbene Spezies. Anders ist es im alten Ortskern von Varadero, wo es eine Handvoll Sehenswürdigkeiten und jede Menge Unterhaltungs- und Einkaufsmöglichkeiten gibt. Entlang der Avenida 1ra, der Hauptstraße und Lebensader des 8000-Seelen-Ortes, wechseln sich Restaurants mit Märkten ab, kleine Bars mit Verkaufsständen, Autovermietungen mit Tourismusbüros – ganz so, wie man dies auch aus anderen beliebten Urlaubsdestinationen der Welt kennt.

Will man ein bisschen tiefer eintauchen in das Land und ein bisschen mehr Atmosphäre schnuppern, ist dies schon in den Ortschaften Santa Marta und Boca de Camarioca möglich, die ebenfalls zum Großraum Varadero zählen und in denen man tatsächlich noch das ursprüngliche Cuba antrifft – mit all seinen Unzulänglichkeiten und all seinen freundlichen Menschen. Und selbst die Provinzhauptstadt Matanzas und das etwas kleinere Cárdenas liegen mit Entfernungen von 30 bzw. elf Kilometern quasi vor der Haustür. Dort, in Cárdenas, sprechen viele Einwohner sogar ein recht passables Englisch, weil die meisten von ihnen in den Hotels von Varadero in Lohn und Brot und in täglichem Kontakt zu den Touristen stehen.

Die Geschichte

Seinen Ursprung als Erholungsort hatte das 1887 von einer zehnköpfigen Fischerfamilie gegründete Varadero bereits im Jahr 1872, als die Spanier die Hicacos-Halbinsel während des Ersten Unabhängigkeitskrieges zum Rückzugsgebiet auserkoren hatten, von dem die Kämpfe weit genug entfernt waren.

Die eigentliche Entwicklung hin zu einem Touristenzentrum begann allerdings erst 1930, als der US-amerikanische Industrielle Alfred Irénée Dupont de Nemours hier von den Nachfahren spanischer Siedler Grund erwarb. Von dem Architekten-Konsortium, das das Capitol in Havanna entworfen hatte, ließ er für die damals horrende Summe von 338.000 US-Dollar seinen Landsitz „Xanadu" bauen (seit 1963 Nobel-Restaurant und -Hotel) und gleichzeitig Golfclub, Flugplatz und Yachthafen errichten. Es dauerte nicht lange, bis es ihm andere wohlhabende Amerikaner gleichtaten und Varadero zur Sommerfrische für Millionäre wurde. Sogar Mafiaboss Al Capone und der damalige Diktator Fulgencio Batista mischten sich in der Sommerfrische unter die Reichen und die Schönen – und unter die Spieler und Prostituierten, denn der Ort war sehr schnell zum Zentrum für Vergnügungen aller Art geworden.

Seine erste Blüte erlebte Varadero Anfang der 1950er Jahre, als man begann, immer mehr Hotels aus dem Boden zu stampfen, was das cubanische Seebad alsbald zum berühmtesten Ferienziel der Karibik machte. Mit dem Ende der Revolution fiel Varadero allerdings in einen Dornröschenschlaf, Tourismus galt von heute auf morgen als verpönt. Erst 30 Jahre später änderte der einstige Staatspräsident Fidel Castro seine Haltung – wegen Devisenmangels. Sonnenhungrige Ausländer sollten Geld in die leeren Kassen des maroden Systems spülen. Der Plan ging auf: Heute kommen jährlich über eine halbe Million Urlauber in die vielen neuen oder zumindest von Grund auf renovierten Vier- und Fünf Sterne Häuser Varaderos. Auf dem Internationalen Flughafen „Juan Gualberto Gómez" starten und landen inzwischen mehr Maschinen aus Deutschland als in Havanna.

Sehenswertes

Parque Josone: Der zentrale Park von Varadero mit vielen großen Bäumen, schattigen Plätzen und einem künstlichen See wurde im Jahr 1942 fertiggestellt. Damals ließen die Besitzer der Rumfabrik von Cárdenas, José und Onelia Fermín, hier ihren Landsitz errichten. Der Name des Parks wurde aus den jeweils ersten drei Buchstaben ihrer Vornamen gebildet. Das Herrenhaus aus dem Jahr 1945 sowie das Gästehaus der Familie sind heute Restaurants, Ersteres das internationale Restaurant „El Retiro", Letzteres das italienische Restaurant „Dante". Daneben gibt es mitten im Parque in einer Hazienda aus dem Jahr 1946 das Restaurant „La Campana" mit kreolischer Küche, die Wein-Bar

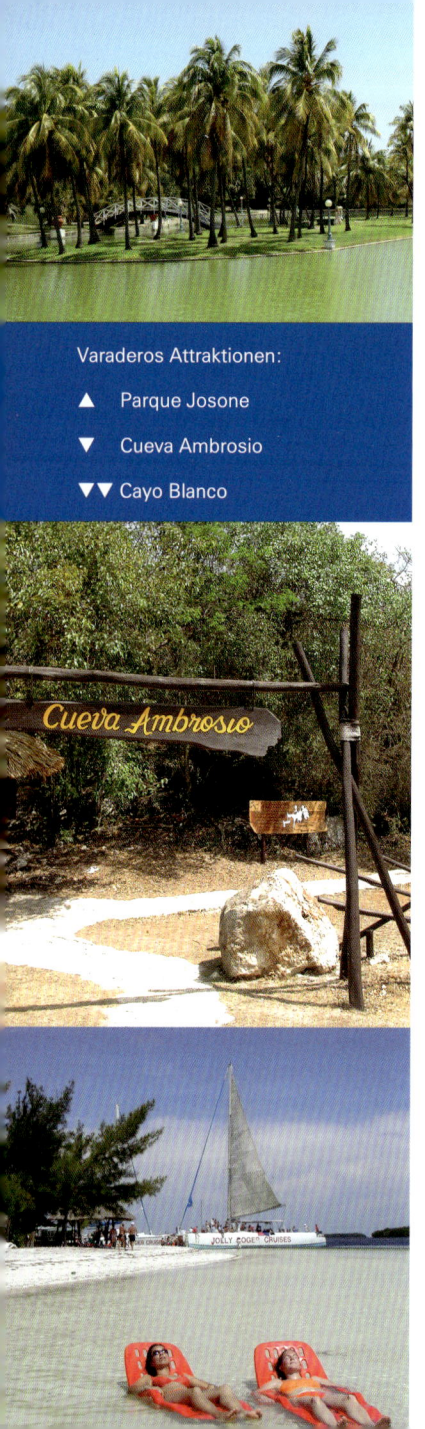

Varaderos Attraktionen:

▲ Parque Josone

▼ Cueva Ambrosio

▼▼ Cayo Blanco

Cueva Ambrosio

„La Gruta del Vino" sowie die Schirmbar „Varadero 1920" direkt am See. Wer die Anlage erkunden will, hat dazu verschiedene Möglichkeiten: mit dem Tretboot (1 Std./5 CUC/Boot), mit dem Ruderboot (30 Min./0,50 CUC/Pers.) oder mit einer kleinen Bahn (1 CUC/ Pers.). Immer freitags und samstags ab 21 Uhr findet zwischen dem ehemaligen Herrenhaus und dem See die „Noche de Santería" statt (Eintritt 3 CUC).

Tägl. 9–24 Uhr. Avenida 1ra e/ 56 y 59.

Museo Municipal: Das kleine, derzeit noch in einem großen Herrenhaus aus dem Jahr 1921 untergebrachte Museum erzählt die Geschichte Varaderos von den Ureinwohnern mit ihren Traditionen bis zur Gegenwart. Der den Naturwissenschaften gewidmete Ausstellungsraum hat die fünf Öko-Systeme Varaderos zum Thema – Meer, Strand, Lagune, Plantagen und Höhlen. Im Saal des Sports erfährt man, dass auf der Halbinsel Hicacos regelmäßig Kanu-Regatten ausgetragen werden. Zudem sind viele persönliche Gegenstände von Olympia-Teilnehmern Cubas ausgestellt. Darüber hinaus sieht man die unvermeidlichen Möbelstücke aus der Kolonialzeit, Porzellan aus Frankreich, Großbritannien und Japan, einen Baby-Hai mit zwei Köpfen – und als wichtigstes Exponat einen Asthma-Inhalator von Ernesto Che Guevara. Hinweis: Demnächst wird das Museum mit sämtlichen Exponaten in eines der leerstehenden Holzhäuser in der Avenida 1ra umziehen. Wann genau und in welches, stand bei Redaktionsschluss noch nicht fest.

Tägl. 10–19 Uhr. Eintritt 1 CUC, Führung 1 CUC. Calle 57 y Playa.

Iglesia de Santa Elvira: Der im Kolonialstil errichteten Kirche aus dem Jahr 1938 fehlt jeglicher Glanz. Das Gotteshaus ist absolut schmucklos, selbst der Altar besteht nur aus einer einfachen Marmorplatte – Papst Franziskus wird's freuen. Da sich aber wohl nicht zuletzt deshalb kaum Touristen in die Iglesia verirren, ist sie nur zu kirchlichen Veranstaltungen geöffnet.

Messen Do 20.30, So 17 Uhr, Rosenkranz Mo–Mi, Fr+Sa 20.30 Uhr. Avenida 1ra esquina Calle 47.

Taller de Cerámica: Die Töpfer-Werkstatt ist nicht nur ein herkömmlicher Laden, in dem kunsthandwerkliche Produkte als Mitbringsel zum Kauf angeboten werden. Sie ist vielmehr die einzige dieser Art in ganz Cuba. Denn an den Werkbänken, an denen zehn Künstler arbeiten, die alle die Kunstakademie in Havanna absolviert haben, kann man den gesamten Herstellungsprozess der Keramiken verfolgen – von der Rohmasse bis zum letzten Pinselstrich. Verkauft werden überwiegend Unikate, jedes Stück wird von den Künstlern signiert.

Tägl. 9–19 Uhr. Eintritt frei. Avenida 1ra e/ 59 y 60.

Cueva de Ambrosio: In der 500 Meter unterhalb des Hotels „Aguas Azules" liegenden Höhle, die während der spanischen Herrschaft entflohenen Sklaven als Unterschlupf diente, wurden 1961 urzeitliche Felszeichnungen gefunden. Ähnliche Malereien waren schon vorher auf der Isla de la Juventud entdeckt worden. Man vermutet, dass es sich bei den kreisförmigen Zeichnungen um erste Mondkalender der Ureinwohner handelt. Die Cueva de Ambrosio ist einer von insgesamt 15 archäologisch bedeutenden Funden auf der Halbinsel. Eine Führung dauert etwa 30 Minuten.

Tägl. 9–17 Uhr. Eintritt 5 CUC. Autopista Sur km 16.

Reserva Ecológica Varahicacos: Wenige Hundert Meter von der Ambrosio-Höhle entfernt befindet sich der Eingang zur Reserva Ecológica Varahicacos, einem etwa drei Quadratkilometer großen Naturschutzgebiet, das auf Cuba nirgendwo notwendiger ist als in Varadero – schließlich machten und machen hier Planierraupen für die Ho-

tels alles platt, was ihnen im Wege stand und steht. In dem 1997 eingerichteten Naturschutzgebiet, das sozusagen das „andere" Varadero darstellt, darf man sich wie im Dschungel fühlen, die ursprüngliche Flora der Halbinsel Hicacos wurde hier auf einem kleinen Stück Land erhalten. Es gibt drei kurze Wanderwege, für die man zwischen 20 Minuten und einer Stunde benötigt. Der kürzeste dieser Pfade führt zu einem riesigen, angeblich 500 Jahre alten Kaktus, dem man den Spitznamen „El Patriarca" (dt. „Der Patriarch") gegeben hat. Pro Wanderweg wird ein Eintritt von 3 CUC verlangt, auf Wunsch wird man von einem Führer kostenlos begleitet.

Tägl. 9–17 Uhr. Autopista Sur km 16.

Delfinario: An der Autopista Sur findet man in Sichtweite des Yachthafens Chapelín das Delfinarium von Varadero. Die Shows beginnen täglich um 11 und 15.30 Uhr. Um 9.30, 11.30, 14.30 und 16 Uhr kann man mit den elf Meeressäugern außerdem schwimmen (90 CUC). Möchte man sich danach mit den Tieren fotografieren lassen, werden 5 CUC fällig. Und wer sich dann noch immer nicht abgezockt fühlt, kann sich in die angeschlossene Snack-Bar setzen, Läden besuchen oder seine Kleinen Karussell fahren lassen. Übrigens: Einheimische zahlen die gleichen Preise, allerdings in Pesos, also ein Vierundzwanzigstel dessen, was Touristen „blechen" müssen. Wer Spanisch spricht und vielleicht schon etwas gebräunt ist, kann's ja mal probieren ...

Tägl. 9–17 Uhr, Shows 11 + 15.30 Uhr, Schwimmen mit Delphinen 9.30, 11.30, 14.30, 16 Uhr. Eintritt 15 CUC (Kinder bis 5 Jahre 5 CUC), Schwimmen mit Delphinen 90 CUC, Fotoaufnahmen 5 CUC, Videoaufnahmen 10 CUC. Autopista Sur km 12.

Cayo Blanco: Zu dem Varadero vorgelagerten Inselchen, das der viel zitierten Bacardí-Werbung entstammen könnte, werden täglich mehrere Touren – meist mit großen Katamaranen – angeboten. Im Preis von ca. 80 CUC sind Schnor-

Varadero → Karte S. 40/41

cheln, das Mittagessen am Strand und alle Getränke enthalten – Rum bis zum Abwinken ebenfalls. Auf der flach abfallenden Sandbank selbst kann man Hunderte von Metern ins Meer hinausgehen, ohne dass das Wasser Kniehöhe erreicht.

Ausflüge von der Marina Chapelín, Autopista Sur km 12, Infos und Preise siehe unten.

Auf einen Blick

Telefon-Vorwahl

☎ 0053-45 (aus D, A, CH)

☎ 045 bzw. 0145 (innerhalb Cubas, für die gesamte Provinz)

Tourist-Information Cubatur, Avenida 1ra esquina Calle 33 + Avenida 1ra esquina Calle 23, Mo–Fr 8–15, Sa 8–12 Uhr.

EcoTur, Calle 26 e/ 2da y 3ra, tägl. 8–20 Uhr.

Havanatur, Avenida de la Playa e/ 36 y 37, tägl. 8–18 Uhr.

Infotur, Avenida 1ra esquina 13 (im Hotel „Acuazul"), tägl. 8.30–18.30 Uhr; Avenida 1ra e/44 y 46 (im Centro Comercial Hicacos), tägl. 8.30–18.30 Uhr.

Rumbos, Avenida 1ra esquina Calle 13, tägl. 8–20 Uhr, sowie in den meisten Hotels.

Apotheken Farmacia Kawama, tägl. 9–19 Uhr, Calle 8.

Servimed Farmacia Internacional, tägl. 9–19 Uhr, Plaza Las Américas e/ Avenida Las Américas y Calle 61 und Autopista del Sur km 12.

Ärztliche Versorgung Clínica Internacional Servimed, tägl. 24 Std., Avenida 1ra esquina Calle 61, ☎ 667710, 667711.

Policlínico Dr. Mario Muñoz Monroy, tägl. 24 Std., Calle 27 esquina Avenida 1ra, ☎ 613464.

Autovermietung Cubacar, Calle 32 Nr. 108 e/ 1ra y 3ra + Avenida 1ra esquina 20.

Havanautos, Avenida Kawama e/ 8 y 9.

Micar, Avenida 1ra esquina Calle 20.

Transtur, Calle 10 Nr. 703.

Alle Leihwagenfirmen unterhalten auch Stationen am Flughafen sowie Büros in den meisten Hotels.

Banken Banco de Crédito y Comercio, Avenida 1ra esquina Calle 36, Mo–Fr 9–15, Sa 9–11 Uhr.

Banco Financiero Internacional, Avenida 1ra e/ 32 y 33, Mo–Fr 9–15 Uhr; Plaza Las Américas e/ Avenida Las Américas y Calle 61, Mo–Fr 9–12 + 13–18 Uhr.

Banco Popular de Ahorro, Calle 36 e/ Avenida 1ra y Autopista Sur, Mo–Fr 8.30–16 Uhr.

Cadeca, Avenida de la Playa e/ 41 y 42, Mo–Sa 8.30–18, So 8.30–12 Uhr; Avenida 1ra esquina Calle 59, tägl. 9–18 Uhr.

Bootsausflüge Von der Marina Chapelín laufen Katamarane aus, die Touristen bei einer „Seafari" zur der Halbinsel Hicacos vorgelagerten Insel Cayo Blanco bringen. Im Preis von ca. 80 CUC sind Schnorcheln, das Mittagessen am Strand (Meeresfrüchte-Menü) und alle Getränke enthalten. Unbedingt machen! Die kleine Insel ist ein karibischer Traum. Die sogenannte „Seafari Plus" ist nahezu identisch, allerdings wird Kontakt mit Delfinen versprochen. Der Preis ist deshalb auch etwas höher und liegt bei ca. 110 CUC. Autopista del Sur km 12, www.nauticamarlin.com.

Feste Immer im Juni, beginnend am letzten Wochenende, wird eine Woche lang der traditionelle Karneval gefeiert. In Varadero ist er allerdings eher eine für Touristen angelegte Attraktion und längst nicht so bunt wie in Havanna oder Santiago de Cuba.

Hochseefischen In der Marina Chapelín kann man Yachten (mit Besatzung) chartern und wie einst Ernest Hemingway zum Fischen auslaufen. Für vier Personen kostet der fünfstündige Spaß inkl. Equipment und allem Drum und Dran 395 CUC. Autopista del Sur km 12, www.nauticamarlin.com.

Internet Im Telepunto, Calle 30 esquina Avenida 1ra, tägl. 8.30–19 Uhr, sowie in den meisten Hotels gegen Gebühr verfügbar.

Kinder Vergnügungspark mit Achterbahn, Autoscooter, Riesenrad, Kinderkarussells, Snack-Bars und Restaurants in der Calle 54 y Autopista del Sur. Alle Fahrgeschäfte verlangen 1 CUC pro Fahrt.

Varadero ist berühmt für seine Tauchplätze

Kinderspielplatz mit Karussells und anderen Spielgeräten in der Calle 30 esquina Avenida 3ra. Tägl. 9–21 Uhr, Eintritt 1 CUC.

Notruf Polizei ☎ 106, Feuerwehr ☎ 105, Ambulanz ☎ 612417.

Post Avenida 1ra y Calle 64, tägl. 8–19 Uhr.

Sport Tauchen: Varadero verfügt über 32 ausgezeichnete Tauchplätze in der Bucht von Matanzas und im westlichen Teil des Archipels Sabana-Camagüey. Für Taucher ein Muss: „Los Ojos del Megano" (dt. „Die Augen von Megano"), eine riesige Unterwasserhöhle mit rund 70 Metern Durchmesser, und der Meerespark Cayo Piedras del Norte, der acht nautische Meilen nordöstlich von Varadero liegt und in dem man zwischen den Überresten einer versunkenen Yacht, einem Kanonenboot, einer 102 Meter langen Fregatte und einem abgestürzten Verkehrsflugzeug taucht. Es gibt verschiedene Tauchzentren, die auch Kurse anbieten. Ein Tauchgang kostet etwa 50 CUC, Nachttauchen ab 55 CUC, Höhlentauchen ca. 60 CUC, Tauchkurse 220–365 CUC. Centro Internacional de Buceo Barracuda, Calle 59 y 1ra; Acua Sports, Camino del Mar e/ 9 y 10; Coral, Avenida Kawama Nr. 201 e/ 2 y 3; Marina Chapelín, Autopista del Sur km 12.

Golf: 18-Loch-Golfplatz (PAR 72, 6269 m) in der Avenida Las Américas, www.varaderogolfclub.com.

Reiten: Centro Hípico, Vía Blanca km 31.

Fallschirmspringen: Centro Internacional de Paracaidismo, Vía Blanca.

Bowling: Complejo Recreativo Récord, tägl. 24 Std., Avenida de la Playa esquina Calle 46.

Minigolf: El Golfito, tägl. 8–22 Uhr, Eintritt 3 CUC, Avenida 1ra y Calle 42.

Tanzen: Academia de Baile en Cuba (ABC), tägl. 9–19.30 Uhr, Tanzkurse um 9, 11.30, 14.30 und 17 Uhr, 20 CUC/2 Std. inkl. Hotel-Transfer, 15 CUC/2 Std. ohne Hotel-Transfer, Avenida 1ra esquina Calle 34.

Hin & weg

Auto Für das Befahren der Vía Blanca von Varadero in Richtung Matanzas wird am Kontrollpunkt 7 km nach bzw. vor dem Canal Kawama eine Maut von 2 CUC verlangt (einfache Strecke). Auch wer von Varadero aus nur zum Flughafen oder zur Cueva Saturno möchte, wird zur Kasse gebeten. Die Straße nach Cárdenas ist dagegen mautfrei.

Ü bernachten
11 Casa Orlando
13 Casa Rompe Olas
15 Villa Tortuga
16 Acuazul
31 Villa Buganvilia
38 Cuatro Palmas
40 Villa 50
46 La Casita de Nancy
47 Pullmann
51 Palma Real
55 Occidental Allegro
    Varadero
57 Mansión Xanadu
59 Meliá Varadero
66 Tuxpan
67 Playa Alameda
68 Barceló Solymar Arenas
    Blancas
70 Meliá Marina Varadero

E inkaufen
24 Centro Comercial
    Hicacos
60 Plaza Las Américas

E ssen & Trinken
1   La Casa de Al
2   Kiki's Club
3   Steakhouse El Toro
4   Casa de la Miel
5   Bim Bom
6   Lai-Lai
7   El Criollo
8   Ranchón de Playa
    Bellamar
9   La Vaca Rosada
10 FM
12 Snack-Bar Calle 13
14 Pequeño Suárez
17 Casa del Chef
18 La Sangría
19 Castel Nuovo
21 La Rampa
22 El Rápido
23 La Casona del Arte
24 Heladeria Hicacos
25 La Bodeguita del Medio
26 Doñanelli
27 Nonna Tina
28 El Caney
29 La Vicaria
30 Snackbar Melaito
32 Esquina Cuba
33 VAR Caribe 36
34 El Idilio
36 La Fondue - La Casa del
    Queso Cubano
37 La Barbacoa
39 El Rancho
41 Café Bar
42 Mallorca
44 Mediterráneo
49 El Retiro
50 Dante
53 La Campana
57 Las Américas
60 Chez Plaza und
    Guantanamera
61 Pizza Piazza
69 El Mesón de Quijote

N achtleben
20 Casa de la Música
35 La Red
43 Snackbar Calle 62
45 The Beatles
48 Varadero 1920
51 Havana Club
52 La Comparsita
54 La Gruta del Vino
56 Club Mambo
58 Bar Mirador
62 Palacio de la Rumba
63 Cueva del Pirata
64 La Bamba
65 Habana Café

2

3

Bahn Varadero hat keinen eigenen Bahnhof. Züge verkehren ab/bis Matanzas und Cárdenas.

Bus Víazul-Terminal am Busbahnhof in der Calle 36 esquina Autopista Sur, ✆ 614846; Transtur-Haltestellen an fast allen Hotels in Varadero.

Víazul-Verbindungen von Varadero (Flughafen): Matanzas tägl. 8.30, 12.10, 16.05, 18.30 Uhr, 6 CUC. Havanna tägl. 8.30, 12.10, 16.05, 18.30 Uhr, 10 CUC. Varadero tägl. 11.05, 12.45, 14.45 Uhr, 6 CUC.

Víazul-Verbindungen von Varadero (Busbahnhof): Bayamo tägl. 21.45 Uhr, 42 CUC. Camagüey tägl. 21.45 Uhr, 25 CUC. Ciego de Ávila tägl. 21.45 Uhr, 19 CUC. Cienfuegos tägl. 8.15, 14.00, 14.55 Uhr, 16 CUC. Havanna tägl. 8.00, 11.35, 15.30, 1800 Uhr, 10 CUC. Holguín tägl. 21.45 Uhr, 38 CUC. Las Tunas tägl. 21.45 Uhr, 33 CUC. Matanzas tägl. 8.00, 11.35, 15.30, 18.00 Uhr, 6 CUC. Nach Sancti Spíritus tägl. 21.45 Uhr, 17 CUC. Santa Clara tägl. 21.45 Uhr, 11 CUC. Santiago de Cuba tägl. 21.45 Uhr, 49 CUC. Trinidad tägl. 8.15, 14.00 Uhr, 20 CUC. Varadero (Flughafen) tägl. 8.00, 11.35, 15.30, 18.00 Uhr, 6 CUC.

Transtur-Verbindungen: Cienfuegos tägl. 7.00 Uhr, 16 CUC. Havanna tägl. 14.30 Uhr, 11 CUC. Trinidad tägl. 7.00 Uhr, 20 CUC.

Touristen-Bus: Bei der sogenannten „MatanzasBusTour" halten die Ausflugsbusse zunächst an vielen Hotels in Varadero, um anschließend weiter in die Provinzhauptstadt zu fahren und dort die wichtigsten Sehenswürdigkeiten anzusteuern. Wegen der vielen Stopps sind die Busse 90 Minuten unterwegs. Das Ticket, das einen kompletten Tag lang Gültigkeit besitzt, kostet 10 CUC. Haltestellen: Hotels von Varadero, Río Canímar, Tropicana, Cuevas de Bellamar, Parque de la Libertad, Estadio Victoria de Girón, Catedral de San Carlos Borromeo, Iglesia de Monserrate, Museo Farmacéutico, Café Atenas. Abfahrt in Varadero: 9.30, 11.00, 14.00 + 15.30

Uhr. Rückfahrt von Matanzas: 11.15, 12.45, 15.45 + 17.15 Uhr.

Bei der „VaraderoBeachTour" halten die Cabrio-Doppeldeckerbusse auf der Hicacos-Halbinsel und im Ort selbst alle paar Kilometer. Im 25-Minuten-Rhythmus geht die Fahrt von 9.00 bis 22.00 Uhr vom „Club Puntarena" am westlichen Zipfel Varaderos bis zum „Barceló Marina Palace" am anderen Ende der Halbinsel. Weitere Haltestellen: Calles 5, 15, 21, 30, 36, 44, 49, 54, 62, Hotel „Solymar Arenas Blancas", Restaurant „Mesón de Quijote", Calle K, Plaza América, Hotel „Sol Palmeras", Hotel „Varadero 1920", Marina Chapelín, Delfinario, Hotel „Sandals Royal Hicacos", Hotel „Paradisus Varadero", Hotel „Princesa del Mar", Hotel „Playa Alameda", Hotel „Tryp Península", Hotel „Sirenis La Salina", Hotel „Brisas del Caribe", Varadero Golf Club, Restaurant „Casa del Al".

Flugzeug Der Flughafen liegt südwestlich von Varadero nahe der Hauptstraße zwischen Matanzas und Varadero: **Aeropuerto Internacional „Juan Gualberto Gómez"**, IATA-Code VRA, Avenida Mártires de Barbados km 5, ✆ 613016, 247015.

Neben der staatlichen Cubana de Aviación sowie verschiedenen kanadischen Ferienfliegern landen auf dem Airport auch die holländische Martinair (ab/bis Amsterdam) sowie die deutschen Chartergesellschaften Condor (ab/bis Frankfurt und München) und AirBerlin (ab/bis Düsseldorf).

Schiff **Marina Chapelín Varadero**, Autopista del Sur km 12, Península de Hicacos, ✆ 667550.

Marina Dársena de Varadero, Carretera Vía Blanca km 31, ✆ 667550, 667093, 668729, 668896, comercial@marlinv.var.tur.cu.

Marina Gaviota Varadero, Carretera Las Morlas km 21, Península de Hicacos, ✆ 66 7755, 996205, dir_marina@delvar.gav.tur.cu.

Taxi Cubataxi, ✆ 614444.

Shopping   → Karte S. 40/41

In Varadero gibt es nichts, was es nicht gibt. Die Hauptstraße, die Avenida 1ra, ist gleichzeitig die Haupteinkaufsstraße. Luxus-Geschäfte findet man in erster Linie im Shopping-Center Plaza Las Américas.

Plaza Las Américas **60**, mit ihren Boutiquen (Gucci etc.), Sportgeschäften, Zigarren-Shops, Restaurants, Banken, dem Postamt und Autovermietungen für eine

ausgedehnte Einkaufstour einfach erste Wahl. Autopista del Sur.

Bazar Varadero, empfiehlt sich, wenn man Keramik-Arbeiten, Reproduktionen berühmter Gemälde, Wandbehänge, T-Shirts oder Bücher sucht. Tägl. 9–19 Uhr. Avenida 1ra esquina Calle 44.

Casa del Habano, eine gute Adresse für Zigarren-Raucher und -Käufer. Tägl. 9–19 Uhr. Avenida 1ra y 64.

Casa del Ron, bietet eine Auswahl von 74 Rum-Sorten, die vor dem Kauf in einer kleinen Bar probiert werden können. Mo–Sa 9–19, So 9–13 Uhr. Avenida 1ra y 64.

Casa del Tabaco, ein „tiefgekühlter" Laden mit fachkundigem Personal, verkauft erstklassige Zigarren. Tägl. 9–21 Uhr. Avenida 1ra y Calle 27 und Avenida 1ra y Calle 39.

Centro Comercial Hicacos 24, eine Ansammlung von Geschäften, Imbiss-Bars und Boutiquen. Daneben findet man Apotheke, Optiker, Parfümerie und Supermarkt. Im Obergeschoss befindet sich die „Heladería Hicacos", ein modernes Eiscafé, in dem preisgünstige Eisbecher serviert werden. Tägl. 9–21 Uhr. Avenida 1ra e/44 y 46.

Galería de Arte Varadero, ein Laden für Liebhaber von antikem Schmuck, angelaufenem Silber und angestaubten Ölgemälden – aber alles echt, weshalb für erstan-

dene Stücke auch Ausfuhrgenehmigungen notwendig sind (→ S. 14). Tägl. 9–19 Uhr. Avenida 1ra e/ 59 y 60.

Gran Parque de la Artesanía, der wohl größte Markt in Varadero mit Dutzenden von Händlern, bietet das an, was zu Hause unter dem Begriff „Staubfänger" läuft. Auch wenn die Palette an Waren nicht außergewöhnlich ist, ein Bummel über den Markt macht trotzdem Spaß. Tägl. 8–20 Uhr. Avenida 1ra e/ 15 y 16.

Kawama Sport, verkauft alles, was man zum Strandvergnügen braucht, sowie generell Sportartikel. Mo–Sa 9–19, So 9–13 Uhr. Avenida 1ra esquina Calle 60.

Mercado Artesan, wird täglich zwischen der Avenida 1ra und dem Parque Josone aufgebaut – kleine Stände mit Souvenirs, Kunsthandwerk, Kleidung und Lederwaren.

Plaza Caracol, ein kleines Shopping-Center mit mehreren Geschäften, ist ausschließlich auf den Bedarf von Urlaubern ausgerichtet, führt also Sonnencremes, Badeschlappen etc. Mo–Sa 9–19, So 9–13 Uhr. Avenida 1ra e/ 53 y 54.

Essen & Trinken

→ Karte S. 40/41

International **El Retiro** 49 €€€€, das gehobene und deshalb auch nicht ganz billige Restaurant in dem früheren Herrenhaus von José und Onelia Fermín im Parque Josone kocht international. Auf der Karte prangt der Slogan „Just relax, we do the best" – na ja, das kann man sehen, wie man will. Jedenfalls gibt es exquisite (und teure) Speisen. Langusten-Schwänze zum Beispiel oder Chateaubriand. Beeindruckend ist das Angebot an Weinen aus Spanien, Chile und Italien. Tägl. 12–22 Uhr. Calle 56 y 1ra, Parque Josone.

Esquina Cuba 32 €€€, das traditionsreiche Lokal ist v. a. wegen seines früheren Stammgastes Compay Segundo („Buena Vista Social Club") berühmt. Den Stuhl, auf dem die Seele der weltbekannten Gruppe immer saß, hat man als Foto-Motiv in einer Ecke aufgestellt. Das gepflegte Restaurant lohnt einen Besuch aber nicht nur deshalb, auch das Essen kann sich sehen lassen – und die Preise obendrein. Zum Abendessen unterhält täglich eine cubanische Combo. Angeschlossen ist die Bar „La Guantanamera", für den Absacker danach.

Tägl. 12–23 Uhr. Avenida 1ra esquina 36.

La Barbacoa 37 €€€, in dem Grill-Restaurant mit einer großen Veranda gibt es Steaks bis zum Abwinken. Neben den „normalen" Menüs werden sogar Filet vom Rind und Chateaubriand (für zwei Personen) serviert. Empfehlenswert sind auch die Fischgerichte und die Meeresfrüchte. Die Preise bewegen sich durchwegs im Mittelfeld (solange man kein Seafood isst). Tägl. 12–23 Uhr. Avenida 1ra esquina 64.

La Casona del Arte 28 €€€, „Weil Kochen eine Kunst ist " Der Werbeslogan des 2011 eröffneten Privat-Restaurants könnte nicht treffender gewählt sein – das Lokal ist nämlich gleichzeitig eine kleine Galerie, die Werke einheimischer Künstler ausstellt. Kunstvolles kommt auch aus der Küche: das Fischfilet „Marinarte" etwa, das mit Garnelen und Käse garniert ist. Insgesamt reicht die Palette von kreolischen bis zu spanischen Gerichten, die grundsätzlich Brot und Butter, Salat und Beilagen beinhalten. Die Preise dafür sind mehr als vernünftig. Tägl. 12–22.30 Uhr. Calle 47 Nr. 6 e/ 1ra y Playa.

La Fondue – La Casa del Queso Cubano 🟥36 €€€, das gut besuchte Lokal im Zentrum gegenüber dem Hotel „Cuatro Palmas" überrascht mit ausgezeichneter Schweizer und französischer Küche, Filetsteak mit Parmesan etwa. Natürlich kann man auch Fleisch- und Käsefondues bestellen – sonst würde der Name ja keinen Sinn machen. Der Weinkeller ist von erlesener Qualität. Tägl. 12–23 Uhr. Avenida 1ra esquina 62.

La Vaca Rosada 🟥9 €€€€, die „rosarote Kuh" – in Deutschland, Österreich und der Schweiz würde man wahrscheinlich von der „lila Kuh" sprechen – hat rein gar nichts mit Schokolade zu tun. Besitzer Ever Cano wählte diesen Namen eigenen Worten zufolge, um zu signalisieren, dass sein Haus „gayfriendly" ist – er ist selbst schwul. Auf der Dachterrasse eines einstöckigen Gebäudes bietet sein Restaurant eine breite Auswahl feinster Speisen – von Pizzen aus dem Holzkohleofen über riesige Steaks bis zu Langusten-Spießen. Dazu gibt es auf Wunsch beste Weine aus Chile und Spanien. Serviert wird das Ganze bei Candlelight – mehr Romantik geht fast nicht. Di–So 18.30–23 Uhr. Calle 21 Nr. 102 e/ 1ra y 2nda.

Pequeño Suárez 🟥14 €€€€€, hier heißt es: „Bitte anschnallen" – den Geldbeutel! Auf den hat es der kleine Suárez – er ist der jüngste von fünf Brüdern, daher der Name – nämlich abgesehen. Sein Privat-Restaurant soll eine Kombination aus internationaler und cubanischer Küche bieten, die 26 verschiedene Gerichte, die die Karte ausweist, sind aber in erster Linie eines: sauteuer! 18 CUC für ein stinknormales Hähnchen sind eine Frechheit – wobei das Federvieh noch zu den billigen Speisen zählt. Da spielt es keine Rolle, dass die Beilagen gratis gereicht werden. Tägl. 12–24 Uhr. Calle 18 e/ 2nda y 3ra.

Steakhouse El Toro 🟥3 €€€€, wer „pfundige" Steaks in allen Variationen liebt, die über den Tellerrand hängen, ist hier richtig. Neben dem – die Cubaner nehmen's ganz genau – 400-Gramm-Angus-T-Bone-Steak gibt es Hähnchensteaks oder Garnelen vom Grill. Besonders empfohlen wird „Mar y Tierra" (dt. „Meer und Erde"), eine Platte mit Filet Mignon, Garnelen und Hummer. Zum Nachtisch gibt es Tiramisu und Käsekuchen. Tägl. 12–22.45 Uhr. Avenida 1ra esquina Calle 25.

Chic Las Américas 🟥57 €€€€, die unumstrittene Nummer eins in Varadero – für cubanische Verhältnisse ein wirklicher Gourmet-Tempel – residiert in Duponts früherer Villa Xanadu. Die teilweise im Original erhaltene Möblierung schafft den stilvollen Rahmen für das, was den Begriff Dinner verdient. Die Palette an Weinen und Cocktails ist entsprechend. Bedient wird in Schwarz-Weiß, sodass man auch von den Gästen erwartet, nicht in Shorts und Flip-Flops anzutanzen. Avenida Las Américas.

Cubanisch Casa de la Miel 🟥4 €€€, unmittelbar neben dem „Steakhouse El Toro" werden im „Haus des Honigs" cubanische Speisen und Snacks im Restaurant „Salón de la Reina" und Pizzen und Pastas im „La Gondola" aufgetischt – zum Namen gibt es also keinerlei Bezug. Die Preise sind von der erträglichen Sorte, was auch für das Frühstück gilt, das ab 9 Uhr morgens angeboten wird. Tägl. 9–23 Uhr. Avenida 1ra esquina 26.

Casa del Chef 🟥17 €€€, hier kocht der Chef, heißt es jedenfalls – als ob in den anderen Restaurants die Empfangsdame am Herd stehen würde. Wie auch immer: Das Lokal neben dem Hotel „Acuazul" bringt cubanische Spezialitäten und Pizzen auf den Tisch. Die Preise sind zivil, nur bei der Languste langt man hin. Wein gibt es auch glasweise. Tägl. 12.30–22 Uhr. Avenida 1ra esquina 12.

Guantanamera 🟥60 €€€, das rustikale Restaurant mit Holztischen und -stühlen, wie man sie von cubanischen Ranchones kennt, befindet sich im ersten Obergeschoss des Shopping-Centers Plaza Las Américas direkt über dem Restaurant „Chez Plaza" und kann daher mit einem traumhaften Meerblick von der Terrasse punkten. Die Karte ist weniger verheißungsvoll, sie weist kreolischen Gerichte aus, die man an jeder Straßenecke bekommt. Tägl. 12–18 Uhr. Plaza Las Américas.

El Caney 🟥28 €€, Hähnchen, Hähnchen und nochmals Hähnchen bringt das einfache Freiluft-Lokal an der Hauptstraße auf den Tisch. Es gibt die Vögel geviertelt, halbiert oder ganz – zu recht zivilen Preisen. Daneben werden an den sechs Tischen auch andere kreolische Speisen, Nudelgerichte und Pizzen serviert. Tägl. 11–23 Uhr, Bar 9–23 Uhr. Avenida 1ra esquina 40.

El Mesón de Quijote 🟥69 €€€, das rustikale Restaurant auf einem kleinen Hügel gegenüber dem Hotel „Villa Cuba" kocht boden-

Im Mesón de Quijote gibt's unter anderem Paella „Dulcinea" – was sonst?

ständig. Es gibt Schweinesteaks, Hähnchen in Knoblauch-Sauce, eine Paella mit dem beziehungsreichen Namen „Dulcinea" sowie Langusten. Das Lokal ist nicht zu verfehlen: Davor steht eine Metall-Installation, die Don Quijote, auf einen Wasserturm zureitend, darstellt. Tägl. 12–24 Uhr. Avenida Las Américas.

El Criollo 7 €€€, der cubanische Klassiker auf der Halbinsel kocht natürlich kreolisch – Hähnchen, Schweinefleisch und als Hausspezialität Rindfleisch. Danoben wird auch eine Paella für zwei Personen angeboten. Gegessen wird auf einer Terrasse an der viel befahrenen Hauptstraße, die Preise halten sich in Grenzen. Tägl. 12–23 Uhr. Avenida 1ra esquina 18.

El Idilio 34 €€€, eines der ganz seltenen Peso-Lokale in Varadero arbeitet mit zwei Speisekarten, Touristen wird gerne die teurere CUC-Karte vorgelegt. Außerdem berichten Leser, dass sich die Kellner gerne verrechnen – zu ihren Gunsten, versteht sich. Also, Vorsicht! Zu essen gibt es Grillhähnchen, Steaks und fangfrischen Fisch. Tägl. 24 Std. Avenida 1ra y 32.

El Rancho 39 €€€, das rustikale Lokal gegenüber dem Nord-Eingang des Parque Josone ist einem Ranch-Haus nachempfunden. Angeboten werden u. a. Schweinesteaks, Fischgerichte sowie Garnelen in Knoblauch-Sauce. Die Preise bewegen sich auf Varadero-Niveau und sind mithin nicht die günstigsten. Tägl. 11–22 Uhr. Avenida 1ra y 58.

La Bodeguita del Medio 25 €€€€, das urige Ecklokal hieß noch vor ein paar Jahren „El Bodegón Criollo", war mit den vielen Graffitis an den Wänden aber schon zu dieser Zeit optisch eine Anlehnung an die berühmte Hemingway-Kneipe in Havannas Altstadt. Dann hat man das Restaurant renoviert und auch hinsichtlich des Namens Nägel mit Köpfen gemacht. Heute werden dort in erster Linie cubanische Kost und Seafood serviert, schon mittags klimpert und zupft ein Combo das Lied von „Guantanamera" und andere Ohrwürmer. Dennoch: Wenn man eine Chance hat, sollte man das Original in der Hauptstadt besuchen, das LaBdelM in Varadero ist nur ein billiger Abklatsch. Tägl. 10.30–23.30 Uhr, Bar tägl. 12–23.30 Uhr. Avenida de la Playa esquina 40.

La Campana 53 €€€, mitten im Parque Josone wird in der Hazienda aus dem Jahr 1946 kreolisch gekocht. Als Spezialität gilt „Ropa vieja" (dt. „alte Kleidung"), ein Rindfleisch-Frikassee, zu dem Reis und Salate serviert werden. Tägl. 12–24 Uhr. Calle 58 y 1ra.

La Rampa 21 €€€€, Yamilka und Juan Carlos haben sich erst 2011 selbstständig gemacht und bieten in ihrem Restaurant cubanische Hausmannskost: Hähnchen, Schweinefleisch, gepökelte Lende und natürlich Meeresfrüchte – schließlich liegt der Atlantik vor der Haustüre. Besonderes Schmankerl ist die Parrillada de Mariscos, eine Grillplatte mit Spezialitäten aus den Tiefen des Ozeans, mit knapp 20 CUC auch das teuerste Gericht auf der Karte. Wein gibt es auch glasweise. Tägl. 11.30–23 Uhr. Calle 43 e/ 1ra y Playa.

La Vicaria 29 €€, eines der beliebtesten Restaurants des Ortes – nicht nur weil die Palmares-Kette in all den Lokalen gleichen Namens zum Hauptgang (hauptsächlich Schweinefleisch- und Hähnchengerichte) einen Gratis-Drink ausgibt. Während die Preise durchwegs in Ordnung sind, ist der Service-Gedanke beim Personal offenbar noch nicht angekommen. Tägl. 12–22 Uhr. Avenida 1ra esquina 38.

Ranchón Bellamar 8 €€, die mit Stroh gedeckte Hütte gegenüber dem Hotel „Sunbeach" ist ein kleines, aber feines Restaurant mit sehr zivilen Preisen. Ob Garnelen, Koteletts oder Fischfilet – kaum ein Gericht kostet mehr als 5 CUC. Ausnahme ist die Languste vom Grill. Tägl. 12–23 Uhr. Avenida 1ra e/ 16 y 17.

Snack-Bar Calle 13 12 €€, der Name trügt, denn was hier auf den Tisch kommt, sind schon riesige Snacks: Rinderfilet, Langusten, Hähnchen … Natürlich gibt es in dem Garten-Restaurant gegenüber dem Hotel „Acuazul" aber auch Hamburger, Hotdogs und Sandwiches. Die Preise sind insgesamt sehr zivil. Angeboten wird übrigens auch Frühstück. Tägl. 24 Std. Avenida 1ra y 13.

Spanisch Mallorca 42 €€€, die Bodega gegenüber dem Hotel „Cuatro Palmas" bietet schwerpunktmäßig – na, was wohl? – Paella. Serviert werden vier Varianten von der vegetarischen bis zur Zwei-Personen-Pfanne. Absoluter Hit ist die „Paella Mallorca", die mit Languste, Garnelen und Hähnchen auf den Tisch kommt – superlecker! Angeboten werden zudem viele Fischgerichte und Seafood, der Hummer wird dabei nach der Größe berechnet. Auf der Terrasse an der Hauptstraße gibt es außerdem eine kleine Bar. Tägl. 12–23 Uhr. Avenida 1ra esquina 62.

Italienisch Castel Nuovo 19 €€, das Lokal mit zwei Marmorlöwen, die den Eingang bewachen, ist im Grunde genommen nichts anderes als eine – vielleicht etwas

schickere – Pizzeria. Neben Pasta und Pizza – es gibt auch eine vegetarische – werden Fleischgerichte serviert. Tägl. 12–22.30 Uhr. Avenida 1ra Nr. 503 esquina 11.

Dante 50 €€€, das feine italienische Restaurant mit der sehr angenehmen Atmosphäre, das bereits seit 1993 besteht, findet man im Parque Josone direkt neben dem „El Retiro". Die Speisen, die sich keineswegs auf Pizzen beschränken, kann man u. a. auf einer kleinen Terrasse am See einnehmen – wenn man dort einen Platz bekommt. Besonders empfehlenswert sind die Pastagerichte, lecker auch die Antipasti und der Parmaschinken. Tägl. 12–22.30 Uhr. Calle 56 y 1ra, Parque Josone.

Kiki's Club 2 €€, der frühere „Club de Alfredo" am westlichen Ende von Varadero hat durch eine Renovierung zwar optisch gewonnen, das kulinarische Angebot ist allerdings unverändert: Pizza, Pasta und internationale Gerichte – sofern man Hähnchen-Steak & Co. dieser Kategorie zuordnen will. Dazu wird Wein – auch glasweise – angeboten. Tägl. 12–22 Uhr. Avenida Kawama esquina 5.

La Sangria 18 €€€, am westlichen Ende der Hauptstraße bietet das kleine, recht einfache Restaurant italienische und kreolische Küche sowie – selbst für Varadero-Verhältnisse sündteure – Meeresfrüchte an. Im unteren Bereich gibt es neben dem Bartresen fünf Tische, eine Treppe höher zwei Räume für Gruppen. Tägl. 24 Std. Avenida 1ra e/ 7 y 8.

Nonna Tina 27 €€, besser können es die Italiener auch nicht … Das Privat-Restaurant mit der grün-weiß-roten Trikolore am Gartenzaun hat sich auf italienische Küche spezialisiert und zelebriert diese in Perfektion. 28 verschiedene Pizzen, Spaghetti, Maccheroni, Lasagne, Tagliatelle, Gnocchi, Tortellini – es gibt das volle Programm. Am erfreulichsten ist, dass die Pizzen hauchdünn und die Pastas al dente sind. Davor gibt es ganz wie in „Bella Italia" Bruschetta oder Crostone. Bravissimo! Di–So 11–24 Uhr. Calle 38 Nr. 5 e/ 1ra y Playa.

Pizza Piazza 51 €€€, in der Schnell-Pizzeria im Obergeschoss des Shopping-Centers Plaza Las Américas gibt es jede Pizza in drei verschiedenen Größen. Die Preise sind nicht gerade günstig, den herrlichen Blick von der Terrasse auf das türkisfarbene Meer muss man offensichtlich mitbezahlen. Für alle, die internationale Atmosphäre schätzen: An der Eingangstür prangt das Wort „Willkommen" auch in russischer Sprache. Tägl. 12–21 Uhr. Plaza Las Américas.

Asiatisch   Lai-Lai **6** €€, der Chinese, der in einem alten Gutshaus am Strand residiert, serviert jene Speisen, die man von den rot-goldenen Ess-Tempeln hierzulande kennt – allerdings schmecken sie nicht ganz so. Im Obergeschoss befinden sich zwei Räumlichkeiten für kleinere Gruppen oder Familien ab vier Personen. Nach dem Essen kann man die angeschlossene Karaokebar namens „Dragón" besuchen, die wie das Lokal selbst bis 23 Uhr geöffnet ist. Tägl. 10.45–23 Uhr. Avenida 1ra esquina 18.

Seafood   Chez Plaza **50** €€€, klein, aber fein: Das gepflegte Restaurant mit Meerblick im Untergeschoss des Shopping-Centers Plaza Las Américas hat mehrere Paellas, Steaks und kreolische Gerichte auf der Karte, als Spezialität gelten allerdings Seafood und Fischgerichte. Besonders schön sitzt man auf der Terrasse zum Meer. Tägl. 10–17 Uhr. Plaza Las Américas.

La Casa de Al **1** €€€€, in der früheren „Villa Punta Blanca", die sich einst Mafia-Boss Al Capone unter den Nagel gerissen hatte, kommen vorwiegend Fisch und Meeresfrüchte auf den Tisch. Auch die Paella soll ein „Zungenschnalzer" sein. Witzig sind die Namen für die einzelnen Gerichte: Die Languste heißt – logischerweise – „Al Capone", das Filet Mignon „Lucky Luciano", die Paella „Explosión 1947". Erfreulich umfangreich ist die Weinkarte mit Tropfen ab 17 CUC pro Flasche. Ein beliebtes Foto-Motiv ist ein uraltes Al-Capone-Auto vor der Haustüre. Tägl. 10–23 Uhr. Avenida Kawama y Final.

VAR Caribe 36 **33** €€€€, das neue Lokal gegenüber dem Restaurant „Esquina Cuba" ist eigentlich ein altes. Denn nachdem der einstmals feine Gourmet-Tempel „Antigüedades" am Parque Josone aus unerfindlichen Gründen dichtgemacht wurde, zog das Personal mit dem ganzen Interieur hierher um und arbeitete zunächst unter dem Namen „Mi Casita" (dt. „Mein Häuschen") – weiterhin im Dienste des Staates. Aufgrund der neuen Gesetzeslage übernahmen die Köche und Kellner das Lokal schließlich in Eigenregie und führen es nun seit 2014 unter dem Namen VAR Caribe 36 – VAR für Varadero, Caribe für Karibik und 36 für die Adresse (Calle 36). Auf den Tisch kommen dort internationale Gerichte von Pastas bis Langusten, alles nicht ganz billig, aber alles sehr fein. Es gibt eine eigene Weinkarte, man bekommt die guten Tropfen auch glasweise. Tägl. 12–24 Uhr. Avenida 1ra equina 36.

Cafés   Café Bar **41** €, das modernste Café Varaderos, das erst 2014 eröffnet wurde, ist gleichzeitig das, was man wohl unter einem cubanischen Kaffeehaus versteht. Auf der Karte stehen – zu sehr moderaten Preisen – neun Kaffeespezialitäten mit Rum und 15 ohne, daneben verschiedene Tees, aber auch Cocktails und andere Alkoholika.

Dinieren am Tisch von Mafia-Boss Al Capone

Varadero → Karte S. 40/41

All das kann man entweder in dem modern eingerichteten Lokal oder auf einem Freisitz an der Avenida 1ra einnehmen. Tägl. 9–2 Uhr. Avenida 1ra equina 55.

Eiscafés Heladeria Hicacos **24** €, die moderne Eisdiele findet man im Obergeschoss des Centro Comercial Hicacos. Die Atmosphäre ist zwar etwas steril (wie in vielen cubanischen Eiscafés), die Preise sind aber schwer in Ordnung – und die Eiscreme ist lecker. Tägl. 10–21.30 Uhr. Avenida 1ra e/ 44 y 46.

Cafeterías Bim Bom **5** €, das Lokal, in dem hauptsächlich Eis und Getränke über die Theke gehen, ist eigentlich mehr Shop als Cafetería. Es gibt nämlich auch Zigaretten, Speiseöl und Tomatenpüree – aber diese Dinge braucht man vielleicht ja auch. Tägl. 8–20 Uhr. Avenida 1ra esquina 18.

Doñanelli **26** €, die kleine Snack-Bar der landesweiten Kette hat erwartungsgemäß das gleiche Angebot wie ihre zahllosen Schwester-Lokale: Kuchen, Snacks und Getränke. Tägl. 24 Std. in der Sommersaison, 8–23.30 Uhr in der Wintersaison. Avenida 1ra y 24. Das zweite Doñanelli-Lokal (tägl. 8–18 Uhr) findet man an der Ecke Avenida 1ra y 43.

FM **10** €, die typisch cubanischen Snack-Bars der Kette mit jeder Menge Sandwiches und Hamburgern sowie Cocktails auf der Karte finden sich gleich mehrfach entlang der Avenida 1ra. Der genaue Name des Lokals hängt von der jeweiligen Querstraße ab, so liegt FM 17 an der Avenida 1ra esquina Calle 17. Tägl. 8–20.45 Uhr.

Mediterráneo **44** €, wenn man die Nacht zum Tag machen will – aber nicht nur dann – ist man in dem aus drei Lokalen bestehenden Cafetería-Komplex mitten in Varadero goldrichtig. Zwei der Cafeterías, darunter die „Aladino", haben rund um die Uhr geöffnet, die dritte nur bis 17 Uhr. Warum das so ist, wissen wahrscheinlich nicht einmal die Cubaner selbst. Wie auch immer: Für einen schnellen Snack oder ein kühles Getränk sind die Open-Air-Kneipen sicherlich keine schlechte Wahl. Tägl. 24 Std bzw. 9–17 Uhr. Avenida 1ra y 54.

Snackbar Melaito **30** €€, wenn's schnell gehen soll und man nicht auf Fastfood steht, bietet sich die nette Bar an der Hauptstraße an. Aus der Küche kommen z. B. Hamburger und einfache kreolische Gerichte wie Hähnchen. Zu allen Hauptspeisen gibt es einen kostenlosen Softdrink. Tägl. 24 Std., Essen bis 22 Uhr. Avenida 1ra esquina 37.

Fastfood El Rápido **22** €, der viel besuchte Cuba-Mac liegt in Varadero gegenüber der Kirche Santa Elvira. Das Angebot ist Rápido-typisch – Pizza, Spaghetti, Sandwiches. Tägl. 24 Std. Avenida 1ra y 47.

Nachtleben → Karte S. 40/41

Bars Bar Mirador **58** €€, die stilvollste Bar Varaderos residiert im Obergeschoss des herrschaftlichen Dupont-Anwesens. Von 17 bis 19 Uhr, also rechtzeitig zum Sonnenuntergang, gibt es täglich eine Happy Hour. Avenida Las Américas.

La Gruta del Vino **54** €€, die Bar liegt abseits der lauten Hauptverkehrswege im Parque Josone, der grünen Oase Varaderos. Wie am Namen unschwer zu erkennen ist, spielt in der „Grotte" der Wein die Hauptrolle. Dazu gibt es Snacks und kleine Speisen. Tägl. 15–22 Uhr. Calle 56 y 1ra, Parque Josone.

Varadero 1920 **48** €, die Jahreszahl 1920 hat in der Historie Varaderos (gegründet 1887, Touristenzentrum seit 1930) zwar keinerlei Bedeutung, aber da nimmt man es in Cuba nicht so genau – solange es nicht um die Unabhängigkeitskriege und die Revolution geht. Wie auch immer: Die bessere Schirmbar am See des Parque Josone verkauft Eis und Getränke mit Ausblick – besonders schön ist es am Abend zum Dämmerschoppen. Tägl. 9–21 Uhr. Calle 56 y 1ra, Parque Josone.

Live-Musik Casa de la Música **20** €€€, das Pendant an der gleichnamigen Einrichtungen in Havanna und vielen anderen Städten des Landes existiert erst seit wenigen Jahren, hat es in dieser kurzen Zeit aber geschafft, sich dem Image der Schwester-Häuser anzunähern. Dafür sorgen v. a. die Künstler von Rang und Namen, die hier allabendlich auftreten. Wer gastiert, erfährt man an einem Aushang am Eingang. Nach der jeweils um 23.30 Uhr startenden zweistündigen Show gibt es Disco-Musik bis in die frühen Morgenstunden. Der Eintritt beträgt einheitlich 10 CUC. Tägl. 22.30–5 Uhr. Avenida Playa e/ 42 y 43.

Club Mambo **56** €€€, der In-Treff neben dem Hotel „Aguas Azules" lockt mit wirklich guter Live-Musik bekannter cubanischer Orchester und Gruppen Besucher jeden Alters an. Für 400 Personen konzipiert, ist das Nachtlokal oftmals rappelvoll – trotz des stolzen Eintrittspreises von 10 CUC. Wem nicht nach tanzen ist, für den gibt's einen Billard-Tisch. Jeden Samstag veranstaltet man zusätzlich von 17 bis 21 Uhr eine sogenannte Matinee, der Eintritt beträgt dann 2 CUC. Mo–So 23–5 Uhr. Carretera Las Morlas km 14.

Snack-Bar Calle 62 **43** €, der Name sagt alles, meint man. Falsch! Das Open-Air-Lokal mit einer kleinen Bühne bietet typisch cubanisches Nightlife. An jedem Abend spielt eine andere Live-Band und veranstaltet sozusagen die einzige Straßenparty Varaderos. Die Einheimischen, die sich das Bier – es gibt auch deutsches Beck's – nicht leisten mögen oder können, stehen nämlich in dichten Trauben auf dem Gehweg vor der Bar, um der Musik zu lauschen oder zu tanzen. Tägl. 8–2 Uhr. Avenida 1ra esquina Calle 62.

The Beatles **45** €, im Gebäude des früheren Nobel-Restaurants „Antigüedades" dreht sich seit einiger Zeit alles um die Pilzköpfe aus Liverpool: An den Wänden hängen alte Schwarz-Weiß-Fotos, auf Flachbildschirmen laufen Videos von Paul McCartney & Co. – und klar, dass auch die Lautsprecher nur „I Want To to Hold Your Hand" und „Yellow Submarine" dudeln. Abends machen die Beatles allerdings Pause, von 22 bis 24 Uhr gehört die Bühne drei lokalen Rockgruppen, die sich täglich abwechseln – bei freiem Eintritt. Die kleinen Speisen (Tapas, Canapés, Spießchen) sind trotzdem nicht teuer und die breite Auswahl an Getränken ebenso wenig. Tägl. 24 Std. Avenida 1ra esquina 59.

Diskotheken Havana Club **51** €€€, der beim jüngeren – nicht nur touristischen – Publikum sehr beliebte Club „Laden" ist die Diskothek des Hotels „Palma Real", die seit ihrer Renovierung jetzt noch mehr Charme ausstrahlt. Auch die Tatsache, dass sie sehr zentral am Ortseingang von Varadero liegt, macht sie zu einer der bestbesuchten. Der Eintritt von 10 CUC bedeutet Open Bar – alle Getränke inklusive. Tägl. 22.30–3 Uhr. Avenida 3ra esquina Calle 62.

La Bamba **84** €€€, die größte (500 Plätze) und modernste (Video-Leinwand) Diskothek Varaderos gehört zum Hotel „Tuxpan", wurde 1991 eröffnet und wartet jeden Abend mit einem Musikmix aus Salsa, Merengue und Disco-Sound auf. Die meisten Urlauber kommen während ihres Aufenthalts wenigstens einmal hierher. Gäste des Hauses genießen freien Eintritt, für alle anderen kostet der Spaß 10 CUC – Ge-

Varadero → Karte S. 40/41

Hotspot mit allabendlicher Live-Musik: The Beatles

tränke sind allerdings inklusive. Sonntags gibt es von 14 bis 20 Uhr eine sogenannte Matinee fürs jüngere Publikum. Tägl. 23–3 Uhr. Avenida Las Américas.

La Red 🔳 €, die Disco in zentraler Lage hat eine angenehme Atmosphäre und viel einheimisches Publikum – weil der Eintritt nur 1 CUC beträgt. Was will man mehr? Musikalisch beschränkt man sich meist auf die allerneuesten Trends. Tägl. 22–4 Uhr. Avenida 3 e/ 29 y 30.

Palacio de la Rumba 🔳 €€, die Location hält nicht, was der Name verspricht. Rumba tanzt man in der stinknormalen Disco nämlich eher selten. Dennoch: Gut besucht ist das Lokal (Eintritt 5 CUC) allemal – übrigens auch von vielen Einheimischen und v. a. an den Wochenenden. Tägl. 22–3 Uhr. Avenida Las Américas km 4.

Cabaret   Habana Café 🔳 €€€€, das Nachtlokal neben den Sol-Hotels „Sirenas" und „Coral" ist ein Cabaret mit Bühnenshow, nach deren Ende bei Disco-Klängen zum Sturm auf die Tanzfläche geblasen wird. Mit seiner Atmosphäre der 1940er und 1950er Jahre ähnelt es sehr der gleichnamigen Einrichtung im Hotel „Meliá Cohiba" in Havanna. Tägl. 21–2 Uhr. Avenida Las Américas.

Shows   Cueva del Pirata 🔳 €€€, wie der Name schon sagt, befindet sich die Location zwischen den Hotels „Sol Palmeras" und „Occidental Allegro Varadero" in einer natürlichen Höhle. Auch hier legt ein DJ für das vorwiegend junge Publikum auf, wenn die Bühnenshow zu Ende ist. Im Eintritt von 10 CUC sind Getränke für 5 CUC inbegriffen. Mo–Sa 22–3 Uhr. Autopista Sur km 11.

La Comparsita 🔳 €€€, genau das, wonach so viele Urlauber suchen: die ultimative cubanische Nightlife-Erfahrung. Die Atmosphäre ist zwanglos, die Preise sind leger (Eintritt 10 CUC), die Künstler – Sänger, Tänzer und Comedians – talentiert. Nach den Shows heißt es grundsätzlich: Disco-Time. Es gibt auch eine Piano- und eine Karaoke-Bar. So–Fr 22.30–2.30, Sa 22.30–3 Uhr. Calle 60 esquina Avenida 4.

Übernachten → Karte S. 40/41

Top End   ***** Meliá Marina Varadero 🔳 €€€€€, die momentan wohl beste Adresse in Varadero wurde erst 2014 von der renommierten spanischen Hotel-Kette eröffnet, die damit unzweifelhaft auf den US-amerikanischen Markt schielt. Die einzige Luxus-Herberge Cubas, die sowohl an einem Strand als auch an einem Yacht-Hafen liegt, erstreckt sich über ein Areal von mehr als 40.000 Quadratmetern und bietet auf sieben Etagen 771 Zimmer und Apartments. Alle Einrichtungen sind darauf ausgelegt, einen Langzeit-Aufenthalt im Hotel mit dem Leben an Bord zu kombinieren. Natürlich verfügt das Haus über jeglichen Komfort und ist in jeder Beziehung auf der Höhe der Zeit – dass der Swimmingpool nachts illuminiert wird, ist nur ein äußeres Zeichen dafür. Im Melia Marina Varadero, das als Ultra-All-inclusive-Haus geführt wird, findet man mehrere À-la-carte-Restaurants (kreolisch, französisch, italienisch) sowie diverse Bars. Wer dies nicht möchte, kann in den Ein-, Zwei- und Drei-Zimmer-Apartments auch nur die Übernachtung (mit Selbstverpflegung) buchen. Autopista Sur Final, ✆ 667330, www.meliacuba.com.

***** Mansión Xanadu 🔳 €€€€, das ehemalige Herrenhaus wurde 1930 von dem US-amerikanischen Großindustriellen Alfred Irénée Dupont de Nemours errichtet und nach dem exotischen Palast des legendären chinesischen Eroberers Kubla Khan benannt. Für den Bau war nur das Feinste gut genug – für Decken, Treppengeländer und Säulen wurden teuerste Hölzer eigens von Santiago de Cuba angeliefert, die Böden mit cubanischem, italienischem und spanischem Marmor belegt. Heute fungiert das Anwesen auch als Clubhaus des Varadero Golfclubs, beherbergt zudem sechs First-Class-Gästezimmer, eingerichtet mit dem Originalmobiliar der 1930er Jahre. Das Hotel-Restaurant ist das „Las Américas", die unumstrittene Nummer eins in Varadero, die Bar „Mirador" im Obergeschoss die stilvollste der Halbinsel. Natürlich stehen den Gästen alle üblichen Annehmlichkeiten eines Hauses dieser Klasse zur Verfügung. Der Zimmerpreis beinhaltet ein unbegrenztes Greenfee auf dem Golfplatz. Avenida Las Américas km 8,5, ✆ 668482, 667388.

***** Meliá Varadero 🔳 €€€€, mit seiner sehr gepflegten Atmosphäre gilt das Hotel der spanischen Meliá-Familie zu Recht als eines der schönsten Resorts in Varadero. Schon die siebenstöckige Vorhalle mit ihrer beeindruckenden Kuppel ist ein Traum:

Tropische Pflanzen, die vom obersten Stockwerk bis in die Lobby reichen, versetzen die Gäste mitten in den Regenwald. Allein deshalb sollte man unbedingt einen Blick riskieren, auch wenn man hier nicht logiert. Die vier Pools befinden sich in einer mit Königspalmen durchsetzten Gartenlandschaft, das Haus verfügt über vier Restaurants, verschiedene Bars, Coffee-Shop und Diskothek, Beauty-Center, Souvenirgeschäfte und Autovermietung. Die 490 Zimmer haben alle Balkon, die Einrichtung ist auf oberstem Niveau. Carretera Las Morlas, ✆ 667013, www.meliacuba.com.

Gehoben **** Barceló Solymar Arenas Blancas ⬛38 €€€€, am schönsten Strandabschnitt von Varadero inmitten des touristischen Zentrums der Halbinsel gelegen, war das „Solymar" das erste Haus der spanischen Hoteliers, das in Cuba mit dem damals innovativen Konzept eines Strand-Resorts eröffnet wurde. Inzwischen generalüberholt, besteht die Anlage aus einem großen Hotel-Komplex und mehreren über das Gelände verstreuten einstöckigen Häuschen mit jeweils vier Gästezimmern. Natürlich gibt es in dem aufgrund der Farbgebung schon von außen familienfreundlich wirkenden Haus all das, was man von einem All-inclusive-Resort dieser Kategorie erwartet: zwei Buffet-Restaurants, drei Spezialitäten-Restaurants (kreolisch, italienisch, Seafood), sechs Bars, zwei Snack-Bars, zwei Pools, Fitness-Studio, Sauna, Massagesalon. Und auch die 525 Zimmer – 332 im Haupthaus, 193 in den Bungalows – sind entsprechend mit Klimaanlage, Bügeleisen und -brett, Minibar, Satelliten-TV, Telefon, Radio, Kaffeemaschine und Safe ausgestattet. Avenida Las Américas km 3, ✆ 614499, www.barcelo.com.

**** Occidental Allegro Varadero ⬛55 €€€€, das eindrucksvolle All-inclusive-Resort ist einem cubanischen Dorf nachempfunden – mit Villen, wie sie in den 1920er Jahren in Varadero zu finden waren. Der Strandabschnitt ist im Bereich des Hotels einer der schöneren, es wird jede Menge Wassersport (nichtmotorisiert inklusive) und das größte Fitness-Center der Halbinsel angeboten. Verschiedene Restaurants inklusive À-la-carte-Dining, Bars, Pools, Baby- und Miniclub sind selbstverständlich. Die nicht überdimensionierten 534 Zimmer verfügen über Balkon oder Terrasse und sind mit Klimaanlage, Kabel-TV, Safe, Telefon und Minibar (wird täglich aufgefüllt) aus-

gestattet. Autopista Sur km 11, ✆ 668288, www.occidentalhotels.com.

****** Playa Alameda ⬛57 €€€€, vorübergehend in der alleinigen Hand der cubanischen Gaviota-Gruppe, gehört das Haus seit 2007 zur Hälfte der spanischen Iberostar-Kette. Das neu renovierte Luxus-Resort im andalusischen Stil nahe dem Naturschutzgebiet Hicacos ist eine sehr gepflegte, weitläufige Anlage mit verschiedenen Pools, Fitness-Studio, Baby- und Miniclub. In dem Hotel schreibt Iberostar sein Gastro-Konzept aus Vielfalt und Qualität fort. Die Gäste haben die Wahl zwischen fünf Restaurants, darunter drei Spezialitäten-Restaurants mit italienischer, französischer und Seafood-Küche. Am Strand gibt es einen rustikalen cubanischen Ranchón. Das Sportangebot umfasst Billard, Tennis, Tischtennis, Volleyball, Bogenschießen, Windsurfen, Kajaks, Aerobic, Tauchen, Wasserski und Reiten. Die 391 Zimmer (5 Suiten) sind auf europäischem Top-Niveau, verfügen über Balkon oder Terrasse, Minibar, Telefon, Kabel-TV, Klimaanlage, Bügeleisen und -brett. Carretera Las Morlas km 15, ✆ 668822, www.iberostar.com.

Mittelklasse **** Cuatro Palmas ⬛38 €€€, in dem älteren Vier-Sterne-Haus ist der Service leicht „angestaubt". Dafür sind die Zimmer – Nummer 1241 bis 1246 waren einst die Privaträume von Diktator Fulgencio Batista, wenn er in dem Seebad weilte – sehr sauber, geräumig und zumindest im Bereich „Colonial" mit modernen Bädern ausgestattet. Vorteilhaft ist die Lage direkt am Strand und zugleich mitten im Herzen Varaderos mit Einkaufszentren, Restaurants und Diskotheken. Außer dem Haupthaus gibt es kleine, zweistöckige Villen mit weiteren 122 Zimmern, die teilweise einen schönen Blick auf den Parque Josone haben. Die insgesamt 282 Zimmer des Cuatro Palmas kann man mit Halbpension sowie All-inclusive-Leistung buchen. Avenida 1ra e/ 60 y 64, ✆ 667040, www.mercure.com.

**** Palma Real ⬛51 €€€€, am Anfang des Ortskerns von Varadero gelegen, ermöglicht das Hotel durch seine Lage, ohne großen Aufwand sowohl den herrlichen Strand als auch die Atmosphäre in den Straßen zu genießen. Das 466-Zimmer-Haus bietet den ganzen Tag über jede Menge Möglichkeiten, sich sportlich zu betätigen und kulinarisch verwöhnen zu lassen: Letzteres etwa im Buffet-Restaurant „Flamboyan", an der

Varadero → Karte S. 40/41

Pool-Bar „Tocororo", im Beach-Club „La Lonja" oder im „Mojito" in der Lobby. Das Spezialitäten-Restaurant „Villa Sirena" schließlich ist zweifellos der krönende Abschluss eines Tages, der danach noch lange nicht zu Ende ist. Denn dann wartet die Hotel-Diskothek „Havana Club", eine der angesagtesten in Varadero. Daneben finden sich im „Palma Real" Auto- und Motorradvermietung, Fitness-Center, Massagesalon, Sauna, Pools und Tennisplätze. Die Zimmer sind ansprechend und zweckmäßig eingerichtet. Avenida 2da esquina 64, ✆ 614555.

**** Tuxpan 🎯 €€€€, aufgrund seiner Betonfassade auf den ersten Blick vielleicht nicht besonders einladend, belehrt einen das Hotel bei näherem Hinsehen schnell eines Besseren. Zwischen Golfplatz und Strand gelegen, kann sich das nach jener mexikanischen Stadt benannte Haus, von der Fidel Castro einst mit der „Granma" ausgelaufen war, um die Revolution zu beginnen, durchaus mit den anderen Vier-Sterne-Hotels messen. Die von Gärten umgebene Anlage hält für ihre Gäste ein breites Sportangebot bereit, verfügt über Swimmingpool mit Wasserfall, drei Restaurants (Buffet und à la carte), drei Bars und mit dem „La Bamba" über die größte Diskothek weit und breit. Die 233 Zimmer haben Balkon oder Terrasse, Klimaanlage, Satelliten-TV, Telefon, Safe und meist auch Meerblick. Avenida Las Américas km 2, ✆ 667560, www.cubanacan.cu.

Budget   *** Acuazul 🎯 €€, das Islazul-Haus ist Teil des Acuazul-Varazul-Sotavento-Komplexes. Das höchste Hotel Varaderos verfügt über 78 Zimmer, alle ausgestattet mit Balkon, Klimaanlage, Satelliten-TV, Telefon und Safe. Den Gästen stehen ein Buffet-, ein Strand-Restaurant und verschiedene Bars zur Verfügung. Es gibt einen Swimmingpool und diverse Sportmöglichkeiten. In der Beauty-Ecke werden Massagen, Akupunktur und Fußpflege angeboten. Avenida 1ra e/ 13 y 14, ✆ 667132, www.islazul.cu.

** Pullman 🎯 €€, mitten im Zentrum von Varadero gelegen, ist das ältere und kleine Hotel wegen des freundlichen Personals und des aufmerksamen Service jederzeit zu empfehlen. Die nur 16 Zimmer des im Stil eines Kolonialpalastes gehaltenen Gebäudes sind mit Klimaanlage, Ventilator, TV und Radio ausgestattet. Alle verfügen über

ein eigenes Badezimmer, was auf Cuba in dieser Kategorie nicht immer selbstverständlich ist. Im Hotel gibt es ein Restaurant und zwei Bars. Avenida 1ra e/ 49 y 50, ✆ 612702, www.islazul.cu.

*** Villa Tortuga 🎯 €€, das einfachere, aber zentral in Varadero gelegene All-inclusive-Haus ist eine durchaus akzeptable Unterkunft für den kleineren Geldbeutel. Inmitten einer Gartenlandschaft befinden sich im Hauptgebäude und in 13 Bungalows insgesamt 281 Zimmer mit Balkon oder Terrasse, ausgestattet mit Klimaanlage, Satelliten-TV, Radiowecker, Minibar und Telefon. In der kleinen Anlage gibt es einen Swimmingpool, ein Buffet- und ein italienisches Spezialitäten-Restaurant sowie eine Bar. Zur Avenida 1ra mit Geschäften, Märkten und Dutzenden von Lokalen ist es nur ein Katzensprung. Calle 9 y Kawama, ✆ 614747.

Casas particulares   Casa Orlando 🎯 €, eine dieser schönen Varadero-Villen, die (fast) jedes Hotel in den Schatten stellt: Das Haus von Orlando Amechazurra Marrero ist nicht nur gepflegt und ein Hort der Ruhe im geschäftigen Treiben Varaderos, es ist auch der ideale Ort, um Land und Leute näher kennenzulernen. Denn Orlando ist mehr Herbergsvater als Casa-Besitzer und erklärt seinen Gästen gerne einmal die (cubanische) Welt. In seinem Haus ist sie jedenfalls in Ordnung: Die beiden Zimmer sind – wie die gesamte Unterkunft – picobello sauber, sehr modern eingerichtet und tipptopp in Schuss, wofür Tochter Claudia verantwortlich zeichnet. Für Getränke, Frühstück und Abendessen gibt es eigene Karten – Letzteres kann man übrigens ganz romantisch bei gedämpfter Musik in einem kleinen Ranchón im Patio einnehmen. Calle 27 Nr. 202 e/ 2da y 3ra Avenida, ✆ 612443, www.visitcuba.de.

Casa Rompe Olas 🎯 €, der Name des Hauses (dt. Wellenbrecher) ist für eine Casa particular sicherlich außergewöhnlich, die Unterkunft selbst ist es aber auch: Der Gästebereich befindet sich nämlich sozusagen mitten auf einer grünen Insel, überall auf dem Grundstück blüht es, viele Pflanzen verwandeln es in einen großen Garten, in dem man verschiedene Sitzgelegenheiten und Sonnenliegen vorfindet. Nur drei Gehminuten vom Strand entfernt vermietet Señora Bárbara vier blitzsaubere, großzügige und modern eingerichtete Zimmer, die über eigene Bäder und einen separaten

Eingang verfügen. Der Service hält eben- falls jedem Vergleich stand: Auf Wunsch gibt es jederzeit Speisen und Getränke. Und wer mit kleinem Gepäck reist, dem wird auch gerne die Wäsche gewaschen. Calle 22 Nr. 204 e/ 2da y 3ra Avenida, ✆ 613588, www.visitcuba.de.

La Casita de Nancy 46 €, da kommt garan- tiert Urlaubsstimmung auf: Nancy arbeitete 20 Jahre lang in der internationalen Hotelle- rie Varaderos, ehe sie sich selbstständig machte, und kennt daher das Rezept für gelungene Ferien an den schönsten Strän- den Cubas. Ihr modernes und schönes Haus, in dem sie zwei komfortable und bestens ausgestattete Zimmer vermietet, liegt sehr zentral und dennoch ruhig an der Avenida 1ra. Die schicke Herberge verfügt über eine kleine Sonnenterrasse mit Liege- stühlen – dort finden die Gäste zudem ei- nen überdachten Freisitz, wo auf Wunsch auch das Frühstück eingenommen werden kann. Avenida 1ra Nr. 4806 e/ 48 y 49, ✆ 612192, www.visitcuba.de.

Villa 50 40 €, mit Blick auf den langen Sand- strand von Varadero und das Meer wohnt man bei Merida und Luis. Das beliebte Haus befindet sich direkt an der Strand- straße – bis man seine Füße in den Sand setzen kann, geht man gerade einmal 20

Meter. Um Sonne zu tanken, muss man aber auch gar nicht aus dem Haus: Auf der Dachterrasse findet man ebenfalls Liege- stühle vor. Die drei Gästezimmer sind sehr sauber, zweckmäßig eingerichtet, bieten den üblichen Komfort und sind völlig unab- hängig mit eigenem Eingang – die Familie lebt auf demselben Grundstück im Neben- haus. Wer mit dem Mietwagen kommt, kann in einer Garage parken. Und wer Hun- ger hat, dem zaubert Merida jederzeit ein köstliches Menü. Avenida Playa Nr. 5002 es- quina 50, ✆ 611079, www.visitcuba.de.

Villa Buganvilia 31 €, gerade einmal 50 Meter vom schönsten Strandabschnitt Varaderos entfernt liegt die gemütliche Herberge von Alina und Armando mitten in einem großen Garten. Die beiden in einem separaten Anbau untergebrachten Doppel- bzw. Triple-Zimmer sind picobello sauber, freundlich eingerichtet, sehr geräumig und lassen jedes Mittelklasse-Hotel alt ausse- hen. Auf den verschiedenen Terrassen, die teilweise Meerblick haben, gibt es jeweils einen Grill, Schaukelstühle und Sonnenlie- gen. Das Schönste an der Casa ist aber die Herzlichkeit der Besitzer, die ihren Gästen jeden Wunsch von den Augen ablesen. Avenida 1ra Nr. 3301 e/ 33 y 34, ✆ 612095, www.visitcuba.de.

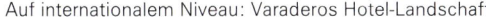

Auf internationalem Niveau: Varaderos Hotel-Landschaft

Beliebtes Ausflugsziel: der Río Canímar

Ausflüge zwischen Varadero und Matanzas

Playa El Coral

Der Korallen-Strand zwischen Varadero (15 Kilometer) und Matanzas (22 Kilometer) nahe der Abzweigung zum internationalen Flughafen „Juan Gualberto Gómez" verdankt seinen Namen einem vorgelagerten Riff. Die vor allem bei Cubanern hoch im Kurs stehende Bucht ist ein ideales Schnorchel-Revier. Das Wasser ist glasklar und schimmert in den verschiedensten Grüntönen. Am Tresen einer kleinen Strandbar (tägl. 8–17 Uhr) kann man sich für 3 bis 5 CUC (je nach Dauer) eine Schnorchelausrüstung ausleihen, bei einem kühlen Bier und einem herrlichen Blick auf den unendlichen Ozean die Seele baumeln lassen oder unter einem mit Palmwedeln gedeckten Sonnenschirm wunderbar relaxen.

Auch Tauchen ist möglich, ein geführter Tauchgang kostet 25 CUC und dauert 45–60 Minuten.
Carretera vieja Varadero.

Laguna de Maya

Der Strand, der wenige Hundert Meter vor bzw. nach der Playa El Coral zu finden ist, wurde in den vergangenen Jahren in zunehmendem Maße zu einem beliebten Nah-Ausflugsziel von Varadero-Touristen. Inzwischen gibt es sogar Souvenirstände. Die meisten Besucher kommen allerdings zum Schnorcheln und Tauchen an die Lagune. Die Preise dafür halten sich in Grenzen, für 45 Minuten Schnorcheln bzw. die Ausrüstung dafür bezahlt man 10 CUC, eine Dreiviertelstunde Tauchen kostet

45 CUC. Wer möchte, kann sich am Strand sogar einen Tauchlehrer engagieren. Die Tauchschule ist ebenso wie die kleine Bar von 8 bis 16 Uhr geöffnet. Carretera vieja Varadero.

Cueva Saturno

Die Höhle, die man einen Kilometer hinter der Abzweigung zum internationalen Flughafen von Varadero findet, steht zwar im Ruf, ein ideales Ziel für Schnorchler zu sein, tatsächlich ist sie aber eher klein – der für Besucher zugängliche Teil misst gerade einmal 40 bis 50 Meter. Dennoch lohnt ein Besuch, allein des Naturerlebnisses wegen. Stalagmiten und Stalaktiten dieser Güte findet man nicht überall. Und außerdem kann man in der Grotte ein erfrischendes Bad nehmen. Das Wasser ist glasklar und immer 20 bis 24 Grad warm. In Pauschalangeboten, die man in den Hotels von Varadero buchen kann, sind in der Regel der Transfer zur Cueva Saturno, eine Führung, die (Schnorchel-)Ausrüstung, ein Besuch der wesentlich größeren Cueva Santa Catalina, ein Begrüßungscocktail und das Mittagessen in der Snack-Bar „Saturno" enthalten. Natürlich kann man die Höhle auch individuell besuchen. Tägl. 8–18 Uhr. Eintritt 5 CUC, Kinder bis 2 Jahre gratis, bis 8 Jahre 2,50 CUC, Schnorchelausrüstung 1 CUC (bei eigener Anfahrt). Carretera Aeropuerto km 1.

Río Canímar

Der Fluss, der kurz hinter Matanzas in den Atlantik mündet, ist eines der Top-Ausflugsziele für Liebhaber unberührter Natur. Von der unterhalb der Schnellstraßen-Brücke zwischen Varadero und Matanzas gelegenen Snack-Bar aus kann man mit nagelneuen Yamaha-Motorbooten (für Selbstfahrer, pro Stunde 40 CUC) oder einem größeren Ausflugsschiff (20 CUC, inkl. Mittagessen 25 CUC) zwölf Kilometer flussaufwärts tuckern und ist dabei mitten im cubanischen Dschungel. Am Ende der Tour wartet der kleine „Rancho Arboleda", wo man sich stärken und – wer will – zu Pferde noch tiefer in den Urwald vordringen kann.

In den Hotels von Varadero werden aber auch verschiedene Ausflugspakete angeboten, die eine Fahrt auf dem Río Canímar enthalten. So gibt es beispielsweise die Río-Canímar-Tour inklusive Schifffahrt und Mittagessen für rund 50 CUC oder eine Jeep-Safari, bei der man zunächst offroad zwischen Varadero und Matanzas unterwegs ist, danach eine Runde durch die Provinzhauptstadt dreht und schließlich den Río Canímar befährt, inklusive Mittagessen auf dem „Rancho Arboleda" für ca. 80 CUC. Parque Turístico Río Canímar: tägl. 8.30–17 Uhr. Eintritt frei. Carretera Varadero km 5.

Ideales Ziel für Schnorchler: die Cueva Saturno

Die bedeutendste Natursehenswürdigkeit Cubas

Castillo de Morrillo

Die alte, völlig unscheinbare Festung, die als solche nur dadurch zu erkennen ist, dass zwei völlig verrostete Kanonen in ihrem „Vorgarten" liegen, befindet sich nahe der Schnellstraße zwischen Varadero und Matanzas, von der man unmittelbar nach der Brücke über den Río Canímar rechts abzweigt. Das – aus unerfindlichen Gründen – zum nationalen Denkmal erklärte Castillo aus dem Jahr 1720 ist inzwischen ein Museum, das in erster Linie an den Studenten-Aufstand von 1934 erinnern soll. Zu jener Zeit hatte Antonio Guiteras Holmes, der in der Post-Machado-Ära immerhin Mitglied der Regierung war, im Untergrund die Revolutionsgruppe „Joven Cuba" (dt. „Junges Cuba") gegründet. Nachdem er vom damaligen Oberbefehlshaber des Militärs und späteren Diktator Fulgencio Batista aufgespürt worden war, flüchtete er sich am 8. Mai 1935 nach Matanzas, um dort zusammen mit 18 seiner Gefolgsleute eine Möglichkeit zu finden, um auf dem Wasserweg nach Mexiko ins Exil zu gelangen. Noch bevor die Gruppe aber an Bord eines Schiffes gehen konnte, wurde sie von Batista-Truppen entdeckt. Guiteras wurde zusammen mit dem venezolanischen Revolutionär Carlos Aponte Hernández, der schon in Nicaragua an der Seite des ersten lateinamerikanischen Guerillaführers Augusto César Sandino gegen die nordamerikanischen Besatzer gekämpft hatte, an Ort und Stelle standrechtlich erschossen. An diesem Platz, der sich innerhalb des Castillos befindet, stehen heute Bronze-Statuen der beiden Männer. Das Obergeschoss des Museums ist der Geschichte der Indios gewidmet. Achtung: Trotz der offiziellen Öffnungszeiten steht man nicht selten vor verschlossenen Türen, weil die Mitarbeiterinnen des Museums wegen der ausbleibenden Besucher ebenfalls ausbleiben.

Di–So 9–16 Uhr. Eintritt 1 CUC. Carretera Varadero km 4,5.

Cuevas de Bellamar

Die bedeutendste Natur-Sehenswürdigkeit der Insel, die man unbedingt besuchen sollte, wenn man sich in Varadero aufhält, liegt fünf Kilometer südöstlich der Provinzhauptstadt Matanzas. Das insgesamt 23 Kilometer lange Höhlensystem, von dem knapp dreieinhalb Kilometer für die Öffentlichkeit zugänglich sind, gilt ob seiner Einmaligkeit inzwischen als nationales Denkmal. Entdeckt wurden die Cuevas de Bellamar im Jahr 1850 eher zufällig von einem Schäfer bei der Suche nach einem verlorenen Tier, besagt eine Legende. Dass 1861 chinesische Steinbrucharbeiter auf sie stießen, erzählt eine andere. Und dass sie ein Sklave des Großgrundbesitzers Don Manuel Santos Parga im Februar 1861 fand, ist die offizielle Version. Die Eisenstange, mit der er gearbeitet hatte, soll plötzlich in der Erde verschwunden sein. Daraufhin ließ der in Vivero bei La Coruña geborene Spanier den Ort von seinen Leuten genauer untersuchen, die dabei schließlich auf das weit verzweigte unterirdische System stießen. Welche Geschichte auch immer stimmen mag, heute gilt die Höhle jedenfalls als eine der größten und schönsten der Karibik.

Nachdem zunächst nur Wissenschaftler für ihre Forschungsarbeiten Zutritt hatten und dabei unter anderem Skelette prähistorischer Säugetiere gefunden worden waren, wurden die Cuevas de Bellamar im November 1963 auch für Besucher geöffnet. Und seitdem erfreut sich der Trip in das 300.000 Jahre alte unterirdische Kalkgestein, aus dem sich Stalagmiten und Stalaktiten herausgebildet haben, größter Beliebtheit. Die einzelnen Höhlen, die etwa 30 Meter unter der Erde ausgewaschen wurden, tragen eigentümliche Namen, die sich allerdings selbst erklären, wenn man sich erst einmal in ihnen befindet. Die mit 75 Metern Länge und 27 Metern Breite größte von ihnen ist die sogenannte „Gotische Kammer". Eine 12,5 Meter hohe Säule, die etwa 40.000 Jahre alt sein soll, wird das „Cape von Kolumbus" genannt, weil sie wie ein ärmelloser Umhang aussieht. Weiter geht es durch den „Tunnel der Sünder", der so heißt, weil sich die Besucher darin nur gebückt bewegen können. Danach kommt man in den „Buddhistischen Tempel", in dem eine Gesteinsformation zu sehen ist, die einem sitzenden Buddha ähnelt. Dort findet man auch drei Quellen – die „Quelle der Liebe", die „Quelle der Ehescheidung" und die „Quelle der ewigen Jugend". Der Rundgang endet im „Bad der Amerikanerin", wo einer Sage nach Anfang des vergangenen Jahrtausends eine ausländische Schönheit gebadet haben soll, ehe sie plötzlich verschwand und nie wieder gesehen ward.

Die Cuevas de Bellamar sind recht leicht zu finden: Man nimmt in Matanzas die Hauptstraße in Richtung Varadero, überquert das Víaducto und biegt im Stadtteil Camilo Cienfuegos an der zweiten Tankstelle (Servi Los Pinos) rechts in die Calle Levante (neuer Name: Calle 254) ein. Dort steht an der Straße auch ein kleines Hinweisschild zu den Cuevas. Ganz am Ende der Calle 254 fährt man links, unterquert eine Eisenbahnbrücke und passiert die Empresa Agropecuario Militar Provincial de Matanzas. Die Höhle ist, von der Tankstelle aus gerechnet, nach ca. dreieinhalb Kilometern erreicht. Neben der eigentlichen Attraktion gibt es dort auch ein kleines Museum, in dem unter anderem ein Indio-Grab zu sehen ist, ein neues 3-D-Kino, in dem man zumindest visuell in die spektakuläre Welt unter Tage eintauchen kann, das Touristen-Restaurant „El Ranchón", eine Peso-Bar sowie einen Souvenirladen.

Tägl. 9–17 Uhr. Eintritt 5 CUC, Kinder bis 5 Jahre frei, Fotoaufnahmen 5 CUC, Videoaufnahmen 5 CUC, Führungen (Dauer 45 Minuten) um 9.30, 10.30, 11.30, 13.15, 14.15, 15.15 und 16.15 Uhr. Finca La Alcancia.

„Crocodile Dundee" von Boca de Guamá

Ausflüge zwischen Varadero und der Schweinebucht

Cárdenas

Das als „Stadt der Flagge" bekannte Cárdenas – hier hisste General Narciso López am 19. Mai 1850 auf dem Dach des früheren Hotels „La Dominica" erstmals die cubanische Nationalflagge – ist sozusagen die Schlaf-Stadt für einen Großteil des Personals der Hotels von Varadero. Angeblich verdienen 95 Prozent der Bevölkerung von Cárdenas ihre Brötchen in dem elf Kilometer entfernten Touristenzentrum. Das bedeutet aber gleichzeitig, dass man nur 15 Autominuten von Varadero entfernt tief in die cubanische Wirklichkeit eintauchen kann, wo Pferdekutschen und Fahrräder das Straßenbild bestimmen, mit denen sich Cárdenas einen Namen gemacht hat.

Sehenswert sind in Cárdenas der Parque Colón mit der Catedral de la Inmaculada Concepción, wo einst die Stadtgründung vollzogen wurde und wo seit dem Jahr 1862 die erste Kolumbus-Statue Cubas steht (Calle Céspedes e/ 8 y 9), das Museo de Batalla de las Ideas, das an den Konflikt mit den USA um den kleinen Elián González aus den Jahren 1999 und 2000 erinnert (Calle Vives Nr. 523 e/ Coronel Verdugo y Industría) sowie das Museo Oscar Maria Rojas aus dem Jahr 1900, das zweitälteste Cubas und gleichzeitig die älteste naturhistorische Sammlung des Landes. In 13 Ausstellungsräumen beherbergt es wertvolle Exponate aus Geschichte, Kunst, Archäologie und Numismatik. Außerdem gibt es einige Waffen aus der Kolonialzeit zu sehen (Calle Calzada

Nr. 69 e/ Vives y Génez, Eingang auch am Parque José Antonio Echeverría).

Península de Zapata

Die gleiche Tatsache, die Italien zur Bezeichnung „Stiefel" verhalf, verschaffte auch der Halbinsel von Zapata ihren Namen: Von oben betrachtet, kommt sie der Form eines Zapatas, eines Schuhs, nämlich sehr nahe. Das 123 Kilometer von Varadero entfernte, 4500 Quadratkilometer große Gebiet im Süden der Provinz Matanzas ist das größte Feuchtgebiet der gesamten Karibik. Längst wurde die Halbinsel zum Nationalpark erklärt – zum Parque Nacional Ciénaga de Zapata, seit 2001 eines der UNESCO-Biosphärenreservate. Naturliebhaber finden hier mehr als 900 einheimische Pflanzenarten, darunter etwa 100 endemische, sowie über 190 Vogelarten wie Kolibris, Papageien und den cubanischen Nationalvogel Tocororo. Außerdem trifft man 30 Reptilienarten an, darunter das Cubakrokodil, ungezählte Amphibien, Fische, Insekten sowie Manatis (lat. Trichechus manatus). Die zur Familie der Seekühe gehörenden Säugetiere, die bis zu viereinhalb Meter lang werden, hatten die spanischen Eroberer zunächst für Meerjungfrauen gehalten. Hobby-Ornithologen kommen vor allem in den Wintermonaten in das Naturschutzgebiet, wenn hier zusätzlich die Zugvögel aus Nordamerika Station und die gesamte Halbinsel zu einem wahren Paradies für Ökotouristen machen.

Central Australia

Neben der Natur liefert die Historie einen zweiten Grund, die Halbinsel von Zapata zu besuchen. Und den findet man in dem kleinen Weiler Central Australia, dessen Name keine Reminiszenz an den fünften Kontinent darstellt, sondern von der ehemaligen örtlichen Zuckerfabrik herrührt.

Denn während der Invasion in der legendären Bahía de Cochinos, im deutschsprachigen Raum besser bekannt als die Schweinebucht, als von den USA unterstützte Exil-Cubaner am 17. April 1961 hier landen wollten, um eine Konterrevolution zu starten und Fidel Castro aus dem Amt und letztlich aus dem Land zu treiben, hatte der Máximo Líder genau hier sein Hauptquartier aufgeschlagen. Zu jener Zeit noch immer mehr Rebell als Regent, dirigierte er die Revolutionsarmee persönlich, musste in der „Pampa" an der Zufahrt zur Halbinsel allerdings nicht lange verweilen. Binnen 48 Stunden hatten die erfahrenen Guerilleros den Eindringlingen den Garaus gemacht oder sie in die Flucht geschlagen. Das Museo de Comandancia, untergebracht im früheren Verwaltungsgebäude der Zuckerfabrik dokumentiert die Geschehnisse jener Tage. Vor dem Eingang des einstöckigen Flachdachbaus stehen heute die Trümmer eines der US-Kampfflugzeuge, die damals von den Revolutionstruppen vom Himmel geholt wurden.

Di–Sa 9–17, So 8–12 Uhr. Eintritt 1 CUC, Fotoaufnahmen 1 CUC. Central Australia.

Boca de Guamá

Jeder Tourist, der die Península de Zapata besucht, kommt früher oder später nach Boca de Guamá – meistens früher. Hier, etwa auf halber Strecke zwischen der Autobahn und der Schweinebucht, gibt es all das, was der zahlungskräftige Gast nach Daturhalten der cubanischen Tourismusindustrie braucht: Restaurants, eine Snack-Bar, Souvenirgeschäfte, eine Krokodilfarm (mit mehr als 3000 Exemplaren in allen Größen) und kleine Ausflugsboote, die über die Laguna del Tesoro zu einem nachgebauten Taíno-Dorf tuckern. Die bekannte cubanische Bildhauerin Rita Longa hat dort verschiedene lebensgroße Indianer-Figuren in Posen geschaffen, die das Leben der Ureinwohner abbilden sollen. Es ist wie fast überall an ausschließlich für Urlauber geschaffenen Ausflugszielen: Die wirklich interessanten Sehenswürdigkeiten sind anderswo …

Krokodilfarm: tägl. 7.30–18.30 Uhr. Eintritt 10 CUC inkl. Führung und Getränk, Kinder 5 CUC.

Playa Larga

Der Küstenort liegt zehn Kilometer südlich von Boca de Guamá am Ufer der Schweinebucht, an der 1961 von den USA unterstützte Exil-Cubaner ihre Invasion begannen. Ein großes Schild an der Straße weist darauf hin, wie weit die Konterrevolutionäre ins Land vordringen konnten. „Hasta aquí llegaron los mercenarios" (dt. „Bis hierher kamen die Söldner") steht dort zu lesen – und keinen Schritt weiter, ist wohl gemeint. Playa Larga ist aber eigentlich nicht der richtige Ort, um sich auf die Spuren dieses historischen Ereignisses zu begeben. Der liegt 34 Kilometer weiter in südöstlicher Richtung an der Playa Girón. Playa Larga selbst ist wenig attraktiv und verliert zudem durch seine Nähe zum Feucht-gebiet des Ciénaga de Zapata. Denn dadurch hat man als Tourist in Playa Larga je nach Saison nur zwei Möglichkeiten: Entweder man lässt von Mosquitos auffressen oder von Sandflöhen beißen. Eines ist so unangenehm wie das andere, ein Entrinnen gibt es nicht. Selbst gegen die gängigen Repellents scheinen die Mistviecher immun zu sein.

Laguna de las Salinas

21 Kilometer südwestlich der Playa Larga liegt der Landeplatz Tausender von Zugvögeln, die sich dort zwischen November und April niederlassen. Teilweise wurden an einem einzigen Tag schon mehr als 10.000 Flamingos gezählt. Wasservögel en masse sieht man bereits auf dem Weg zur Laguna, der durch Sümpfe und Seenlandschaften führt. Guides sind obligatorisch – sie steigen am Büro des Nationalparks, auch in Mietwagen, zu. Eine vierstündige Tour kostet 10 CUC/Pers.

Nationalparkbüro: Mo–Fr 8–16.30, Sa 8–12 Uhr. Carretera Playa Larga.

Die Invasion in der Schweinebucht: Bis hierher kamen die Söldner der CIA

Cueva de los Peces

Die 72 Meter tiefe Unterwasserhöhle etwa in der Mitte der Strecke zwischen Playa Larga und Playa Girón gilt als tiefste geflutete tektonische Verwerfung Cubas. Die Höhle selbst ist ein Naturpool par excellence. Wer tiefer tauchen möchte, muss nur die Küstenstraße überqueren und ist im Meer sofort mittendrin in bunten Fischschwärmen und leuchtenden Korallen. Ein Tauchgang kostet in der Cueva 40 CUC, im Meer 35 CUC (beide ca. 45 Min.). Außerdem kann man Tauchkurse zu Preisen zwischen 35 CUC (Anfänger, ca. 45 Min.) und 365 CUC (Open Water mit Equipment) buchen. Fürs Schnorcheln bezahlt man 3 CUC/Std. bzw. 10 CUC/Tag inkl. Ausrüstung.

Tägl. 9–17 Uhr. Eintritt frei. Carretera Playa Girón.

Playa Girón

Der Ort an der Ostseite der Schweinebucht, 44 Kilometer südöstlich von Boca de Guamá und 34 Kilometer von Playa Larga gelegen, ist nach einem französischen Freibeuter benannt, der die Gegend vor Jahrhunderten unsicher machte. Hier kam es am 17. April 1961 zu einer Auseinandersetzung zwischen Sozialismus und Imperialismus, zwischen David Cuba und Goliath USA. Und, was niemand erwartet hatte, der Kleine in Person von Fidel Castro, obsiegte wieder einmal – beinahe wie im Märchen. Das Museo Girón gibt einen detaillierten Überblick über die Ereignisse vom April 1961. In zwei großen Ausstellungsräumen sind alte Fotos und persönliche Gegenstände der Opfer zu sehen – und natürlich wird das taktische Geschick Fidel Castros in den höchsten Tönen gelobt. Ein 15-minütiger Film über die erste Niederlage des US-Imperialismus in Amerika kostet 1 CUC extra. Vor dem Gebäude ist ein Kampfflugzeug aufgestellt, das damals

Dokumentiert die „Operation Pluto": das Museo Girón

von der cubanischen Luftwaffe benutzt wurde, daneben stehen Kampfpanzer aus sowjetischer Produktion, die in der Schlacht eingesetzt waren.

Heute ist die Playa Girón in erster Linie Ziel von Tauchern und Schnorchlern, die sich im azurblauen Wasser der Karibischen See wie die Made im Speck fühlen können. Kleiner Wermutstropfen: Vom Strand aus hat man einen mehrere Hundert Meter langen Wellenbrecher vor Augen, durch den zwar ein riesiges Meerwasserbecken geschaffen wurde, der den Blick hinaus auf das Meer aber empfindlich trübt.

Museo: tägl. 9–18 Uhr. Eintritt 2 CUC, Führung 1 CUC, Fotoaufnahmen 1 CUC, Videoaufnahmen 5 CUC. Playa Girón.

Caleta Buena

Der auch bei Cubanern beliebte Strandabschnitt zehn Kilometer östlich der Playa Girón liegt in einer malerischen Bucht mit einem Tauchzentrum, einer Bar und einem Restaurant. Das Mittagessen in Buffetform ist im Eintritt von 15 CUC inbegriffen. Taucher werden mit einem kleinen Kahn mit Außenbordmotor aufs Meer hinausgefahren. Ein Tauchgang schlägt mit 25 CUC zu Buche, Höhlentauchen kostet 35 CUC, Tauchkurse liegen bei 150–365 CUC.

Bar: tägl. 10–17 Uhr, Restaurant: tägl. 12.30–15.30 Uhr, Tauchzentrum: tägl. 9–17 Uhr. Playa Girón.

Ausflüge zwischen Varadero und der Schweinebucht

„Operation Pluto" – die Invasion in der Schweinebucht

Es war der 12. April 1961, als der damalige US-Präsident John F. Kennedy verkündete, dass eine Invasion Cubas durch die Streitkräfte der USA nicht stattfinden werde. Die Auseinandersetzung über Cubas Zukunft werde zwischen den Cubanern selbst ausgetragen, sagte er. Ein sibyllinisches Statement, das die eigentliche Wahrheit verschleiern sollte: Zu diesem Zeitpunkt stand die „Brigade 2506" bereits Gewehr bei Fuß. Die von der CIA ausgebildete Truppe von 1500 Exil-Cubanern stach am 14. April 1961 mit sechs Schiffen in Puerto Cabezas in Nicaragua in See, der damalige Diktator Nicaraguas, Luis Somoza, verabschiedete sie mit dem Auftrag, ihm ein paar Haare von Fidels Bart mitzubringen.

Vorausgegangen waren zunehmende Spannungen zwischen beiden Ländern. Die USA hatten die Enteignung amerikanischer Großgrundbesitzer verurteilt, Castro seinerseits die Vereinigten Staaten in seinen Reden immer wieder scharf angegriffen und sich mehr und mehr der Sowjetunion angenähert. Als der Revolutionsführer in der zweiten Hälfte des Jahres 1960 sämtliches US-Eigentum auf Cuba verstaatlichte, war das Maß voll. Die Regierung in Washington stoppte von heute auf morgen den Zuckerimport von der Insel und begann mit der militärischen Ausbildung der „Brigade 2506", deren Mitglieder Cuba nach dem Sieg der Revolution verlassen hatten – mit nur einem Ziel: irgendwann zurückzukehren und Fidel Castro zu stürzen.

Nur zwei Tage vor der geplanten Invasion, am 15. April 1961, machte Kennedy allerdings einen entscheidenden Fehler: Obwohl er jeden Eindruck einer direkten Beteiligung der US-Truppen vermeiden wollte – weswegen er die „Brigade 2506" auch in Nicaragua starten ließ –, entsandte er mit cubanischen Hoheitszeichen getarnte Kampfflugzeuge, die die wichtigsten Stützpunkte der cubanischen Luftwaffe bombardieren sollten, um den Angreifern den Weg zu ebnen. Der Überraschungseffekt, mit dem die Invasionstruppen gerechnet hatten, war dahin: Fidel Castro versetzte alle Einheiten in Alarmzustand, verlegte selbst sein Hauptquartier auf die Halbinsel Zapata und verkündete offiziell den „sozialistischen Charakter" der cubanischen Revolution. Damit stellte er Cuba endgültig an die Seite der Sowjetunion und ihrer Verbündeten.

Der ursprüngliche Plan der CIA, einen Brückenkopf an Land zu bilden, wohin die Vereinigten Staaten eine in Florida gebildete Übergangsregierung einfliegen wollten, die dann offiziell die Unterstützung der USA erbitten sollte, konnte nicht mehr aufgehen. Innerhalb eines einzigen Tages waren die Invasionstruppen eingekreist, zwei Tage später aufgerieben oder gefangen genommen. Der Flugzeugträger der US-Marine, der vor der Schweinebucht gewartet hatte, drehte ab, seine Kampfmaschinen blieben am Boden.

Kennedy wollte zwar die Invasion, aber er wollte keinen Krieg riskieren, der schnell zu einer militärischen Auseinandersetzung zwischen den Supermächten hätte werden können. Während er deshalb bei vielen Exil-Cubanern bis heute als Verräter gilt, war Castro nach dem Sieg von Girón in Cuba mehr denn je ein Held. David hatte Goliath besiegt – wieder einmal.

Fidel höchstpersönlich dirigierte den Einsatz in der Schweinebucht

Matanzas wurde im Jahr 1508 erstmals erwähnt – im Logbuch von Sebastián de Ocampo

Ausflug nach Matanzas

Für die einen das „Athen Cubas", weil sich hier viele Künstler, Komponisten, Literaten und Intellektuelle niedergelassen haben, für die anderen das „Venedig Cubas", weil hier fünf Brücken über die Flüsse Yumurí und San Juan führen, ist Matanzas trotzdem mehr verschlafenes „Provinznest" denn Provinz-Hauptstadt. Daran ändert auch die Tatsache nichts, dass Varadero quasi vor der Haustür liegt, deshalb viele Ausflügler nach Matanzas kommen und sich die Stadt für cubanische Verhältnisse wohl auch deshalb erstaunlich aufgeräumt präsentiert.

Und die Stadt hätte durchaus das Potenzial, noch mehr aus sich zu machen: das Teatro Sauto an der Plaza de la Vigía zum Beispiel. Der neoklassizistische, auffallend liebevoll renovierte Bau aus dem Jahr 1862, in dem im frühen 20. Jahrhundert Enrico Caruso ebenso auftrat wie die russische Primaballerina Anna Pavlova, soll über eine ausgezeichnete Akustik verfügen. Im Jahr 1978 zum nationalen Denkmal erklärt, gilt das Theater als eine der bedeutendsten kulturellen Einrichtungen Lateinamerikas. Oder das Museo Farmacéutico am Parque de la Libertad, eine am 1. Januar 1882 von den beiden Ärzten Ernest Triolet und Juan Fermín de Figueroa gegründete französische Apotheke, die sich auf homöopathische Arzneimittel spezialisiert hatte. Bis 1964 herrschte hier reger Betrieb, ehe man ein Museum daraus machte. Heute beherbergt es neben einer Sammlung pharmazeutischer Porzellangefäße mehr als eine Million Rezepturen für die Zubereitung von Naturheilmitteln, angeblich die vollständigste Kollektion ihrer Art außerhalb Frankreichs. Und nicht zuletzt die Ermita de Monserrate, die Ruine einer kleinen Kirche aus dem Jahr 1872, von der man den schönsten Blick auf das Tal von Yumurí und auf die Stadt hat.

Einen ersten Eindruck von der Weite der hügeligen Hochebene mit ihren Palmenhainen und Zuckerrohrfeldern gewinnt man von der mit 112 Metern höchsten Brücke Cubas aus. Den Puente Bacunayagua, etwa 20 Kilometer nordwestlich der

Provinz-Hauptstadt, überquert man automatisch, wenn man von Matanzas nach Havanna unterwegs ist.

Die Geschichte

Der Name Matanzas mutet seltsam an. Zum einen lässt er entgegen cubanischer Gepflogenheiten jeglichen Bezug zu Geographie, Natur, Religion oder einer Persönlichkeit vermissen. Zum anderen soll er stattdessen offenbar einen Hinweis auf die Vergangenheit von Provinz und Stadt geben, ohne diese letztlich aber ganz zu enthüllen. Matanzas bedeutet im Spanischen nämlich sowohl Gemetzel als auch Schlachtung, und eben wegen dieses doppelten Wortsinns streiten sich bis heute die Gelehrten. Deutet Matanzas darauf hin, dass die Spanier (auch) in dieser Gegend ein Massaker unter den Ureinwohnern anrichteten? Oder standen hier die Schlachthäuser, von denen aus die spanische Flotte mit Frischfleisch versorgt wurde? Trifft vielleicht beides zu? Eine befriedigende Antwort auf diese Fragen wird man wohl nicht mehr bekommen.

Fest steht indes, dass die von den Indianern Guanima genannte Gegend um Matanzas im Jahr 1508 erstmals erwähnt wurde – im Logbuch von Sebastián de Ocampo. Der aus Galicien stammende Seefahrer war nach den beiden ersten Entdeckungsreisen von Christoph Kolumbus damit beauftragt worden, die Küsten des Landes weiter zu erforschen. Er sollte feststellen, ob Cuba tatsächlich eine Insel ist oder – wie Kolumbus fälschlicherweise angenommen hatte – Teil eines Kontinents. Ocampo war erfolgreich: Später berichtete er, dass Cuba ein sehr großes, fruchtbares Eiland sei, die Eingeborenen sich friedlich verhielten und das Land über Goldvorkommen verfüge – das Ende für die Indios.

Bis zur Gründung der Stadt Matanzas dauerte es aber fast zwei Jahrhunderte. Nachdem König Carlos II. von Spanien angeordnet hatte, die Region zu besie-

deln, landeten am 30. Oktober 1693 mehrere Familien von den Kanarischen Inseln in der Bucht von Guanima. Sie lebten von Viehzucht und Tabakanbau, Matanzas wurde mehr und mehr zum Versorgungsstützpunkt für spanische Schiffe. Ihre Blüte erreichte die Region allerdings erst Ende des 18. Jahrhunderts, nachdem sich zum einen französische Zuckerrohrpflanzer niedergelassen hatten und zum anderen Havanna von den Engländern besetzt worden war, weswegen die Spanier vorübergehend gezwungen waren, ganz nach Matanzas auszuweichen. Mitte des 19. Jahrhunderts lief die Zuckerproduktion auf Hochtouren. Fast die Hälfte des cubanischen Zuckers, damals ein Viertel der Weltproduktion, wurde zu dieser Zeit in den mehr als 450 Fabriken der Provinz hergestellt. Matanzas wuchs und wuchs, war in den Jahren um 1850 gar die zweitgrößte Stadt des Landes – und reich obendrein. Die Zucker-Millionen ließen aus Matanzas schnell eine Stadt der Schönen Künste werden. Schriftsteller, Musiker und Intellektuelle gaben sich ein Stelldichein und begründeten den Ruf Matanzas als das „Athen Cubas". Einer der berühmtesten von ihnen war der als „Plácido" bekannt gewordene mulattische Dichter Gabriel de la Concepción Valdés, der im Jahr 1844 wegen der sogenannten Escalera-Verschwörung gegen die Zuckerbarone von den Spaniern öffentlich gefoltert und hingerichtet wurde.

Mit dem Ende der Sklaverei im Jahr 1868 wurde gleichsam der Niedergang von Matanzas eingeläutet. Nur noch einmal sollte die Stadt danach noch in den Geschichtsbüchern auftauchen: Am 1. Januar 1879 spielte hier im „Liceo" der junge Klarinettist Miguel Failde Peréz mit seinem für damalige Zeiten typischen, von zwei Violinen unterstützten Blasorchester zum ersten Mal einen Dánzon. Und daraus entwickelte sich schließlich der Mambo, mit dem ein neues Kapitel der cubanischen Musik aufgeschlagen wurde.

Ausflug nach Matanzas   → Karte S. 72/73

Sehenswertes

Teatro Sauto: Das für seine hervorragende Akustik berühmte Theater, das der Zuckerbaron Sauto von dem Italiener Daniele dell'Aglio erbauen ließ und das im April 1863 eingeweiht wurde, zählt zu den schönsten neoklassizistischen Gebäuden Cubas und den renommiertesten Schauspielhäusern des Landes. 1978 wurde es deshalb auch zum nationalen Denkmal erklärt, ein Titel mit dem Cuba zwar inflationär umgeht, den das Teatro Sauto aber dennoch sicherlich verdient. Die Eingangshalle der Spielstätte schmücken Marmor-Statuen griechischer Götter, der dreirangige Bühnensaal verfügt über 725 Sitze. Ein besonderes Kunstwerk ist auch der Bühnenvorhang, auf dem die Brücke Puente de la Concordia über den Río Yumurí dargestellt ist. Er ist schon für so viele Größen des Theaters und des Showbiz aufgegangen – die Liste der bedeutenden Künstler reicht

Akustisches Kleinod: das Teatro Sauto

von der einstigen Primaballerina Alicia Alonso bis zu den cubanischen Liedermachern der Gegenwart Pablo Milanés und Silvio Rodríguez. Die Vorstellungen des festen Ensembles beginnen dienstags bis sonntags immer um 20.30 Uhr, um 15 Uhr gibt es jeweils Aufführungen für Kinder, an den Sonntagen wird die Bühne zusätzlich um 16 Uhr bespielt. Karten zu 5 bis 10 CUC bekommt man an einem kleinen Schalter links vom Haupteingang, der von 9 bis 16 und ab 19 Uhr geöffnet ist. Im Jahr 2012 wurde das Haus vorübergehend für umfangreiche Sanierungsarbeiten geschlossen, ein Termin für die Wiedereröffnung war bei Redaktionsschluss noch nicht bekannt.

Besichtigungen Di–So 9–18 Uhr. Plaza de la Vigía.

Museo Farmacéutico: Das heutige Museum wurde im Jahr 1882 von dem Arzt Dr. Ernest Triolet zusammen mit seinem Schwager Dr. Juan Fermín de Figueroa als französische Apotheke gegründet und bis 1964 auch als solche betrieben. Seitdem wurde nichts verändert. Das Interieur und die pharmazeutischen Gerätschaften zeigen, womit „Pillendreher" damals gearbeitet haben: Porzellanschalen, Mörser, Destillierkolben und ein Sammelsurium diverser medizinischer Instrumente. Außerdem kann man eine Vielzahl – angeblich mehr als eine Million – von Originalrezepturen verschiedener Naturheilmittel sehen, die größte Sammlung außerhalb Frankreichs. Im Patio dieses außergewöhnlichen Museums steht bis heute eine uralte Installation zum Destillieren von Wasser.

Mo–Sa 9–17, So 9–14 Uhr. Eintritt 3 CUC. Calle 83 Nr. 4951.

Museo Histórico Provincial: Das im Palacio del Junco, dem Palast des gleichnamigen Zuckerbarons Don Vicente de Junco y Sardinas aus dem Jahr 1838, untergebrachte Museum beschäftigt sich fast ausschließlich mit der Geschichte der Stadt. In den 27 Ausstellungsräumen erfährt man beispielsweise, dass der holländische Pirat Piet Heyn im Jahr 1628 die spanische Silber-Flotte überfiel und in der Bucht von Matanzas versenkte. Ein großer Teil der Sammlung ist dem Thema Sklaverei gewidmet. Immer samstags gibt es hier außerdem Konzerte – bei freiem Eintritt.

Di–Sa 9.30–12 und 13–17, So 9–12 Uhr. Eintritt 2 CUC, Führung 1 CUC. Calle 83 e/ 272 y 274.

Ediciones Vigía: Die 1985 gegründeten Werkstätten, in denen noch heute Papier von Hand produziert und Bücher gesetzt, gedruckt und gebunden werden, gehören zu den interessantesten Sehenswürdigkeiten der Stadt. Besucher sind jederzeit willkommen und können die nummerierten und signierten Exemplare von Erstausgaben in einem angeschlossen Laden für kleines Geld erstehen. Zwischen 5 und 15 CUC verlangt man für eines der Bücher.

Mo–Fr 8–16, Sa 9–16 Uhr. Eintritt frei. Plaza de la Vigía.

Galería de Arte Pedro Esquerré: Die bescheidene Kunstgalerie, die unmittelbar neben der Buchbinderei liegt, zeigt in Wechselausstellungen eine bunte Mischung von mehr oder weniger gelungenen Exponaten. Je nach Ausstellungsschwerpunkt sieht man Gemälde, Holzmasken oder Töpferarbeiten, die meist allesamt von einheimischen Künstlern geschaffen wurden.

Di–Sa 9–17, So 9–13 Uhr. Eintritt frei. Plaza de la Vigía.

Museo de Bomberos: Das Feuerwehr-Museum wurde gegenüber der Plaza de la Vigía just an jener Stelle errichtet, an der früher die Kanonen von San José de la Vigía zur Verteidigung Matanzas standen. Präsentiert werden über 100 Jahre alte Feuerwehr-Fahrzeuge, die teilweise noch von Pferden gezogen werden mussten, sowie Löschmittel und entsprechende Gerätschaften aus längst vergangenen Zeiten. Alte Fotos und Knöpfe von Uniformen runden die Schau ab.

Di–Fr 9–12 und 13–16, Sa 9–11 Uhr. Eintritt frei. Calle 274 esquina 85.

Catedral de San Carlos Borromeo: Der Grundstein für die neoklassizistische Hauptkirche Matanzas' wurde am 12. Oktober 1693 gelegt, womit das Gotteshaus zu den ältesten Gebäuden der Stadt gehört. 1878 von Grund auf umgebaut, scheint seitdem nicht mehr viel für die Erhaltung der Kathedrale getan worden zu sein. Der Putz bröckelt jedenfalls gewaltig. Einzig der Hauptaltar aus dem 17. Jahrhundert, der noch im Originalzustand erhalten ist, lohnt einen kurzen Besuch.

Tägl. 12–16.30 Uhr und zu den Messen. Calle 282 e/ 83 y 85.

El Retablo: Wer ein Freund von Puppentheater oder mit Kindern in Matanzas unterwegs ist, kommt an der kleinen Galerie von Zenén Calero Medina einfach nicht vorbei. Der Schauraum seines 1998 eröffneten Studios ist randvoll mit Meisterwerken schwedischer, italienischer, argentinischer und spanischer Marionetten-Hersteller von 1956 bis zur Gegenwart. Natürlich darf auch das Aushängeschild der cubanischen Puppenkunst, Pelusín del Monte, nicht fehlen, das auf der Insel jedes Kind kennt, weil es fast täglich über die Fernsehschirme flimmert. Jeden zweiten Samstag im Monat gibt es im El Retablo Aufführungen, bei denen der Chef allerdings nicht immer selbst spielt. Oft ist er nämlich an den großen Theatern im In- und bei Festivals im Ausland engagiert.

Di–Sa 9–12 und 13–16 Uhr. Eintritt frei. Calle 288 Nr. 8313 e/ 83 y 85.

Casa de la Asociacíon Cubana de las Artistas Artesanos: Das Haus der Künstlervereinigung, kurz ACAA, liegt sehr zentral in einer der Hauptgeschäftsstraßen. In dem schönen Gebäude gibt es eine ständige Kunstausstellung, eine Gemälde-Galerie und einen Laden, in dem Kunsthandwerk angeboten wird. In einem kleinen Innenhof kann man sich an den Tischen einer Cafetería ausruhen oder die Dachterrasse besuchen, auf der es ein Aussichtstürmchen gibt (Schlüssel

Ausflug nach Matanzas → Karte S. 72/73

am Tresen verlangen!). Abends finden dort oben unregelmäßig Veranstaltungen, sogenannte Penas, statt.

Mo–Sa 8–17 Uhr. Eintritt frei. Calle 85 e/ 282 y 280.

Cuartel Goicuría: Die frühere Kaserne der Armee von Diktator Fulgencio Batista im Stadtteil Versalles ist dadurch berühmt geworden, dass sie am 29. April 1956 von Rebellen unter der Führung von Reinold T. García überfallen wurde. Inzwischen ist in das Militärgebäude das Centro Escolar, eine Schule mit ihren Unterrichtsräumen,

eingezogen. Eine Besichtigung ist daher nur von außen möglich.

Calle 61 esquina 260.

Castillo de San Severino: Die Festung an der Straße nach Havanna, die zu den größten spanischen Verteidigungsanlagen auf dem amerikanischen Kontinent zählt und ursprünglich die Aufgabe hatte, die östliche Flanke Havannas vor Piraten-Angriffen zu schützen, hat eine dunkle Vergangenheit. Im Jahr 1693 begonnen und 1734 fertiggestellt, war das Castillo bis 1793 zunächst Zollstation. Danach sperrte man hier die Sklaven in

Yumurí – das Tal des Todes

Die Herkunft des außergewöhnlichen Namens für das ebenso außergewöhnliche Tal wird mit zwei Legenden erklärt. Beide stammen angeblich von den Ureinwohnern Cubas und beide haben mit Tod und Verderben zu tun. „Yumurí" soll demnach von „yu murí" kommen und in der Sprache der Taíno so viel bedeutet haben wie „ich sterbe".

Die erste dieser Legenden berichtet von einem Indio-Stamm, dem prophezeit worden war, dass ein großes Unglück über ihn käme, sobald sich ein Mädchen des Dorfes namens Coalina jemals verlieben würde. Coalina, die von außergewöhnlicher Schönheit gewesen sein soll, wurde deshalb von ihrem Vater versteckt. Kein Fremder sollte sie je zu Gesicht bekommen, nur ihre Familie durfte sie sehen. Dennoch erzählte man sich alsbald im ganzen Land vom Liebreiz Coalinas, worauf sich Nerey, ein junger Taíno-Häuptling aus Camagüey, aufmachte, um die Schöne zu suchen. Es kam, wie es kommen musste. Nerey fand Coalina – für beide war es Liebe auf den ersten Blick. Doch dann habe, wie geweissagt, plötzlich von einer Sekunde auf die andere die Erde zu beben begonnen, die Berge von Matanzas hätten sich aufgetan, der Fluss sei über seine Ufer getreten, habe das Indio-Dorf zerstört und die Liebenden mit sich gerissen. Die letzten Worte Coalinas seien „yu murí" gewesen, erzählt man.

In der zweiten Sage heißt es, dass zur Zeit der spanischen Eroberer viele Indios ihr Dasein unter fürchterlichen Umständen fristen mussten. Grausame Folter, brutale Vergewaltigungen und blutige Gemetzel waren an der Tagesordnung – und zumindest so weit entspricht die Legende der Wahrheit. Viele Eingeborene suchten daher in dem Tal den Freitod, anstatt der Willkür der Kolonialherren ausgeliefert zu sein und ihnen als Sklaven zu dienen. Sie erklommen dazu die mehr als 100 Meter hohen Kalksteinklippen, für die die Landschaft bis heute bekannt ist, und stürzten sich mit dem Schrei „yu murí" in den Abgrund.

Man weiß bis heute nicht, welcher der beiden Legenden mehr Glauben zu schenken ist oder ob beide der Indio-Phantasie entsprungen sind. Fest steht allerdings, dass früher im Tal von Yumurí und in der Gegend um Matanzas tatsächlich viele Taíno lebten.

dunkle Verliese, kaum dass sie mit den Schiffen in Cuba angekommen waren. 1821 machten die Spanier aus der Festung schließlich ein Gefängnis, in dem während der Unabhängigkeitskriege cubanische Freiheitskämpfer inhaftiert waren. Eine steinerne Gedenktafel, die im Dezember 1952 enthüllt wurde, zählt die Namen von 61 Personen auf, die in dem Castillo und an anderen Orten der Provinz Matanzas zwischen 1895 und 1897 hingerichtet wurden. Auch nach der Revolution wurde San Severino noch bis 1986 als Gefängnis genutzt – für politische Häftlinge. Erst 1998 nahm man sich in Zusammenarbeit mit der UNESCO der Festung wieder an, renovierte die Anlage und richtete das Museo de la Ruta de los Esclavos ein, das sich in drei Schauräumen mit der Geschichte der Sklaverei, den Gottheiten der Santería und archäologischen Funden aus der näheren Umgebung beschäftigt.

Der Weg zum Castillo ist nicht hinreichend ausgeschildert, daher folgt man, aus Havanna kommend, am Ortseingang von Matanzas am besten den Wegweisern „Zona industrial" – und fragt sich dort im Zweifelsfall durch.

Di–Sa 9–16, So 9–12 Uhr. Eintritt 2 CUC, Fotoaufnahmen 2 CUC, Videoaufnahmen 50 CUC. Zona industrial.

Iglesia de Monserrate: Die ehemalige Einsiedelei, die von den katalanischen Einwanderern zu Ehren der Jungfrau von Monserrat errichtet und am 8. September 1871 mit einer Prozession und einem anschließenden Fest eingeweiht wurde, war lange Zeit dem Verfall preisgegeben, wurde inzwischen aber aufwendig restauriert und ist heute wieder ein Schmuckstück. Ein zweiter Grund für einen Besuch ist die Lage der kleinen Kirche: Von keinem anderen Punkt Matanzas' aus hat man einen schöneren Blick auf die Stadt und das Tal von Yumurí. Den genießt man am besten auf der neuen Aussichtsplattform oberhalb des Fast-Food-Lokals „Pizza pronto" oder bei einem Gläschen auf der Terrasse

des „Ranchon El Valle", einem einfachen Peso-Lokal. Da jegliche Straßen- bzw. Hinweisschilder fehlen, ist es sinnvoll, ausgehend vom Zentrum die im Zweier-Rhythmus benannten Straßen mitzuzählen – nach 288 kommt also 290, dann 292 usw. Hat man die Calle 306 erreicht, biegt man rechts ab.

Calle 306.

Valle de Yumurí: Das Tal von Yumurí zählt neben dem Valle de Viñales, Topes de Collantes und der Gegend um El Yunque bei Baracoa zu den wohl spektakulärsten Naturlandschaften Cubas. Zu einem ersten Blick auf das hügelige Weideland, die weiten Palmenhaine und die ausgedehnten Zuckerrohrfelder kommt man en passant auf der Vía Blanca zwischen Havanna und Matanzas am Puente Bacunayagua. An der 300 Meter langen und mit 112 Metern höchsten Brücke Cubas, die gleichzeitig die Provinzgrenze darstellt, ist das Panorama einfach grandios. Wohl

„Sagen-hafte" Landschaft

nicht zuletzt deshalb wurde hier, etwa 20 Kilometer nordwestlich von Matanzas, eine Aussichtsplattform geschaffen, die Touristen geradezu magisch anzieht. Seit vielen Jahren gibt es dort, auf dem Mirador de Bacunayagua, auch eine stark frequentierte Snack- und Cocktail-Bar der Palmares-Kette, die von beinahe keinem Reisebus ausgelassen wird. Noch schöner ist der Blick auf die Cuchilla de Habana-Matanzas, jene weite Tal-Pfanne, die schon Alexander von Humboldt im Jahr 1801 durchstreifte, von der Ermita de Monserrate in Matanzas aus. Auch dort wurden inzwischen zwei Lokale errichtet, die in erster Linie vom Ausblick auf die immergrüne Hochebene mit den schroffen Kalksteinwänden leben. So attraktiv und verlockend das vom Río Yumurí und dem Río Bacunayagua durchflossene Valle von beiden Punkten aus auch sein mag, von einer Tour durch das Tal ist dringend abzuraten. Kaum erschlossen, führen nur einige schmale Wege hindurch. Da die Abzweigungen in aller Regel unbeschildert sind, hat man sich im grünen Nirgendwo schneller verirrt, als einem lieb ist.

Mirador de Bacunayagua: tägl. 8–20 Uhr. Vía Blanca km 180.

Auf einen Blick

Telefon-Vorwahl
✆ 0053-45 (aus D, A, CH)
✆ 045 bzw. 0145 (innerhalb Cubas, für die gesamte Provinz)

Tourist-Information Campismo Popular, Dirección Provincial, Calle 290 e/ 83 y 85, Mo–Fr 8–17 Uhr.

Havanatur, Calle 282 e/ 89 y 91, Mo–Sa 8–18 Uhr.

Apotheken Farmacia Central, tägl. 8–22 Uhr, Calle 298 esquina 85.

Ärztliche Versorgung Hospital Comandante Faustino Pérez Hernández, tägl. 24 Std., Carretera Central km 101, ✆ 247016, 242188, hospital@atenas.inf.cu.

Autovermietung Havanautos, Calle 129.

Banken Banco Crédito y Comercio, Calle 83 esquina 282 (schräg gegenüber der Kathedrale) und Calle 85 Nr. 28604 e/ 286 y 288, Mo–Fr 8–15, Sa 8–11 Uhr.

Banco Financiero Internacional, Calle 85 esquina 298, Mo–Fr 8–15 Uhr.

Banco Popular de Ahorro, Calle 85 esquina 300 und Calle 85 esquina 282, Mo–Sa 8–19 Uhr.

Cadeca, Calle 85 Nr. 28004 und Calle 286, Mo–Sa 8.30–20, So 9–18 Uhr.

Feste Matanzas ist im ganzen Land bekannt für seine **Rumba-Fiestas**. Besonders heiß wird es immer ab dem 10. Oktober, wenn im Teatro Sauto zehn Tage lang das Festival del Bailador Rumbero gefeiert wird.

Der **Karneval** steigt um den 20. August – mit viel Rum und noch mehr Rumba. Ein wirklich sehenswertes, farbenfrohes Spektakel.

Internet Etecsa, tägl. 9–21 Uhr, Calle 83 esquina 282.

Notruf Polizei ✆ 106, Feuerwehr ✆ 105, Ambulanz ✆ 285023.

Post Calle 85 Nr. 28813 esquina 290, tägl. 8–20 Uhr.

Shopping Matanzas' Hauptgeschäftsstraße ist die **Calle 85** (alter Name: Medio). In den Läden gibt es alles für den täglichen Bedarf.

Mercado San Luís ist ein Supermarkt mit reichhaltigem Angebot. Calle 298 e/ 119 y 121.

Photo Service versorgt auch in Matanzas Hobby-Fotografen mit allem Nötigen. Tägl. 8–20 Uhr. Calle 85 e/ 286 y 288.

Hin & weg

Bahn Hauptbahnhof in der Calle 181, ✆ 299243, 299244.

Hershey-Bahnhof in der Calle 282 esquina 67 im Stadtviertel Versalles, ✆ 244805.

Verbindungen: Havanna 4x tägl. 4.34, 8.26, 12.30 + 17.12 Uhr mit der einzigen elektrifizierten Eisenbahn Cubas, 2,80 CUC, Fahrzeit 3 Std.

Bus Víazul-Terminal in der Calle Calzada Esteban esquina Terry, ℡ 291473.

Víazul-Verbindungen: Havanna tägl. 9.00, 12.35, 16.35, 19.00 Uhr, 7 CUC. Varadero (Flughafen) tägl. 10.35, 12.15, 14.15 Uhr, 6 CUC. Varadero tägl. 10.35, 12.15, 14.15, 19.55 Uhr, 6 CUC.

Touristen-Bus: Bei der neuen „Matanzas-BusTour" steuern die Ausflugsbusse zunächst die wichtigsten Sehenswürdigkeiten der Provinzhauptstadt an, um danach bis nach Varadero zu fahren. Wegen der vielen Stopps sind die Busse 90 Minuten unterwegs. Das Ticket, das einen kompletten Tag lang Gültigkeit besitzt, kostet 10 CUC. Haltestellen: Teatro Sauto, Café Atenas, Museo Farmacéutico, Iglesia de Monserrate, Catedral de San Carlos Borromeo, Estadio Victoria de Girón, Parque de la Libertad, Cuevas de Bellamar, Tropicana, Río Canímar sowie an vielen Hotels von Varadero. Abfahrt in Matanzas: 11.15, 12.45, 15.45 + 17.15 Uhr. Rückfahrt von Varadero: 9.30, 11.00, 14.00 + 15.30 Uhr.

Taxi Cubataxi, ℡ 614444.

Essen & Trinken   → Karte S. 72/73

International Café Atenas **12** €€€, der Name trügt: Das „Café" direkt gegenüber dem Teatro Sauto ist nämlich ein Restaurant, das fast ausschließlich Touristen zu seinen Gästen zählt. Auf der Speisekarte stehen Pizzen, Nudelgerichte, Meeresfrüchte und Hähnchenvariationen. Die Auswahl an Weinen ist überraschend groß. Tägl. 11–23 Uhr. Calle 83 Nr. 8301 esquina 272.

Cafeteria Atenas **12** €, nur eine Tür weiter findet man die Bar, die zum „Café Atenas" gehört. Alles ist ein bisschen kleiner und einfacher als im Speise-Restaurant – für eine schnelle Erfrischung zwischendurch ist das Lokal aber zu empfehlen. Tägl. 8–20 Uhr. Calle 83 Nr. 8301 esquina 272.

Live-Musik Ruinas de Matasiete **20** €€, das nette Lokal liegt an der Hauptstraße nach Varadero unterhalb der Brücke über den Río San Juan und ist – wie der Name sagt – in den Ruinen eines ehemaligen Zuckerlagers untergebracht. Man sitzt entweder in einem schönen Speisesaal oder draußen auf einer großen, gemütlichen Terrasse. Mi–So wird abends Live-Musik geboten. Auf der Karte des preisgünstigen Restaurants findet man Meeresfrüchte und Fischgerichte ebenso wie Hähnchen und andere cubanische Standards. Tägl. 10–22 Uhr. Víaducto e/ Línea y Cuni.

Cubanisch Monserrate **3** €, das Peso-Restaurant der feineren Sorte findet man auf dem Aussichtshügel bei der Iglesia de Monserrate. Speisen (Schweinesteaks, Hähnchen) werden in Pesos bezahlt, Getränke (Mojito etc.) in Devisen, der Blick über ganz Matanzas ist unbezahlbar. Tägl. 12–22.45 Uhr. Calle 306 final.

Ranchón El Valle **2** €€, das rustikale Restaurant gleich bei der Iglesia de Monserrate ist zwar nur ein einfaches Peso-Lokal, in dem Schwein und Hähnchen für kleines Geld auf den Tisch kommen. Allerdings hat man von der Terrasse aus den wohl schönsten Blick auf das Tal von Yumurí. Vorsicht: Es existieren zwei Speisekarten, Touristen wird in der Regel die CUC-Karte mit höheren Preisen vorgelegt. Essen und Getränke kosten aber trotzdem nicht die Welt, Cocktails gibt es bereits ab 0,50 CUC. Tägl. 11–19 Uhr. Calle 306 final.

Ranchón El Paso €€, eigentlich müsste das kleine Lokal etwas außerhalb der Stadt an der Straße nach Varadero hoch über dem Río Canímar „Buena Vista" (dt. „Schöne Aussicht") heißen, denn von der Terrasse aus ist das Panorama allererste Sahne. Die Lage schlägt sich glücklicherweise nicht auf die Preise nieder. Schweinesteaks, Fischfilets, die unvermeidlichen frittierten Hähnchen oder Sandwiches bezahlt man zwar mit CUC, aber mit wenigen. Tägl. 11–23 Uhr. Vía Blanca km 3,5.

Italienisch Venecia **10** €, das Interieur des Peso-Italieners ist ganz nett, die Preise sind es noch mehr. Für Pizza und Pasta sowie alle Getränke bezahlt man umgorechnet Cent-Beträge. Tägl. 11.30–22 Uhr. Calle 85 e/ 286 y 288.

Seafood Marino €€, neben dem „Ranchón El Paso" an der Einfahrt zum „Tropicana" gelegen, hat sich das Restaurant auf Fischgerichte und Meeresfrüchte spezialisiert. Die Auswahl reicht von diversen Filets über Garnelen und Langusten bis hin zur Seafood-Paella. In der angeschlossenen

Ausflug nach Matanzas → Karte S. 72/73

Cafetería gibt es zudem Pizza, Spaghetti, Pommes und Eiscreme. Tägl. 13–21 Uhr, Cafetería tägl. 7–23 Uhr. Vía Blanca km 3,5.

Cafés   Bistro Kuba **6** €, das neue Lokal, das erst Ende 2014 eröffnet wurde und es binnen kürzester Zeit zur angesagten Top-Location des Nachtlebens gebracht hat, fungiert tagsüber – wie es der Name schon sagt – als Bistro. In schickem Ambiente gibt es kleine Imbisse, Spieße und Tapas zu sehr zivilen Preisen. Neben dem normalen Getränke-Angebot stehen verschiedene Kaffee-Kreationen auf der Karte. Di–So 11–2 Uhr. Calle 83 Nr. 29014 e/ 290 y 292.

Eiscafés   La Soda del Medio **11** €, Eisbecher für kleines Geld serviert das typisch cubanische Café in der Haupteinkaufsstraße von Matanzas. Die Auswahl ist nicht immer überwältigend, das Peso-Eis aber durchaus zu empfehlen. Tägl. 9–21 Uhr. Calle 85 esquina 286.

Cafeterías   Café El Parnaso **15** €, die große Cafetería hinter der Kathedrale hält ein so breites wie buntes Sortiment vor: Pizza, Spaghetti, Sandwiches, Kuchen, Torten, jede Menge Getränke und diverse Kaffeespezialitäten gibt es für'n Appel und 'n Ei. Tägl. 10–22 Uhr. Calle 85 e/ 282 y 288.

en familia **18** €, in dem sauberen Open-Air-Terrassenlokal kann man unter einer bunten, schattenspendenden Markise ein Päuschen einlegen. Getränke, Snacks oder Eiscreme holt man sich am Tresen. Tägl. 10–22 Uhr. Calle 298 esquina 87.

Plaza La Vigía **16** €, die schöne, etwas größere Cafetería am gleichnamigen Platz liegt wenige Meter vom Teatro Sauto entfernt gegenüber dem Museo de los Bomberos. Das Angebot ist allerdings nicht gerade üppig: Es gibt Hamburger, Hotdogs, Bocaditos, Eiscreme und Getränke. Tägl. 10–22 Uhr. Plaza de la Vigía esquina Calle 85.

Fast Food   Pizza pronto **1** €, die Cafetería-ähnliche Pizzeria befindet sich auf dem Aussichtshügel der Iglesia de Monserrate gleich neben dem „Ranchón El Valle". Angeboten werden Spaghetti, Pizzen und Bocaditos. Tägl. 24 Std. Calle 306 final.

El Rápido **13** €, in Matanzas findet man den „schnellen Cubaner" sowohl mitten im Zentrum als auch mehrfach an der Carretera nach Varadero. Wie in allen Läden dieses Genres werden Pizza, Hähnchen, Sandwiches, Eiscreme und Getränke angeboten. Tägl. 24 Std. Calle 85 e/ 282 y 284 und Vía Blanca.

Ü bernachten

N achtleben

E ssen & Trinken

Reparto Versalles

23 (Tercera)
27 (Segunda)
Humboldt
Céspedes
37 (Primera)
Serpentina
41 (Aróstegui)
45
San Hipólito
49 (San Juan)
51 (Versalles)
(53) Santa Rita
55 (San Alejandro)
57
Hershey-Bahnhof
59
Cuartel Goicuría
63 (Isabel)
65 (San José)
67 (San Blas)
71 (San Antonio)
69 (Aróstegui)

Castillo de San Severino
Havanna

Reparto Matanzas Este

65 (Jáuregui)
67 (Santa Isabel)
71 (Salamanca)
73 (Velarde)
75 (Daoiz)
77 (Maceo)
79 (Bonifacio Byrne)
83 José J. Milanés
85

300 (América)
Zaragoza
290
Santa Teresita
278
276
272

270

Bahía de Matanzas

5

4

Casa de la Asociación Cubana de las Artistas Artesanos

Museo Histórico Provincial **M**

Catedral de San Carlos Borromeo

El Retablo
6 7 8
M **15** **10 11** †
9
14
17
Museo Farmacéutico
13 **12**
18
Río
Ediciones Vigía
16
Teatro Sauto
Galería de Arte Pedro Esquerré
Museo de Bomberos **M**
19
93 (San Severino)

San Juan

101

20

103 (Recurso)

105 (Refugio)
109 (San Andrés)
115 (San Sebastián)
117 (San Juan Bautista)
119 (San Francisco)
121 (La Merced)
123 (San Juan de Dios)
125 (Santa Rita)
127 (San Rafael)
131 (Espíritu Santo)
135 (San Fernando)
139 (Buen Viaje)
145 (Tenaza)

298 (San Luis)
300 (Línea)
280 (San Ambrosio)
276
274
San Vicente
San Carlos
21

Gral. Betancourt

264
292
256
254
Varadero

Matabú

Reparto Pueblo Nuevo

BUS
174
173 (Maurí)
Calzada de Estéban

264

22

Matanzas

150 m

Nachtleben → Karte S. 72/73

Bars Bistro Kuba **6** €, erst im November 2014 eröffnet, ist die todschicke Bar von César de Varona Cardoso sofort zur Nummer eins im Nachtleben von Matanzas avanciert. Das ist aufgrund des mangelhaften Angebots in der Provinzhauptstadt zwar nicht schwer, die Location würde allerdings auch in Havanna sehr schnell zu einem Szene-Treff werden – und das ist sehr schwer. Zur allabendlichen Live-Musik werden nationale und internationale Cocktails zu äußerst fairen Preisen gereicht, Snacks und Tapas, die ebenfalls nicht die Welt kosten – und beim Betreten des Lokals kalte, feuchte Erfrischungstücher. Warum César Kuba mit „K" schreibt? „Ich bin zweimal pro Jahr in Deutschland und dort schreibt man Kuba eben mit ‚K'", sagt er. So einfach ist das also! Di–So 11–2 Uhr. Calle 83 Nr. 29014 e/ 290 y 292.

Video-Bar Guanima **9** €, das schummrige Lokal verdankt seine Bezeichnung einem verstaubten Fernsehgerät in der Ecke. Dennoch: Mangels anderer (preisgünstiger) Möglichkeiten ist hier abends fast immer etwas los. So–Fr 12–23.45 Uhr, Sa 12–1.45 Uhr. Calle 85 Nr. 29404 e/ 294 y 298.

Club Imágenes **17** €, in der Eck-Kneipe holt man sich die Getränke am Tresen zu Peso-Preisen und bekommt als Dreingabe dazu die Musik kostenlos auf die Ohren. Klar, dass der Laden angesichts dessen bei der Jugend von Matanzas beliebt ist. Vor allem samstags ist der Club meist proppenvoll. Mo–Fr 15–24, Sa 15–2 Uhr. Calle 85 esquina 290.

Live-Musik Casa de la Cultura Municipal Bonifacio Bryne **21** €, das Kulturzentrum hat zwar den ganzen Tag über geöffnet, richtig rund geht es aber erst abends, v. a. an den Wochenenden (Fr–So). Dann wird ab 21 Uhr ein buntes Kulturprogramm aus Musik, Tanz und Theater geboten. Tägl. 10–2 Uhr. Calle 272 Nr. 11916 e/ 119 y 121.

Casa de la Cultura Nelson Barrera **4** €, das kleine Kulturzentrum erfreut sich auch bei Touristen großer Beliebtheit, weil an den Wochenenden grundsätzlich Live-Combos auf der Bühne stehen und die Preise sehr zivil sind. Gelegentlich finden auch Theateraufführungen statt. Fr–So 19–24 Uhr. Calle 77 esquina 276.

Ruinas de Matasiete **20** €, das Lokal an der Mündung des Río San Juan ist eigentlich ein gepflegtes Speise-Restaurant. Mi–So werden die hübsch sanierten Ruinen eines ehemaligen Zuckerlagers abends aber auch zu einem beliebten Treffpunkt für Heteros und Gays, wenn jeweils ab 22 Uhr eine Live-Combo auftritt. Mi–Fr 22–2, Sa 22–4, So 22–2 Uhr. Víaducto e/ Linea y Cuni.

Diskotheken Discoteca La Salsa €, die etwas andere Diskothek am Ortsausgang an der Hauptstraße nach Varadero wird gern von Touristen aus den All-inclusive-Hotels besucht. Kein Wunder: Die Getränkepreise sind sehr zivil. Und: Man tanzt unter freiem Himmel direkt am Meer – bei gerade mal 2 CUC Eintritt, Fr/Sa 6 CUC pro Pärchen. Eine kleine angeschlossene Karaokebar ist bereits ab 10 Uhr geöffnet – für alle, denen schon vormittags zum Singen zumute ist. Di–So 22–2 Uhr. Carretera Varadero km 1.

Las Palmas **22** €, im Stadtteil Camilo Cienfuegos auf dem Weg zu den Cuevas de Bellamar gelegen, ist das Open-Air-Lokal sicher kein schlechter Tipp, wenn man sich ins Nachtleben stürzen möchte. Die Musik kommt von CDs, gelegentlich spielt auch eine Live-Band. Eintritt 2 CUC. So–Do 10–24 Uhr, Fr/Sa 10–2 Uhr. Calle Levante e/ Pilar y Estéban Cazada.

Ríomar **14** €, der richtige Ort, wenn einem abends der Sinn nach Disco und Karaoke steht. Für kleines Geld werden auch kleine Gerichte serviert. Tagsüber fungiert das Lokal als Musik-Cafetería. Tägl. 10–22 Uhr. Calle 85 Nr. 29003 e/ 290 y 292.

Cabaret Tropicana €€€€€, die 1:1-Kopie der gleichnamigen Etablissements in Havanna und Santiago de Cuba steht zwar in der cubanischen „Pampa", ihren großen Schwestern sonst aber in nichts nach: viele langbeinige Schönheiten, viel nackte Haut, viele heiße Rhythmen. Das „Tropicana" von Matanzas liegt 8 km östlich der Stadt neben dem Hotel „Canimao" an der Straße nach Varadero. Im Eintritt von 40 CUC ist ein Getränk enthalten. Di–Sa 22–2 Uhr. Vía Blanca km 3,5.

Theater Teatro Sauto €€€, das altehrwürdige Haus an der Plaza de la Vigía zählt zu den besten Bühnen Cubas. Die Vorstellungen beginnen Di–So um 20.30 Uhr, So gibt es jeweils um 16 Uhr eine Matinee, Kinderaufführungen Di–So um 15 Uhr. Karten werden Di–So von 9 bis 16 und ab 19 Uhr an einem kleinen Schalter links vom Hauptein-

gang verkauft, die Preise variieren von 5 bis 10 CUC. Plaza de la Vigía.

Übernachten

→ Karte S. 72/73

Gehoben **** Velasco **5** €€, mit Abstand die beste Unterkunft, die einem in Matanzas über den Weg laufen kann – außer man steigt in den familiäreren Casas particulares ab. In dem wunderschön restaurierten, zentral am Parque de la Libertad gelegenen Kolonialgebäude aus dem Jahr 1902 gibt es 17 Zimmer, darunter vier Junior-Suiten, die mit jeglichem Komfort ausgestattet und sehr geschmackvoll eingerichtet sind. Auch das Haus selbst, das über ein Restaurant, eine Bar und eine Cafetería verfügt, ist nicht ohne. In warmen Farben ausgemalt, mit Stuckdecken verziert, lässt es die Atmosphäre der Herrenhäuser aus dem frühen 20. Jahrhundert aufleben. Calle 79 e/ 288 y 290, ✆ 253880, 253884.

Mittelklasse *** Canimao €, 8 km außerhalb von Matanzas gelegen, befindet sich das Hotel hoch über dem Río Canímar nahe der Straße nach Varadero direkt neben dem „Tropicana". Das zur Islazul-Kette gehörende Haus hat 160 Zimmer mit Klimaanlage und einen Swimmingpool, zwei Bars, ein Restaurant. Aufgrund seiner Lage ist die Herberge ein idealer Ausgangspunkt für Touren entlang des Flusses und zu den Cuevas de Bellamar – aufgrund der Tatsache, dass es sich um ein rein staatliches Hotel handelt, ist es allerdings schwerlich zu empfehlen. Carretera Varadero km 3,5, ✆ 261014, www.islazul.cu.

Casas particulares Hostal Alma **8** €, das wohl schönste Privatquartier der Stadt liegt nur wenige Schritte vom Parque de la Libertad entfernt mitten im Zentrum. In dem altehrwürdigen Kolonialhaus aus dem Jahr 1909 werden drei moderne Zimmer mit Klimaanlage, (gefüllter) Minibar und Radio vormietet. Außerdem können die Gäste die Waschmaschine benutzen und sich auf einer riesigen Dachterrasse mit einem phantastischen Ausblick in der Sonne aalen. Was aber noch viel mehr zählt: Bei Mayra Hernández gehört man zur Familie. Und natürlich wird man von ihr bekocht, wenn man möchte – ihr Krabben-Cocktail z. B. ist einsame Spitze. Da kommt kein Restaurant mit, jedenfalls nicht in Matanzas. Bei so viel Herzenswärme, die man in die-

ser Casa zu spüren bekommt, kann das Urteil nur lauten: extrem empfehlenswert! Calle 83 Nr. 29008 e/ 290 y 292, ✆ 290857, www.visitcuba.de.

Hostal Azul **7** €, die hübsche Unterkunft nur zwei Häuser weiter steht der „Casa Alma" in nichts nach. Kein Wunder: Das Haus gehört Aylín Hernández und ihrem Mann Yoel Báez, Tochter bzw. Schwiegersohn von Mayra. Und die beiden haben sich von der Mutter bzw. Schwiegermutter viel abgeschaut. Yoel hat das Geschäft zudem von der Pike auf gelernt – er arbeitete zwölf Jahre lang für die Hotel-Kette Meliá, spricht u. a. Englisch, Französisch und Italienisch und weiß ganz genau, worauf es ankommt. Die vier sehr geräumigen Zimmer des Kolonialhauses, in denen die Originalfußböden bis heute erhalten wurden, sind entsprechend sauber und mit eigenem Bad und Klimaanlage ausgestattet. Gegessen wird in einem feinen Speisezimmer mit einem Kühlschrank nur für die Gäste, aus der „Fünf-Sterne-Küche" kommen kreolische Gerichte in Perfektion. Zum Sonnenbad lädt eine Dachterrasse ein, von der man einen wunderschönen Blick über die ganze Stadt und das nahe Umland hat. Calle 83 Nr. 29012 e/ 290 y 292, ✆ 242449, www.visitcuba.de.

Hostal Río Real **19** €, das alte, gerade eben grundlegend restaurierte und 2014 als Privat-Herberge eröffnete Kolonialgebäude aus dem Jahr 1845 ist ein Schmuckstück – besonders für Architektur-Interessierte. Aber auch alle anderen Gäste werden mit der sehr gastfreundlichen Dr. Odalys Rodríguez Suárez, einer Allgemeinärztin am Krankenhaus von Matanzas, schnell warm werden. Ihr Motto, das sie sich und ihrem Haus auferlegt hat. „Ein Ort, um sich zu erholen und sich wohlzufühlen." So sind auch die drei geräumigen Zimmer mit viel Liebe und Komfort eingerichtet – sogar an einen Haartrockner wurde gedacht. Ideal, um zu lesen oder in der Sonne zu faulenzen, ist der große koloniale Innenhof. Dort werden auf Wunsch auch Frühstück und andere Mahlzeiten serviert. Calle 91 Nr. 29418 e/ 294 y 298, ✆ 290852, www.visitcuba.de.

Ausflug nach Matanzas → Karte S. 72/73

Die „Perle der Karibik" – mehr als ein Häusermeer

Havanna

Havanna – mit welch phantasievollen Bezeichnungen hat man diese großartige Stadt am Golf von Mexiko nicht schon bedacht: „Stadt der Säulen", als sie jung war; „Paris der Antillen", als sie sich mit dem Flair der großen weiten Welt umgab; „Perle der Karibik", als sie sich in den besten Jahren befand ... Heute ist sie eine „Grande Dame", deren verblassender Schönheit man mit viel Make-up zu begegnen sucht, ohne jene Falten kaschieren zu können, die einem Gesicht erst seinen Charakter verleihen.

Trotz ihrer Betagtheit ist die „Seniorin" in ihrem Innersten jung geblieben – mal quicklebendig und lebenslustig, mal zurückhaltend und charmant, immer eine gewisse Souveränität ausstrahlend und immer freundlich.

Die Seele der Metropole mit ihren mehr als 2,2 Millionen Einwohnern, die Havanna nach Caracas und Maracaibo in Venezuela sowie Santo Domingo in der Dominikanischen Republik zur viertgrößten Stadt der Karibik machen, sitzt in Vieja. Ihr (wirtschaftliches) Herz schlägt in den Banken und (Staats-)Unternehmen in Vedado. Ihre (grüne) Lunge atmet in den Parks und Vorgärten des Diplomaten-Viertels Miramar. Ihr (politischer) Kopf denkt in den Regierungs- und Parteizentralen an der Plaza de la Revolución. Insgesamt zählt Havanna 15 Bezirke – von Centro bis Cerro, von La Habana del Este bis La Lisa bilden sie eine Synthese des ganzen Landes. Koloniale Pracht, monumentale Denkmäler und modernste Hotels neben ramponierten Straßen, heruntergekommenen Villen und maroden Plattenbausiedlungen machen sie zu einer der sehenswertesten und beeindruckendsten Städte Lateinamerikas.

Kein Zweifel – Havanna ist eine Stadt der krassen Gegensätze: Während in den oftmals leeren Regalen der Peso-Geschäfte der Mangel verwaltet wird, ist auf dem Schwarzmarkt gegen Devisen beinahe alles zu haben. Während die Duschen der Nobel-Hotels rund um die Uhr heißes Wasser speien, tragen die Bewohner einiger Straßenzüge das kostbare Nass mangels Zuleitung in Kübeln nach Hause. Während ein Arbeiter im Durchschnitt mit umgerechnet 12 Euro im Monat auskommen muss, machen Jineteros und Jineteras (Schlepper und Gelegenheitsprostituierte) ein Vielfaches davon an einem Tag – oder in einer Nacht. Doch trotz dieser Diskrepanzen und trotz aller Unzulänglichkeiten hat man nie das Gefühl, dass sich die in relativer Armut lebenden Menschen in ihrer Stadt nicht wohlfühlen könnten. Ganz im Gegenteil: Sie sind lebenshungrig und neugierig, freundlich und hilfsbereit, verstehen es zu feiern, zu musizieren, zu tanzen – und wie selbstverständlich das Wenige zu teilen, das sie besitzen. Aufgrund der über lange Jahre miserablen wirtschaftlichen Situation haben sie eine gewisse Solidarität kultiviert, die das (Über-)Leben erleichtert – eine Solidarität, die Fremde nicht ausschließt.

Dieses Willkommensein wird nicht nur in der Privatsphäre der Familien oder unter Freunden spürbar, selbst an den Museumskassen, den Hotel-Rezeptionen und in den Bars erlebt man, was es bedeutet, gern gesehen zu sein – meistens jedenfalls. Dennoch ist auch in Havanna ein gerüttelt Maß an Zurückhaltung und Vorsicht angebracht. Nepper und Schlepper warten nur darauf, zahlungskräftigen Touristen etwas andrehen zu können – und sei es nur eine aus Tabakabfällen zusammengestopfte Zigarre oder am besten gleich eine ganze Kiste davon. Havanna ist eben eine Stadt der extremen Widersprüche. Willkommen in Havanna!

Die Geschichte

Die Geschichte hat es mit Havanna schon immer gut gemeint – und die Geographie auch. Die Stadt liegt am größten Naturhafen der Karibischen See, kein Wunder also, dass die Gegend bereits im Jahr 1508 von dem galicischen Seefahrer Sebastián de Ocampo entdeckt wurde. Der umsegelte Cuba damals im Auftrag des Gouverneurs von Santo Domingo, um festzustellen, ob das Land – wie von Christoph Kolumbus nach seiner Entdeckung angenommen – tatsächlich Teil eines Kontinents war. Bei dieser Gelegenheit kartographierte er die Küstenlinien der Insel gleich mit.

Doch trotz der guten Voraussetzungen, die die geschützte Bucht mit ihren tiefen Wassern geboten hätte, entstand die Siedlung San Cristóbal de La Habana, die Cubas erster Gouverneur Diego Velázquez 1514 als eine der sieben Villas gründete, zunächst weit entfernt von ihrem heutigen Standort. Wie auf einer von Paolo Forlano 1564 gezeichneten Karte – einer der ersten von Cuba überhaupt – zu sehen ist, befand sie sich damals an der Südküste bei der Mundung des Río Onicaxinal nahe dem heutigen Städtchen Batabanó. Aufgrund der unwirtlichen Gegend verlegte man die Ortschaft aber schon vier Jahre später an die Nordküste. Wegen der Versorgung mit Frischwasser schlug man dort seine Zelte zunächst rund um die Mündung des Río Almendares auf, die die Indios damals Casiguaguas nannten und die heute die Stadtteile Vedado und Miramar voneinander trennt. Schließlich wurde die nach dem Heiligen Christophorus benannte Stadt 1519 von Pánfilo de Narváez an der heutigen Plaza de Armas im Rahmen einer offiziellen Gründungsmesse ein zweites Mal aus der Taufe gehoben.

Wegen seiner strategisch günstigen Lage zwischen der Alten Welt und den Kolonien in Lateinamerika entwickelte sich Havanna in kürzester Zeit zu einem der bedeutendsten Umschlaghäfen der Spanier. Gold und Silber aus den Anden, Smaragde aus Kolumbien, Mahagoni-Hölzer aus Guatemala, gegerbte Felle aus Peru, Mais, Kartoffeln, Maniok und Kakao – alle Waren landeten zunächst im Hafen von Havanna, bevor sie immer zwischen März und August von großen Flottenverbänden nach Spanien gebracht wurden. Natürlich lockte der Reichtum der Stadt auch Gesindel an – Überfälle von Piraten waren an der Tagesordnung. Die spanische Krone handelte allerdings erst, als der französische Korsar Jacques de Sores die Hauptstadt ihrer Kolonien im Juli 1555 plünderte und niederbrannte – und das auch nicht sofort. Erst 1558 begann man damit, das Castillo de la Real Fuerza zu errichten, Jahre später folgten zum Schutz der Hafeneinfahrt das Castillo de San Salvador de la Punta und das Castillo de los Tres Reyes del Morro. Später zog man noch eine riesige Stadtmauer um das heutige Havanna-Vieja – und konnte mit all diesen Maßnahmen die Freibeuter letztendlich fernhalten.

Nachdem König Felipe II. Havanna am 20. Dezember 1592 offiziell die Stadtrechte verliehen, es 1607 zur Hauptstadt gemacht und 1621 auch noch den Sitz der spanischen Generalität von Santiago de Cuba hierher verlegt hatte, übergab Königin Mariana de Austria der Stadt am 30. November 1665 ihr Wappen: Drei Türme auf blauem Grund sollten die drei Festungsanlagen symbolisieren, der goldene Schlüssel dazwischen auf die Rolle Havannas als „Schlüssel zum Golf von Mexiko" anspielen.

Die auf dem Schild dargestellten Castillos konnten die Stadt aber nur bedingt schützen. Während des Siebenjährigen Krieges, den die damaligen europäischen Großmächte, darunter England und Spanien, auch in ihren Kolonien in Übersee ausfochten, ging am 6. Juni 1762 eine riesige britische Flotte mit mehr als 50 Schiffen und rund 14.000 Marinesoldaten in der Nähe des heutigen Cojímar vor Anker. Um nicht ins Kreuzfeuer der Kanonenbatterien zu geraten, hatten sie den Hafen gemieden und eine List ersonnen. Während eine kleine Einheit an der Mündung des Río Almendares landete und die Aufmerksamkeit der Spanier auf sich zog, griffen starke Verbände das Castillo de los Tres Reyes del Morro von der Landseite her an. Die Belagerung dauerte nicht lange, schon nach 44 Tagen waren die Spanier in der Festung ausgehungert und gaben auf. Nach der Eroberung dieses strategisch wichtigen Punktes, von dem aus ganz Havanna hätte beschossen werden können, fiel die Stadt binnen weniger Stunden.

Die britische Besatzung währte elf Monate. Mit dem „Pariser Frieden" von 1763, der den Siebenjährigen Krieg in Übersee beendete, ging Havanna dann im Tausch gegen Florida wieder an die Spanier. Ein Jahr später initiierte König Carlos III. den Bau der Fortaleza San Carlos de la Cabaña, die in nur elf Jahren aus dem Boden gestampft wurde und damals als größte Befestigungsanlage Spaniens in der Neuen Welt galt. Ein Überfall wie der durch die Engländer sollte nicht noch einmal passieren und passierte auch tatsächlich nicht mehr – was aber wohl eher am zwischenzeitlichen Desinteresse der Briten lag.

Diese hatten ihren Beitrag für die glänzende Entwicklung Havannas allerdings schon in ihrer kurzen Regierungszeit geleistet – wenn auch indirekt. Denn während es unter der Herrschaft des Hauses Bourbon nur erlaubt war, mit dem spanischen Mutterland Handel zu treiben, hatten die Briten die Märkte für die Welt geöffnet – was die Spanier nach der neuerlichen Machtübernahme nicht mehr ändern konnten oder wollten. Im Jahr 1818 zum Freihafen erklärt, blühte Havanna in der Folge auf. Die Geschäfte boten die aktuellste Mode für die Damen, die Theater engagierten die besten Schauspieler jener Zeit, die Bourgeoisie ließ prächtige Herrenhäuser erbauen, was dazu führte, dass man die Stadt fortan als das „Paris der Antillen" bezeichnete. Ab 1837 rollte in Cuba als fünftem Land der Erde und als erstem in der spanischsprachigen Welt die Eisenbahn, die Havanna mit dem 51 Kilometer entfernten Bejucal verband, von wo aus der Zucker direkt zum Hafen transportiert wurde. Und mit der Eisenbahn kamen immer mehr Menschen, sodass man 1863 damit begann, die Stadtmauern einzureißen, um eine Ausdehnung in die Fläche zu ermöglichen. Ende des 19. Jahrhunderts entstand so der Stadtteil Vedado, später auch noch Miramar.

Nachdem die Spanier nach dem Zweiten Unabhängigkeitskrieg (1895–1898) endgültig vertrieben worden waren und sich Cuba dem nordamerikanischen Einfluss nicht hatte entziehen können, wuchs Havanna weiter. In den 1930er Jahren brach ein wahrer Bauboom aus. Die ersten Hotels entstanden, Casinos und Nachtclubs folgten. Der US-Gangster Meyer Lansky, mit bürgerlichem Namen Maier Suchowljansky, riss sich das Hotel „Riviera" unter den Nagel, der Mafioso Charles Luciano, besser bekannt als Lucky Luciano, leitete das Hotel „Nacional" – alles mit behördlicher Genehmigung. Aus dem „Paris der Antillen" war das „Gomorrha der Antillen" geworden, Havanna war plötzlich die Hauptstadt des Glücksspiels, der Korruption und der Prostitution. Erst mit dem Zusammenbruch des Batista-Regimes war damit Schluss.

Nachdem das letzte Aufgebot von Diktator Fulgencio Batista in der legendären Schlacht von Santa Clara ausgeschaltet worden war und der einstige Ziehsohn der US-Regierung geflohen war, veränderte sich das tägliche Leben unter den neuen Machthabern um Fidel Castro in der Stadt ab 1959 grundlegend: Die Slums in den Außenbezirken wurden aufgelassen, stattdessen mit Hilfe der damaligen Sowjetunion Plattenbausiedlungen errichtet und die einstigen Paläste der Oberklasse dem einfachen Volk als Wohnraum zur Verfügung gestellt – was allerdings auch keine optimale Lösung war. Denn die Prachtbauten wurden binnen kürzester Zeit zu – bewohnten – Ruinen. Erst als die cubanische Regierung das historische Zentrum 1976 zu einem nationalen Denkmal erklärte und die UNESCO Havanna-Vieja 1982 den Weltkulturerbe-Titel verlieh, rückten die architektonisch einmaligen Kolonialgebäude wieder in den Mittelpunkt des Interesses und werden seitdem aufwendig restauriert – eine Herkules-Aufgabe, die wohl nie zu Ende sein wird. Dennoch: In bescheidenem Umfang trägt die Sanierung erste Früchte, erstrahlt die Altstadt in einigen Ecken bereits wieder in ihrem ursprünglichen Glanz, sorgen die Denkmalpfleger dafür, dass Havanna sein Gesicht mehr und mehr zum Positiven verändert.

Alte Pracht mal zwei

Über den Dächern von Havanna

Von oben übt Havanna einen ganz besonderen Reiz aus. Da sich die Hauptstadt allerdings in eher flachem Terrain befindet, gewährt die Topographie nur wenige Ein- und Ausblicke. Es bedarf schon hoher – und öffentlich zugänglicher – Gebäude, um das Panorama genießen zu können.

Memorial José Martí: Die Gedenkstätte für den Nationalhelden und -heiligen an der Plaza de la Revolución ist mit 139 Metern das höchste Gebäude Havannas. Auf der Aussichtsplattform im obersten Stockwerk, zu der 567 Treppenstufen oder ein Lift führen, kann man an klaren Tagen bis zu 60 Kilometer weit ins Land schauen.
Tägl. 9–16.30 Uhr. Eintritt 3 CUC (Aussichtsplattform), Fotoaufnahmen 1 CUC. Plaza de la Revolución 51 e/ Céspedes y Rancho Boyeros.

Hotel Habana Libre: In dem mit 137 Metern höchsten Hotel und zweithöchsten Bauwerk der Stadt residiert im 25. Geschoss der Nachtclub „El Turquino", benannt nach dem höchsten Berg Cubas. Beim Tanz blickt man auf das Lichtermeer Havannas.
Tägl. 22.30–4.30 Uhr. Eintritt 10 CUC inkl. Cocktail. Calle L e/ 23 y 25.

Edificio FOCSA: Der Wohn-, Büro- und Geschäftskomplex im Herzen Vedados, der mit knapp über 120 Metern als dritthöchstes Gebäude Havannas gilt, beherbergt in der 33. von 35 Etagen das Nobel-Restaurant „La Torre" und die gleichnamige Cocktail-Bar. Die traumhaften Ausblicke auf den Malecón und die Festung „El Morro" sind kostenlos, die Getränke nicht.
Tägl. 12–23.30 Uhr. Eintritt frei. Calle 17 e/ M y N.

Edificio Gómez Vila: In dem restaurierten Kolonialgebäude an der Plaza Vieja im Herzen von Alt-Havanna befindet sich in der 8. Etage die sogenannte Cámara Oscura, ein 360-Grad-Teleskop, das außergewöhnliche Einblicke in die Gassen der Altstadt gewährt. Unmittelbar angrenzend gibt es eine große Dachterrasse, von der aus man sich zumindest einen Überblick über Havanna-Vieja verschaffen kann.
Tägl. 9–17.20 Uhr. Eintritt 2 CUC, Kinder bis 12 Jahre frei. Calle Mercaderes esquina Teniente Rey.

Iglesia y Convento de San Francisco de Asís: Die heute säkularisierte Kirche an der gleichnamigen Plaza mitten in der Altstadt besitzt den mit 46 Metern angeblich höchsten Glockenturm Cubas. Wenn man den Aufstieg über die Holztreppe bewältigt hat, bietet sich ein tolles Panorama über die Bucht und Alt-Havanna.
Di–Sa 9.30–16 Uhr. Eintritt 2 CUC, Führung 3 CUC, Fotoaufnahmen 5 CUC, Videoaufnahmen 10 CUC. Calle Oficios e/ Amargura y Teniente Rey.

Hotel Ambos Mundos: Auf der Dachterrasse des Hemingway-Hotels in der zentralen Calle Obispo gibt es mit dem Restaurant „Plaza de Armas" und der gleichnamigen Bar zum einen eine Location, in der hervorragende Mojitos gemixt werden. Zum anderen hat man bei seinem Drink einen tollen Blick auf die Cristo-Statue jenseits der Bucht und auf die Altstadt. Bei gutem Wetter kann man sogar bis zur Plaza de la Revolución schauen.
Tägl. 7–23 Uhr. Eintritt frei. Calle Obispo 153 esquina Mercaderes.

Catedral: Während die Kathedrale Havannas im Herzen der Altstadt im Hinblick auf ihre Kirchenkunst sicher nur zweite Wahl ist, ist sie ob der Ausblicke, die man vom Glockenturm aus genießen kann, dennoch einen Besuch wert. Mehr als die umliegenden Gebäude sieht man aufgrund der geringeren Höhe allerdings nicht.
Tägl. 10–15 Uhr. Eintritt frei, Turmbesteigung 1 CUC. Calle Empedrado 158 e/ Mercaderes y San Ignacio.

Havanna-Vieja auf einen Blick

Telefon-Vorwahl
☎ 0053-7 (aus D, A, CH)
☎ 07 (innerhalb Cubas)

Tourist-Information Infotur, Calle Obispo Nr. 524 e/ Bernaza y Villegas, tägl. 10–13 + 14–19 Uhr; Calle Obispo esquina San Ignacio, tägl. 10–13 + 14–19 Uhr.

San Cristóbal, Calle Oficios Nr. 110 (bajos) e/ Lamparilla y Amargura, Mo–Sa 9–17 Uhr, www.viajessancristobal.cu.

Apotheken Droguería Johnson, tägl. 24 Std., Calle Obispo Nr. 280 esquina Aguiar.

Farmacía Taquechel, tägl. 9–18.30 Uhr, Calzle Obispo Nr. 155 e/ San Ignacio y Mercaderes.

Ärztliche Versorgung Asistur, Prado Nr. 212 esquina Trocadero, ☎ 8338527, 8338920; Asistur (Krankentransport) ☎ 8671315.

Gift-Notruf ☎ 2601230, 2608751, 2743008.

Autovermietung Cubacar/Transtur im Hotel „Parque Central", Calle Neptuno e/ Prado y Agramonte; im Hotel „Sevilla", Calle Trocadero Nr. 55 e/ Prado y Agramonte; im Hotel „Plaza", Calle Agramonte Nr. 267; im Hotel „Inglaterra", Paseo de Martí Nr. 416 e/ San Rafael y San Miguel; im Hotel „Ambos Mundos", Calle Obispo Nr. 153 esquina Mercaderes.

Bank Banco de Crédito y Comercio, Calle Aguiar Nr. 310 y Obispo, Mo–Fr 8.30–13.30 Uhr.

Banco Financiero Internacional, Calle Teniente Rey esquina Oficios, Mo–Fr 8–15 Uhr.

Banco Nacional de Cuba, Calle Amargura esquina Mercaderes, Mo–Sa 8.30–15 Uhr; Calle Aguiar Nr. 310 e/ Obispo y O'Reilly, Mo–Fr 8.30–15 Uhr, Calle O'Reilly Nr. 402 esquina Compostela, Mo–Fr 8.30–15 Uhr.

Cadeca, mit Geldautomaten für Visa Cards, Calle Obispo Nr. 257, Mo–Sa 8.30–20, So 9–18 Uhr; Calle Zulueta esquina Neptuno, tägl. 9–21 Uhr; Calle Obispo Nr. 368 esquina Compostela, Mo–Sa 8–16, So 8.30–11.30 Uhr; Calle Lamparilla Nr. 4 esquina Oficios, Mo–Sa 8.30–16, So 8.30–11.30 Uhr.

Internet Cibercafé im Capitolio, tägl. 8–20 Uhr, Paseo de Martí e/ San Martín y Dragones.

Citmatel im Palacio del Segundo Cabo, tägl. 8.30–17 Uhr, Calle O'Reilly Nr. 4 esquina Tacón.

Etecsa, tägl. 8–20 Uhr, Calle Habana Nr. 406 esquina Obispo.

Internet-Service ist auch in den meisten Hotels gegen Gebühr verfügbar.

Kinder Parque Infantil „La Maestranza", Anlage mit Hüpfburgen, Röhrenrutschen, Karussells, einem Riesenrad und einer Kindereisenbahn, dazu ein Spielplatz mit Schaukeln und Klettergerüsten. Eintritt 0,20 CUP bzw. ca. 0,01 CUC/Pers., die Fahrgeschäfte kosten 0,25 CUP bzw. ca. 0,01 CUC/Fahrt. Für die ganz Kleinen bis 4 Jahre gibt es einen eigenen Bereich (Eintritt 1 CUP bzw. ca. 0,04 CUC). Mi–Fr 11–19, Sa/ So 10–20 Uhr. Avenida del Puerto. (Mehr zum Parque Infantil → S. 136.)

Notruf Polizei ☎ 106, Feuerwehr ☎ 105, Ambulanz ☎ 8381185, 8382185.

Post Calle Oficios Nr. 102 (an der Plaza de San Francisco de Asís), Calle Obispo Nr. 518, San Martín esquina Paseo de Martí, alle tägl. 9–19 Uhr.

Stadtrundgänge Stadtrundgänge und Führungen starten täglich am Büro der Agentur „Viajes San Cristóbal" in der Calle Oficios nahe der Plaza de San Francisco de Asís. Unter anderem werden eine Kolonial- und eine Architektur- sowie eine Museums-Tour angeboten, wandelt man auf den Spuren des „besten Tabaks der Welt" und/oder des „besten Rums", sieht man das „Havanna Hemingways", die Festungen der Stadt oder das moderne Havanna. Alle Führungen/Ausflüge werden von speziell ausgebildeten Guides begleitet und je nach Zusammensetzung der Gruppe in deutscher, englischer, französischer, italienischer, portugiesischer, russischer, chinesischer oder koreanischer Sprache durchgeführt. Mo–Sa 9–17 Uhr, Calle Oficios Nr. 110 (bajos) e/ Lamparilla y Amargura.

Tanzunterricht Tanzunterricht bietet das Begegnungszentrum „Rosalia de Castro" an. Calle Egido Nr. 504 e/ Monte y Dragones, Mo–Fr ab 17 Uhr.

Hin & weg

Bus Víazul-Terminal in der Avenida 26 esquina Zoológico, Nuevo Vedado, ☎ 8811413, 8815652, 8811108, www.viazul.com. Transtur-Haltestellen an fast allen Hotels in Havanna.

Viazul-Verbindungen: Varadero (Flughafen) tägl. 11.00, 12.40, 14.40 Uhr, 10 CUC. Varadero (Busbahnhof) tägl. 8.00, 10.00, 12.00, 17.40 Uhr, 10 CUC.

Transtur-Verbindungen: Varadero tägl. 9.00 Uhr, 11 CUC.

Stadt-Bus: Die recht modernen Metrobusse und die meist überfüllten Camellos – zu Bussen umgebaute, allerdings vom Aussterben bedrohte Sattelschlepper mit zwei „Höckern", daher der Name – sind mit ihren Fahrpreisen von wenigen Eurocent das billigste Fortbewegungsmittel in Havanna. Die Busse verkehren regelmäßig, halten ihre Route strikt ein, kennen allerdings keine fixen Abfahrtszeiten, sind dafür aber beinahe rund um die Uhr im Einsatz. Tickets sind ausschließlich in den Bussen bzw. an den großen Haltestellen wie dem Parque Central auch bei Inspektoren erhältlich.

Buslinie P1: von La Rosita (Municipio San Miguel de Padrón) nach Playa und zurück.

P2: von Alberro (Municipio Cotorro) zur Calle G y Avenida 3ra (Vedado) und zurück.

P3: von Alamar über Guanabacoa und die Ciudad Deportiva zum Túnel de Línea (Vedado) und zurück.

P4: von San Agustín (Municipio La Lisa) über Playa zur Estación Central de Ferrocarriles (Havanna-Vieja) und zurück.

P5: von San Agustín (Municipio La Lisa) über das Hotel „Habana Libre" (Vedado) und Centro zur Avenida del Puerto (Havanna-Vieja) und zurück.

P6: vom Reparto Eléctrico (Municipio Arroyo Naranjo) nach Vedado und zurück.

P7: von Alberro (Municipio Cotorro) zum Parque de la Fraternidad (Havanna-Vieja) und zurück.

P8: vom Reparto Eléctrico (Municipio Arroyo Naranjo) nach Villa Panamericana (Havanna del Este) und zurück.

P9: von Víbora (Municipio 10 de Octubre) zum Hospital Finlay (Municipio La Lisa) und zurück.

P10: von Víbora (Municipio 10 de Octubre) nach Playa und zurück.

P11: von Micro X (Alamar) über das Capitolio zur Calle G y 27 (Vedado) und zurück.

P12: von Santiago de las Vegas (Municipio Boyeros) über den Aeropuerto Internacio-

Sightseeing für 5 CUC

nal „José Martí" zum Parque de la Fraternidad (Havanna-Vieja) und zurück.

P13: von Santiago de las Vegas (Municipio Boyeros) über Víbora zum Parque de la Fraternidad (Havanna-Vieja) und zurück.

P14: von San Agustín (Municipio La Lisa) über Cerro zum Parque de la Fraternidad (Havanna-Vieja) und zurück.

P15: von Alamar über Guanabacoa und den Parque de la Fraternidad nach Vedado zurück.

P16: von Santiago de las Vegas (Municipio Boyeros) nach Vedado und das Hospital Hermanos Almeijeiras zurück.

PC: vom Hospital Naval über 8 Vías und das Hospital Finlay nach Playa und zurück.

Touristen-Bus: Auf zwei unterschiedlichen Routen verkehren in Havanna seit 2008 spezielle Touristen-Busse (teilweise Open-Air-Doppeldecker), die bei ihrer sogenannten „HabanaBusTour" die wichtigsten Sehenswürdigkeiten bzw. Hotels und Restaurants ansteuern und zum Fahrpreis von 5 CUC einen ganzen Tag lang benutzt werden können. Für Kinder unter 6 Jahren ist die Fahrt kostenlos.

Die Buslinie T1 verkehrt von 9.10 bis 18.10 Uhr im 30-Minuten-Takt vom Castillo de la Real Fuerza zum Restaurant „La Cecilia" im Westen Havannas. Weitere Haltestellen: Parque Central, Hotel „Riviera", Hotel „Presidente", Plaza de la Revolución, Cementerio Colón, Parque Almendares, Hotel „Copacabana", Hotel „Neptuno", Acuario Nacional, Hotel „Deauville".

T3 pendelt von 9.00 bis 18.20 Uhr im 20-Minuten-Takt zwischen dem Parque Central (Zentrum) und dem Hotel „Atlántico" an den Playas del Este. Weitere Haltestellen: Fortaleza San Carlos de la Cabaña, Hotel „Panamericano", Villa Bacuranao, Tarará, Villa Mégano, Hotel „Tropicoco".

Pferdekutschen   Wer es beschaulich mag und Havanna gemächlich mit einem PS erkunden möchte, steigt am besten in eine der zahlreichen Pferdekutschen. Man kann sie gar nicht verfehlen, die cubanischen Fiaker stehen mit ihren Gespannen traditionell an allen Anlaufstellen von Touristen. Bei ihren Rundfahrten, den sogenannten „Paseos coloniales", fahren sie durch Havanna-Vieja, Centro und streifen auch neue Viertel der Hauptstadt. Die Rundfahrten, bei denen die Kutscher auch die wichtigsten Sehenswürdigkeiten erklären, dauern normalerweise rund drei Stunden. Der Preis ist zwar Verhandlungssache, in der Regel ist aber mit 10 CUC pro Kutsche und Stunde zu rechnen – am besten also, man tut sich mit Freunden oder Bekannten zusammen.

Taxi   Neben den staatlichen Taxen von **Cubataxi**, ℡ 7966666, verkehren in Havanna auch die sogenannten Coco-Taxen, die an allen regulären Taxi-Standplätzen zu finden sind. Die dreirädrigen gelben „Halbkugeln" auf Motorroller-Basis sind mit derzeit 0,50 CUC pro gefahrenen Kilometer deutlich günstiger als staatliche Taxen. Dies gilt auch für die **Bici-Taxen**, die cubanischen Rikschas mit zwei Sitzplätzen für die Passagiere, bei denen man den Fahrpreis vorher unbedingt verhandeln sollte.

Shopping in Havanna-Vieja

Die verkehrsberuhigte Calle Obispo ist nicht nur die Touristenmeile, sondern gleichzeitig die Haupteinkaufsstraße Alt-Havannas mit den meisten Geschäften – logisch. Souvenirläden, Parfümerien und Boutiquen buhlen Seite an Seite um die Gunst der Besucher, weil sich Cubaner die Preise der Devisen-Geschäfte in aller Regel nicht oder nur selten leisten können. Neben der Calle Obispo gibt es in Havanna-Vieja auch zwei Einkaufszentren à la Kaufhof und mit dem Mercado Agropecuario Egido in der gleichnamigen Straße einen der größten Bauernmärkte der Hauptstadt. Aufgrund der Fülle von Einkaufsmöglichkeiten kann die folgende Auflistung nur eine subjektive Auswahl darstellen.

Buchhandlungen   La Moderna Poesía, die große Buchhandlung am Anfang der Calle Obispo, hat neben einer breiten Palette spanischer Literatur auch CDs und Reiseführer im Sortiment. Calle Obispo e/ Bernaza y Villegas.

Librería Ateneo, obwohl offiziell eine Buchhandlung, ist die Librería gegenüber von „La Moderna Poesía" eher für den Kauf von Ansichtskarten zu empfehlen. Calle Obispo e/ Bernaza y Villegas.

Havanna

Einkaufszentren Harris Brothers, das klassische cubanische Kaufhaus mit verschiedenen Abteilungen auf mehreren Etagen, hat Kosmetika, Spirituosen, Lebensmittel, Schuhe, Kleidung, Möbel sowie Elektro- und Elektronik-Artikel im Angebot. Mo–Sa 9–21 Uhr. Calle Monserrate e/ O'Reilly y San Juan de Dios.

Palacio de la Artesania, schön renoviertes Kolonialgebäude, in dem sage und schreibe 27 Geschäfte all das anbieten, was Touristen eigentlich nicht brauchen, aber dennoch kaufen: Souvenirs, Lederwaren, Kleidung, Schmuck, Musik-CDs und Kunsthandwerk. Daneben gibt es ein kleines Restaurant und eine Bar, wo man sich vom Einkaufsstress erholen kann. Tägl. 9–19 Uhr. Calle Cuba e/ Peña Pobre y Cartel.

Spezialgeschäfte Asociación Cubana de Artesanos Artistas, die kleine Schatztruhe im Herzen der Altstadt, ist die richtige Adresse, wenn es um Kunsthandwerk, Schmuck, Lampen, Humidore und kleinere Mitbringsel geht. Mo–Sa 10–19, So 10–13 Uhr. Calle Obispo 411.

Casa del Ron y del Tabaco, in dem schicken Laden am Anfang der Calle Obispo (nahe dem Museum der Schönen Künste) ist der Name Programm – es werden hauptsächlich Rum und Zigarren offeriert. Darüber hinaus führt das Geschäft auch hochwertige Weine aus (beinahe) aller Welt. Tägl. 10–18.30 Uhr. Calle Obispo e/ Bernaza y Egido.

Galería Forma, der Laden gegenüber dem Hotel „Florida" verkauft cubanische Kunst, kunsthandwerkliche Gegenstände und Souvenirs. Tägl. 9–21 Uhr. Calle Obispo Nr. 255 e/ Cuba y Aguilar.

Cuervo y Sobrinos **27** → Karte S. 111, teure Uhren, hochwertige Zigarren, bester Rum (bis zu 15 Jahre alt) umfassen das Sortiment des eleganten Geschäfts in der Calle Oficios. An einer kleinen Bar mit vier Tischen kann man die Spezialitäten gleich vor Ort probieren. Mo–Sa 9–18, So 9–13 Uhr. Calle Oficios esquina Muralla.

Habana 1791 **14** → Karte S. 111, hier gibt es außergewöhnliche Naturdüfte, Essenzen und Öle. Außerdem kann man kunstvolle Karaffen erstehen, die mit dem jeweiligen Wunschduft befüllt werden. Tägl. 10–18 Uhr. Calle Mercaderes esquina Obrapía.

La Casa del Habano, Zigarren und Zigarren und Zigarren – jede cubanische Edel-Marke

ist vertreten, ob Cohiba, Partagás oder Romeo y Julieta. Mo–Sa 10–19, So 10–13 Uhr. Calle Mercaderes Nr. 120.

Longina, in dem kleinen Laden dreht sich alles um Musik. Nicht nur CDs sind im Programm, sondern auch jede Menge Instrumente – für Gelegenheits-Percussionisten ebenso wie für Profis. Mo–Sa 10–18, So 10–13 Uhr. Calle Obispo Nr. 360.

Muñecos de Leyendas **8** → Karte S. 111, der Laden unweit der Plaza de la Catedral ist immer einen Besuch wert, auch wenn man nichts kaufen möchte. Zu bestaunen gibt's ein breites Angebot von wunderbar gearbeiteten Puppen, Stofftieren, Sagengestalten und Elfen. Die Preise beginnen bei 30 CUC und enden bei weit über 70 CUC. Mo–Sa 9–17.30, So 9–12 Uhr. Calle Mercaderes Nr. 26 e/O'Reilly y Empedrado.

Photo Obispo, eine beliebte Anlaufstelle für Touristen, weil die ganze Palette von Fotozubehör geboten wird: Batterien, Filme, Speicherkarten. Mo–Sa 10–19, So 10–13 Uhr. Calle Obispo Nr. 307.

Tienda Aborígenes, der reine Shirt-Shop am – je nach Perspektive – Anfang oder Ende der Fußgängerzone führt in erster Linie T-Shirts mit dem Konterfei von Ernesto Che Guevara (rund 15 CUC). Im Angebot sind auch Baseball-Klamotten – mit Cuba-Schriftzug, versteht sich. Calle Bernaza Nr. 5 e/ Obispo y O'Reilly.

Tienda Arco Iris, der „Regenbogen" – so die Übersetzung – ist ganz wichtiges Geschäft, wenn man mit Kindern unterwegs ist. Im Angebot: Spielwaren von A bis Z. Mo–Sa 10–19, So 10–13 Uhr. Calle Obispo Nr. 355.

Kunstwerkstätten Galería Viktor Manuel, in der Galerie neben dem Touristen-Restaurant „El Patio" an der Plaza de la Catedral werden zwar auch Gemälde verkauft, der Betreiber hat sich mit Schmuck, Kunsthandwerk und sonstigen Souvenirs aber darüber hinaus den Urlauber-Bedürfnissen angepasst. Tägl. 9–21 Uhr. Plaza de la Catedral.

Taller Jorge Luis Santos, kleine Kunstmaler-Werkstatt, in der naive Gemälde und die bei Touristen besonders beliebten Bilder mit Havanna-Motiven verkauft werden. Calle Obispo Nr. 515.

Märkte Área de Vendedores por Cuenta Propia („Areal der Verkäufer auf eigene Rechnung"), eine Art permanenter Flohmarkt, auf dem man über und unter den

Tischen (fast) alles kaufen kann – absolut sehenswert, auch wenn man keine Bremsscheiben, Wäscheklammern oder Santería-Ketten braucht. Ein Besuch lohnt v. a. am Samstagvormittag, wenn meist Hochbetrieb herrscht. Mo–Sa 9–17, So 9–13 Uhr. Avenida Máximo Gómez esquina Agramonte.

Feria Arte de Obispo, etwa zwei Dutzend Stände mit allem, was das Touristenherz begehrt: Schuhe, Lederwaren, Kunsthandwerk und viele andere sinnvolle und weniger sinnvolle Souvenirs. Do–So 9–18 Uhr. Calle Obispo Nr. 411.

Feria Artesanal San José, der größte (Touristen-)Markt Havannas, ist in einer früheren Lagerhalle des Hafens untergebracht. 430 (!) Standbetreiber buhlen hier um die Gunst der Besucher – und haben doch alle mehr oder weniger die gleichen Souvenirs zu verkaufen: Kunsthandwerk, T-Shirts, Musikinstrumente, Gemälde usw. In der Markthalle findet man auch eine Wechselstube, eine Cafetería und eine Internet-Ecke. Tägl. 10–19.30 Uhr. Calle Desamparados e/ Cuba y Damas.

Markt für Selbstversorger

Mercado Agropecuario Egido, größter privater Obst- und Gemüsemarkt in der Altstadt, auf dem Bauern ihre Produkte anbieten – Selbstversorgern zu empfehlen. Und wer in Hotels logiert, sollte zumindest einmal über diesen Markt schlendern und sich an der Farbenpracht der angebotenen Produkte erfreuen. Di–So 8–18 Uhr. Calle Egido e/ Corrales y Apodaca.

Essen & Trinken in Havanna-Vieja

Restaurants Nao €€€, endlich einmal ein schickes (Privat-)Restaurant mit cubanischen Spezialitäten! Das Nao liegt nur ein paar Schritte von den Zwillings-Lokalen „La Barca" und „El Templete" an der Avenida del Puerto entfernt, schlägt diese hinsichtlich Qualität und Service aber um Längen. Bewusst setzt man auf cubanische Speisen aus den 1950er Jahren und das kommt bei den Gästen an. Das gepflegte Restaurant mit Bar ist seit seiner Eröffnung 2012 stets gut besucht. Serviert werden diverse Hähnchen-Variationen sowie Fisch und Meeresfrüchte, dazu bzw. vorneweg gibt es gefüllte cubanische Croquetas, Tostones und – was man nicht sehr häufig findet – frittierte Yuca (dt. Maniok) Achtung: Die Adresse verwirrt, über die Calle Obispo ist das Lokal nur schwer zu finden, einfacher ist es über die Avenida del Puerto: Nach bzw. vor dem Restaurant „La Barca" einfach in eine kleine Seitengasse abbiegen, dann sind es nur noch 25 Meter! Tägl. 12–24 Uhr. Calle Obispo Nr. 1 e/ San Pedro y Baratillo.

La Moneda Cubana **1** → Karte S. 111, **€€€**, der typisch cubanische Paladar alter Schule liegt nahe der Kathedrale und trägt seinen seltsam anmutenden Namen („Die

cubanische Währung") wegen der Geldscheine und Münzen aus 191 Ländern der Erde, die die Wände zieren. Es gibt vier Tages-Menüs, z. B. mit geräuchertem Lendensteak, Fisch aus dem Backrohr, Schweinekotelett oder Tortilla als Hauptgang, alle mit Reis, Salat, frittierten Kochbananen und Brot, alle für ca. 10 CUC. Berühmt ist das Lokal auch für seinen Mojito, laut Besitzer Antonio Pérez Alonso der beste in ganz Havanna. Achtung: Den Paladar nicht verwechseln mit dem gleichnamigen halbstaatlichen Restaurant neben der Kathedrale in der Calle Empedrado! Tägl. 12–23 Uhr. Calle San Ignacio Nr. 77 e/ O'Reilly y Empedrado.

Club Náutico Los Marinos €€€, bei diesem Standort ist der Schwerpunkt der Küche eigentlich klar: Das – für cubanische Verhältnisse – gepflegte Lokal mit einer kleinen Terrasse steht auf einem Steg im Hafen an der Avenida del Puerto, und natürlich sind die Spezialitäten Fisch und Meeresfrüchte – übrigens zu normalen Preisen. Wer beides mag, dem empfiehlt der Chef seine „Gran Grillada Los Marinos", eine große Platte mit gegrillten Meeresbewohnern. Daneben steht auch eine Paella

Havanna

für zwei Personen auf der Karte. Besonders lecker: „Parguíto entero al gusto", ein ganzer Red Snapper. Neben dem Restaurant gibt es auch eine kleine Cafetería. Restaurant tägl. 12–23, Cafetería 10–22 Uhr. Avenida del Puerto esquina Justín.

Cafés   Café O'Reilly €, das „O'Reilly" in der gleichnamigen Straße liegt nur ganz wenige Schritte abseits der Route von der Calle Obispo zur Plaza de la Catedral, auf der die meisten Touristen bei ihrer Stadtbesichtigung unterwegs sind, und ist so etwas wie eine Institution in der Altstadt. Nach einer Generalsanierung erstrahlt es jetzt in neuem Glanz. Im Erdgeschoss werden diverse Kaffeespezialitäten serviert, in der ersten Etage findet man eine Bar, wo auch Tapas, Sandwiches und andere Snacks angeboten werden. Tägl. 10–24 Uhr. Calle O'Reilly 203 e/ Cuba y San Ignacio.

El Lucero €€, neben dem seit mehreren Jahren wegen Renovierung geschlossenen Museo de la Música hat 2012 das hübsche Café eröffnet, in dem es sogar frische Croissants gibt. Zu diversen Kaffee-Spezialitäten kann man außerdem Sandwiches, Bocaditos und Hamburger bestellen. Für den etwas größeren Hunger werden Hähnchen-Gerichte und Schweinelende serviert. Ein Hingucker ist die – auf den ersten Blick – alte Musikbox auf der Terrasse, die allerdings topmodern und computergesteuert ist. Tägl. 9–24 Uhr. Calle Cuba Nr. 2 e/ Aguiar y Peña Pobre.

Jardín del Oriente €€, das zum Nobel-Restaurant „Café del Oriente" gehörende Open-Air-Lokal gleich dahinter ist im Gegensatz zum „Mutterhaus" alles andere als teuer. Es gibt zwar nur Kleinigkeiten wie Schweine- und Rindersteaks, Hähnchen und Sandwiches, allerdings leckere, weil sie aus der gleichen Küche kommen, die auch für die Gäste des Gourmet-Tempels kocht. Geöffnet wird bereits zum Frühstück. Tägl. 8–22 Uhr. Calle Amargura e/ Oficios y Mercaderes.

Nachtleben in Havanna-Vieja

O'Reilly 304 ⑧ → Karte S. 92/93, **€€**, ganz neu, ganz frisch, ganz anders – das Maisonette-Lokal im Herzen der Altstadt hat erst 2014 eröffnet, macht auf Gin- und Tapas-Bar und hat damit Erfolg. Abends einen Platz zu bekommen, ist Glückssache. Zu trinken gibt es jede Menge nationale und internationale Cocktails (bis zu 11 CUC), diverse Gin-Spezialitäten (ca. 6 CUC), Whiskys, Brandys, Liköre und Weine – und dazu Tapas wie Croquetas oder Tacos. Tägl. 12–24 Uhr. Calle O'Reilly Nr. 304 e/ Habana y Aguiar.

Cafetería Prado No. 12 ❶ → Karte S. 147, **€€€**, das kleine, saubere Lokal hat die Zahl 12 zu seiner Glückszahl auserkoren. Am nördlichen Ende des Prado nahe dem Malecón gelegen, ist es im Haus mit der Nummer 12 untergekommen. Die Ein-weihung fand am 12.12.2004 um 12 Uhr mittags statt. Für wenig Geld gibt es kühle Getränke, Frühstück, Snacks und ein paar wenige Hauptgerichte, für Musik sorgt die Stereoanlage. Tägl. 9–23.30 Uhr. Prado Nr. 12 e/ San Lazaro y Carcel.

Maragato ⑯ → Karte S. 92/93, **€€**, die sogenannte Piano-Bar des Hotels „Florida" sperrt jeden Abend zwar schon um 21.30 Uhr auf, erwacht aber erst ab etwa 23 Uhr zum Leben, wenn die Live-Bands beginnen und Salsa cubana vom Feinsten spielen. Unter den Tanzwütigen hat sich dies inzwischen herumgesprochen – meistens ist die Bude rappelvoll. Dies umso mehr, als sich die „Unkosten" in Grenzen halten: Der Eintritt beträgt gerade einmal 5 CUC. Tägl. 21–1 Uhr. Calle Obispo Nr. 252 esquina Cuba.

Übernachten in Havanna-Vieja

Hotels   ****** Hotel Raquel €€€€**, ein wunderschönes Haus mit einer Fassade im von dem spanischen Baumeister José Benito Churriguera geprägten Schnörkelbarockstil, einer Decke aus dunklem Glas und einem Türmchen, von dem aus man die Gassen der Altstadt überblicken kann. Im Jahr 1905 von dem venezolanischen Architekten Naranjo Ferrer ursprünglich als Bürogebäude errichtet, wurde es alsbald zu einem Hotel umfunktioniert, in dem viele Details an die Bibel und das Judentum auf der Insel erinnern. Wie das Hotel tragen auch viele Zimmer alttestamentarische Namen, und selbst das Restaurant heißt „Jardín del Edén". Die in Cremefarben gehaltenen 25 Räume bieten jeden Komfort, sind tadellos ausgestattet und großzügig bemessen. Einige haben kleine Balkone zur Straße, einige sind allerdings innenliegend und haben keine Fenster. Das Haus verfügt über Fitness-Center, Sauna und Spa. Das Hotel Raquel wird vom Büro des obersten Denkmalpflegers von Alt-Havanna geleitet, was bedeutet, dass alle Gewinne in die Sanierung des historischen Stadtzentrums fließen. Calle Amargura Nr. 103 esquina San Ignacio, ℡ 8608280, www.hotelraquel-cuba.com.

*** Hostal Los Frailes €€€€, das Herrenhaus aus dem Jahr 1793 liegt zwischen der Plaza de San Francisco de Asís und der Plaza Vieja und war einst die Residenz des Marquis Don Pedro Claudio Duquesne, eines Hauptmanns der französischen Marine, in der sich die High Society Havannas die Klinke in die Hand gab. Heute ist das Hostal eine elegante Unterkunft im Herzen der Altstadt, wo die Gäste schon am Eingang von einer Fraile-Skulptur, einem Klosterbruder aus Kupfer, begrüßt und drinnen von Personal in Mönchskutten umsorgt werden. Die 22 Zimmer, darunter vier Mini-Suiten, sind nicht nur zum Schlafen da, sondern bieten dem Auge die ganze Noblesse der Kolonialzeit. Natürlich haben sie jeden modernen Komfort wie Klimaanlage, Satelliten-TV, Minibar und Telefon. Calle Teniente Rey Nr. 8 e/ Oficios y Mercaderes, ℡ 8629383, www.habaguanexhotels.com.

**** Hostal San Miguel €€€€, das Haus erlebte schon die Zeit, als Piraten Havanna unsicher machten, wurde im Jahr 1923 von Antonio San Miguel y Segalá, dem Direktor der früheren Zeitung „La Lucha", umgebaut und repräsentiert mit seinen hochherrschaftlichen Räumlichkeiten heute das Havanna der 1920er Jahre. Der „Gran Salón", in dem damals Empfänge und Bankette stattfanden, zeugt noch immer vom Prunk und Reichtum der damaligen Zeit. Die zehn luxuriösen Zimmer sind natürlich mit Komfort wie Klimaanlage, Safe, Minibar und Satelliten-TV ausgestattet. Ein besonderes Schmuckstück ist die große Dachterrasse, von der man einen tollen Blick auf die Altstadt und hinüber zum Castillo del Morro hat. Dort wird jeden Tag um 21 Uhr zum „Cañonazo", dem traditionellen Kanonenschlag bei Einbruch der Nacht, auch Champagner serviert. Calle Cuba Nr. 2 esquina Peña Pobre, ℡ 8627656, www.habaguanexhotels.com.

Casas particulares Apartamentos Alemán €, zentraler geht's nicht: Mitten im Herzen von Alt-Havanna vermietet Señor Alemán (dt. der Deutsche) zwei neu renovierte und unabhängige Apartments – eines mit Wohn- und Schlafzimmer, Küche und Essecke sowie modernem Bad, das andere mit zwei Gästezimmern, ebenfalls eigenen Bädern, Wohnzimmer, Küche und Essecke. Der Kühlschrank ist in beiden Wohnungen stets mit kleinen Speisen und Getränken gefüllt, wer mehr möchte, klingelt bei Verwalterin Yolanda, die die erste Etage bewohnt – oder geht eine Tür weiter in einen kleinen Supermarkt. Einen Autostellplatz gibt es direkt vor der Haustür, aufgrund der Lage benötigt man allerdings eigentlich gar keinen fahrbaren Untersatz. Alle Sehenswürdigkeiten von Havanna-Vieja sind binnen weniger Minuten gut zu Fuß zu erreichen. Calle Oficios Nr. 301 Apto. 1 (bajos) e/ Sol y Santa Clara, ℡ 6917081, 5293 9122 (ohne Provinz-Vorwahl), www.visitcuba.de.

Casa Dauselinda €, mitten drin in der historischen Altstadt von Havanna in einer ursprünglichen Seitenstraße, wo Cuba noch Cuba ist, vermietet Señora Dauselinda in einem Kolonialgebäude ein kleines Apartment mit Klimaanlage, Ventilator, Telefon und eigenem Eingang – sie selbst wohnt eine Etage darunter. Den Gästen stehen ein Wohn- sowie ein Schlafzimmer, eine kleine Küche und ein eigenes Bad zur Verfügung. Im begrünten Innenhof, der allen Bewohnern des Hauses offen steht, kann man schnell Kontakte knüpfen. Alle wichtigen Sehenswürdigkeiten sind nur wenige Gehminuten entfernt. Calle Habana Nr. 624 e/ Teniente Rey y Muralla, ℡ 8639511, www.visitcuba.de.

Casa Jesús y María €, das sehr saubere und gepflegte Haus nimmt unter den Top Five der Privatquartiere in Havanna Vieja sicherlich einen vorderen Rang ein. Im schön gefliesten Patio wachsen fünf Meter hohe Weihnachtssterne, in der 1. Etage steht den Gästen eine riesige Terrasse zur Verfügung. Die Zimmer, eigentlich kleine Apartments, sind mit Klimaanlage, Ventilator, Kühlschrank und Kochecke ausgestattet – für alle, die schnell einmal selbst etwas brutzeln wollen. Wer das nicht möchte, bekommt seine Mahlzeiten selbstverständlich serviert. Calle Aguacate Nr. 518 e/ Sol y Muralla, ℡ 8611378, 8667765, www.visitcuba.de.

Havanna

Seit 1982 UNESCO-Weltkulturerbe: die Kathedrale von Havanna

Tour 1: Von der Plaza de Armas zur Plaza de la Catedral und zurück

Über die Calle Obispo, die Calle Monserrate und die Calle Empedrado

Dieser Spaziergang ist eigentlich eine Angelegenheit von maximal zehn Minuten. Denn die Plaza de Armas und die Plaza de la Catedral sind nur rund 200 Meter voneinander entfernt. Auf unserer Runde ist man – reine Gehzeit – dennoch etwa 60 Minuten unterwegs, immer mitten im Herzen von Alt-Havanna.

Der Spazierweg

→ Karte S. 92/93

Los geht's an den Parkplätzen in der Avenida del Puerto beim Castillo de la Real Fuerza, das vom Palacio del Segundo Cabo und El Templete, dem Ort der Stadtgründung Havannas, eingerahmt wird. Auf der anderen Seite der Plaza de Armas liegt der Palacio de los Capitanes Generales, sozusagen der Regierungssitz während der Kolonialzeit, in dem heute das sehr sehenswerte Stadtmuseum untergebracht ist. Außerdem findet man auf dem Platz den größten antiquarischen Büchermarkt des Landes, das legendäre Hotel „Santa

Isabel", gleich daneben die berühmte Casa del Café, das bedeutendste Naturkundemuseum Cubas und wenige Schritte entfernt das Archäologie-Museum und den Neptun-Brunnen, sodass man sich auf der Plaza de Armas und der ganz nahen Umgebung gut und gerne einen halben Tag aufhalten kann, ohne dass es langweilig wird.

Von der Plaza de Armas geht es in die Calle Obispo – vorbei an den (Freisitz-) Restaurants „Al Cappucino", „La Mina" (beide links, beides Touristen-Fallen!) und „Doña Teresa" (ebenfalls links, eher zu empfehlen!). Linker Hand bleiben das Museo de la Orfebrería liegen sowie die Casa mit den Hausnummern 117 und 119, eines der ältesten Häuser Havannas aus dem Jahr 1549, in dem heute das Museo de la Pintura Mural und die Buchhandlung „El Navío" untergebracht sind.

Dann kommen erstmals Hemingway-Fans auf ihre Kosten: Links befindet sich das berühmte Hotel „Ambos Mundos", in dem der Literaturnobelpreisträger Teile seines Werks „Wem die Stunde schlägt" geschrieben haben soll. Sein einstiges Zimmer in der fünften Etage ist ein kleines Museum, das man besichtigen kann. Ebenfalls auf der linken Seite folgen die historische Farmacia Taquechel, die Cafés „La Luz" und „Santo Domingo", wo man übrigens bestens frühstücken kann, und an der Kreuzung mit der Calle San Ignacio liegt schließlich rechts das vielbesuchte Café „París" – meine Stammkneipe. Weiter in Richtung Osten, also eigentlich immer geradeaus, passiert man die Sodaría „Ambarina" (rechts), dann ein Gebäude in Form eines griechischen Tempels (links), in dem das cubanische Finanzministerium zu Hause ist, und an der Kreuzung mit der Calle Cuba das Hotel „Florida" (rechts), eine feine Herberge, deren Patio einen Blick lohnt

Sie brauchen Geld? Links liegt eine der größten Wechselstuben Havannas – wenn nicht die größte überhaupt – mit Schaltern und Geldautomaten, an denen man Pesoc mit Kreditkarte ziehen kann. Danach geht man an der Droguería Johnson (rechts) vorbei, passiert an der Kreuzung mit der Calle Aguiar das Restaurant „Europa" (links) und schließlich das halbwegs lohnenswerte Museo Numismático (links) sowie das so unscheinbare wie unbedeutende Museo 28 de Septiembre (rechts). Ab der nächsten Kreuzung mit der Calle Habana wird es wieder interessanter – rechts liegt das Restaurant „Lluvia de Oro" mit dem gleichnamigen Lebens-

mittelgeschäft davor, ein paar Schritte weiter an der Kreuzung mit der Calle Compostela auf der linken Seite das Lokal „La Dichosa". Beide Adressen sollte man sich merken, wenn man abends zu Live-Musik einen Cocktail nehmen möchte.

Es folgen links der Touristenmarkt Patio de los Artesanos, rechts die Cafetería „Ruinas del Parque" und ein Stückchen weiter, ebenfalls rechts, das Restaurant „Bosque Bologna", schließlich links die Lokale „Soda Obispo" und „El Escabeche". Dann lässt man den Italiener „Vía Venetto" auf der rechten Seite besser „links liegen" (die Qualität der Speisen ist mehr als enttäuschend!) und geht – wenn man ein Päuschen braucht – lieber ins schicke „La Pérgola" (links). Noch irgendwelche Fragen? Etwas weiter auf der rechten Seite im Büro von Infotur hilft man gerne weiter.

Am Ende der Calle Obispo, wo man an der Kreuzung mit der Calle Bernaza das Restaurant „La Piña de Plata" und gleich dahinter das berühmte „El Floridita" sieht, biegt man rechts in die Calle Monserrate ein. Gegenüber befindet sich das „Centro Asturiano", heute ein Teil des Museums der Schönen Künste, – und gleich daneben eine Großbaustelle. Dort entsteht derzeit – in Eins-a-Lage – das erste Kempinski-Hotel Cubas. Man bleibt in der Calle Monserrate, bewegt sich in nördliche Richtung, also zur Hafeneinfahrt hin, passiert den nach einem früheren Bürgermeister Havannas benannten Parque Supervielle und das Edificio Bacardi. Betreten erlaubt! Es ist das schönste Art-déco-Gebäude der Stadt.

Wo nun auf der linken Seite der moderne Palacio de Bellas Artes, der zweite Gebäudekomplex des Museums der Schönen Künste, beginnt, biegt man rechts in die Calle Empedrado ein – eine reine Wohnstraße mit morbiden Häusern, kleinen Läden und offenen Gemüsemärkten. Hier kann man Cuba live erleben und eine Nase voll Havanna nehmen. Am Parque San Juan de Dios (rechts) geht man am wirklich hässlichen, hellgrün-weiß gestrichenen Industrieministerium (links) und dem in einem schön sanierten Kolonialgebäude untergebrachten Krankenhaus Policlínico Docente Dr. Tomás Romay (links) vorbei. Ab dem neuen Privat-Restaurant „El RumRum" (links) gelangt man wieder in die Touristen-Area, denn dann folgt rechter Hand die Stiftung Alejo Carpentier und die Hemingway-Kneipe „La Bodeguita del Medio", ein Muss auf jeder Havanna-Tour, wo man den besten und wahrscheinlich auch den teuersten Mojito der Stadt bekommt bzw. trinken muss – weil es einfach dazugehört. In München geht man als Tourist auch nicht am Hofbräuhaus vorbei, ohne eine Halbe getrunken zu haben ...

Schließlich hat man die Plaza de la Catedral erreicht, wo man – im Uhrzeigersinn – die Kathedrale selbst, die Casa de Lombillo, die Casa del Marqués de Arcos, das Museo de Arte Colonial und die Casa del Marqués de Aguas Claras

besuchen kann. In Letzterer residiert das sündteure Restaurant „El Patio". Bevor man dort isst, geht man nur ein paar Schritte davor besser in den Callejón del Churro und kehrt in dem Privat-Lokal „Doña Eutimia" ein, eines der angesagtesten Restaurants der Altstadt.

Zurück zum Ausgangspunkt, der Plaza de Armas, gelangt man, wenn man sich weiter auf die Calle Empedrado hält und in Richtung Avenida del Puerto bewegt – wo ggf. Bus oder Mietwagen geparkt sind. Dabei passiert man die Restaurants „La Moneda Cubana" (links, nicht zu empfehlen) und „D'Giovanni" (rechts, besser) und steht am Ende an der Rückseite des Castillo de la Real Fuerza – mit Blick auf den Neptun-Brunnen und die Festung San Carlos de la Cabaña auf der anderen Seite der Hafen-Einfahrt.

Wenn man noch fit ist, lässt sich diese Runde gut mit Tour 2 kombinieren, dem Spaziergang von der Plaza de la Catedral zur Plaza Vieja und zurück.

Die Stationen im Einzelnen

Plaza de Armas

Der zwischen der Hafeneinfahrt und der Kathedrale gelegene Waffenplatz ist sozusagen die Wiege Havannas – schließlich zelebrierte Bischof Juan José Díaz de Espada y Landa hier im Jahr 1519 die Gründungsmesse für San Cristóbal de la Habana, wie die Stadt ursprünglich hieß. Die Plaza selbst, die erste Havannas überhaupt, wurde freilich erst Jahre später angelegt, erhielt aber schon 1584 ihren heutigen Namen.Sein Gesicht bekam der Ort im Lauf der Jahrhunderte mit dem Bau des Palacio de los Capitanes Generales, dem heutigen Stadtmuseum, des Palacio del Segundo Cabo, des El Templete und der Residenz des Grafen von Santovenia, in der mittlerweile mit dem Hotel „Santa Isabel" eine der Nobel-

herbergen der Stadt untergebracht ist. Zu jener Zeit, im 18. und 19. Jahrhundert, war die Plaza de Armas auch beliebter Treffpunkt der Schönen und Reichen Havannas, die inzwischen längst vom einfachen Volk abgelöst wurden – und den Touristen.

Bekannt ist der Platz mit einem Standbild von Carlos Manuel de Céspedes in seiner Mitte allerdings nicht nur wegen der spektakulären Barockgebäude, die ihn umgeben, sondern auch wegen des größten Büchermarktes der Stadt. Meist sind es zwar alte Schinken von Engels und Marx, Fidel Castro und Che Guevara, die an den Ständen feilgeboten werden – in dem riesigen Fundus der Händler zu stöbern, macht aber trotzdem Spaß.

Calles Obispo, O'Reilly, Tacon, Baratillo.

Castillo de la Real Fuerza

Die Festung der königlichen (spanischen) Streitkräfte entstand ab dem Jahr 1558 auf den Ruinen eines einfachen Forts, das ein französische Korsar Jacques de Sores geplündert und gebrandschatzt hatte. Die spanische Krone schickte damals eigens den Baumeister Bartolomé Sánchez mit 14 Steinmetz-Meistern nach Cuba, um das Bollwerk mit Hilfe von Hunderten von Sklaven, Dieben, Kleinkriminellen, Kriegsgefangenen und Indios wiederaufzubauen. Weil die Arbeiten nur schleppend vorangingen, feuerte ihn der König 1562 und ersetzte ihn durch Francisco de Calona, der die damals größte koloniale Festung Cubas und darüber hinaus des gesamten karibischen Raumes schließlich im Jahr 1577 fertigstellte.

Über mehrere Jahrhunderte war das Castillo die Hauptverteidigungsanlage der Stadt und gleichzeitig Residenz der obersten Heeresführung, ehe für sie mit dem Palacio de los Capitanes Generales ein eigener Palast an der Plaza de Armas gebaut wurde. Danach wurde die Bastion verschiedensten Verwendungen zugeführt, fungierte ab 1935 als Kaserne des Artillerieregiments 7, war später sogar die Zentrale der Nationalbibliothek und ist heute Museum.

Von großem symbolischem Wert für die Habaneros ist der Glockenturm des Castillo, der im Jahr 1630 in der südwestlichen Ecke der Anlage errichtet wurde. Auf ihn setzte der Künstler Gerónimo Martín Pinzón (1607–1649) als Wetterfahne die sogenannte Giraldilla, eine 107 Zentimeter große Bronze-Statue, die inzwischen zum Wahrzeichen der Stadt geworden ist. Um „La Giraldilla" – das Original steht heute im Erdgeschoss des Castillo, auf dem Turm eine Kopie – hat man schnell eine Legende gesponnen, eine der ersten und schönsten Havannas. Derzufolge stellt die Skulptur keine Geringere als Doña Inés de Bobadilla dar, die Ehefrau des spanischen Eroberers und Gouverneurs der Insel, Hernando de Soto. Sie leitete die Geschicke Cubas, als ihr Mann aufgebrochen war, um den Süden der heutigen Vereinigten Staaten von Amerika zu entdecken. Jeden Tag – so die Erzählung – stieg sie auf den Turm in der Hoffnung, die Segel der Schiffe ihres heimkehrenden Gatten zu sehen. Doch Soto kam nie zurück, er war am Mississippi längst ums Leben gekommen. „La Giraldilla" entstand lange nach dem Tod von Doña Ines, den Turm aber nennt der Volksmund in Anlehnung an diese Legende noch heute „Turm der Hoffnung". Und am liebsten erzählt man die Geschichte von der Bronze-Statue des Castillo, bevor man sich mit einem Mojito oder Daiquiri zuprostet – „La Giraldilla" ist nämlich auch das Markenzeichen der Rumdestillerie „Havana Club".

Trutz-Burgen

Trotz dieses buchstäblichen Aushängeschildes ist das ehemalige Fort heute
aber hauptsächlich der Historie der
Schifffahrt gewidmet. Seit der Wiedereröffnung als Museum im Juni 2008
werden in zehn Ausstellungsräumen
viele Boote und Schiffsmodelle gezeigt
– von einem Indio-Kanu über die drei
Karavellen von Christoph Kolumbus'
erster Amerika-Entdeckungsreise bis
zur „Ra II", dem Papyrus-Boot Thor
Heyerdahls, mit dem der norwegische
Wissenschaftler im Jahr 1970 in 57 Tagen von Marokko aus über den Atlantik
bis nach Barbados segelte. Bedeutendstes Stück der Sammlung ist allerdings
ein originalgetreuer Nachbau der „Santísima Trinidad" im Maßstab 1:25, mit
140 Bordkanonen das größte Schiff, das
jemals im „Arsenal", der Werft Havannas, gebaut wurde. Nach seinem
Stapellauf im Jahr 1769 patrouillierte
der Großsegler zunächst in den Gewäs-
sern um die Meerenge von Gibraltar,
ehe er am 21. Oktober 1805 in der Seeschlacht von Trafalgar von den Engländern schwer beschädigt wurde und nur
drei Tage später in einem Gewitter-
sturm sank. Daneben werden in Glasvitrinen viel Gold- und Silberschmuck,
Münzen aus dem 19. Jahrhundert, alte
Fernrohre und Sextanten gezeigt, die
Taucher aus Wracks vor der Küste
Cubas geborgen haben.

Di–So 9.30–17 Uhr. Eintritt 3 CUC, Fotoaufnahmen 5 CUC, Videoaufnahmen 5 CUC.
Calle O'Reilly Nr. 1 y Plaza de Armas.

Palacio del Segundo Cabo

Das mächtige Gebäude aus dem Jahr
1772, das nach den Plänen von Oberst
Antonio Fernández de Trebejos errichtet wurde, gilt wie der Palacio de los
Capitanes Generales als Paradebeispiel
für die cubanische Barockarchitektur.
Außerdem war der Palast des Vize-
Gouverneurs einer der ersten in Havanna, in dem die traditionellen Holz-
gitter vor den Fenstern durch solche
aus Eisen ersetzt wurden.

Im Lauf der Geschichte diente das Haus
den verschiedensten Herren – während
der Republik war es Hauptsitz der Post-
verwaltung, später, bis zum Bau des
Capitolio, Tagungsort des Senats, schließlich Residenz des Obersten Gerichtshofs. Heute befindet sich der mit
Unesco- und EU-Mitteln sanierte Palast
im Besitz des Kulturministeriums und
beherbergt das cubanische Literaturzentrum. Im Erdgeschoss befindet sich
neben einem Shop für Kunsthandwerk
auch eine Bücherei.

Mo–Sa 9.30–17.30, So 10–13 Uhr. Eintritt frei.
Calle O'Reilly Nr. 4 esquina Tacón.

Übernachten

6 Hotel Santa Isabel (S. 96)
12 Hotel Ambos Mundos (S. 98)
16 Hotel Florida (S. 99)

Essen & Trinken

1 D'Giovanni (S. 108)
2 El RumRum (S. 104)
3 La Bodeguita
  del Medio (S. 104)
4 El Patio
  (Casa del Marqués
  de Aguas Claras)
  S. 107)
5 Doña Eutimia (S. 107)
7 Casa del Café (S. 96)
9 Al Cappucino (S. 97)
10 La Mina (S. 97)
11 Doña Teresa (S. 97)
13 Ambarina (S. 99)
14 La Luz (S. 99)
15 Santo Domingo (S. 99)
17 La Lluvia de Oro
  (S. 101)
19 Ruinas del Parque
  (S. 101)
20 La Dichosa (S. 101)
21 El Bosque Bologna
  (S. 101)
23 Vía Venetto (S. 102)
24 Soda Obispo (S. 101)
25 El Escabeche (S. 101)
26 La Pérgola (S. 102)
27 La Piña de Plata
  (S. 102)
28 El Floridita (S. 102)

Nachtleben (S. 86)

8 O'Reilly 304
16 Maragato

Einkaufen

22 Patio de los Artesanos
  (S. 101)

Tour 1: Von der Plaza de Armas zur Plaza de la Catedral und zurück

100 m

El Templete

Der kleine Tempel an der Ostseite der Plaza de Armas aus dem Jahr 1828 markiert genau jene Stelle, an der – angeblich am 16. November 1519 – die Stadt San Cristóbal de la Habana nach ihrer Verlegung im Rahmen eines Gottesdienstes ein zweites Mal offiziell gegründet wurde. Da man sich zwar der Jahreszahl sicher ist, nicht aber des genauen Tages, feiert man das Stadtjubiläum immer am Namenstag des Heiligen Christoph. Jedenfalls wurde die Messe damals unter einem der Kapok-Bäume zelebriert, die den Platz noch heute säumen. Im Inneren des im griechisch-römischen Stil errichteten Tempels, der baugleich ist mit seinem Namensvetter in der baskischen Stadt Guernica, hängen drei große Gemälde des französischen Malers Jean Baptiste Vermay, die die Gründungsmesse darstellen. Der Künstler, der auch an der Ausgestaltung der Kathedrale Havannas mitwirkte, ruht in der Mitte des Raumes an der Seite seiner Frau in einem Sarkophag.

Di–So 9.30–16.30 Uhr. Eintritt 1,50 CUC, Fotoaufnahmen 5 CUC. Calle Baratillo e/ O'Reilly y Narciso Lopez.

Palacio de los Capitanes Generales (Museo de la Ciudad)

Der „Palast der Generalität", an dem man unter der Regie von Don Antonio Fernández de Trebejos y Zaldívar 15 Jahre lang baute, ehe er im Dezember 1791 eingeweiht wurde, war bis zum Ende des Zweiten Unabhängigkeitskrieges im Jahr 1898 Sitz der spanischen Gouverneure, erlebte am 20. Mai 1902 die Geburtsstunde der Republik Cuba und fungierte bis 1920 als Residenz der Präsidenten des neuen Staates. Der Barockpalast gilt aber nicht nur deshalb als das wichtigste Gebäude an der Plaza de Armas, sondern auch, weil er ein Musterbeispiel der cubanischen Kolonialarchitektur darstellt. Nach einer umfassenden Restaurierung zog 1968 das Museo de la Ciudad (dt. Stadtmuseum) in das imposante Bauwerk ein und zeigt heute Sammlungen, die die Geschichte Havannas lebendig werden lassen – von der Gründung bis zum 20. Jahrhundert.

Im Erdgeschoss ist einer der interessantesten Räume der ersten Pfarrkirche der Stadt gewidmet. Sie stammt aus dem Jahr 1553, stand einst an der Stelle des heutigen Palacio und wurde 1741 bei einer Explosion völlig zerstört. Neben silbernen Sakralgegenständen, die einstmals von den Dominikaner- und Franziskanermönchen sowie den Nonnen von Santa Clara und Santa Catalina de Sena benutzt wurden, geben dort wertvoll gerahmte Porträts der ersten Bischöfe Havannas Einblick in das religiöse Kunstschaffen. Bedeutendstes Ausstellungsstück ist ein Grabstein, der im Jahr 1557 in der Kirche aufgestellt wurde und heute als ältestes vollständig erhaltenes Denkmal des Landes gilt. In einem weiteren Raum wird der frühere Fuhrpark der Generäle mit vielen alten Pferdekutschen aus dem 19. Jahrhundert gezeigt. Außerdem kann man dort auch eine Feuerwehr-Droschke aus jenen Tagen sehen. Gleich daneben stößt

man auf die Modelle einer Zuckerfabrik aus dem Jahr 1930 sowie einer alten Dampflokomotive, beides bestimmende Elemente der früheren cubanischen Wirtschaft.

Das Zwischengeschoss wird dominiert vom Cementerio de Espada, dem ersten, nach dem Bischof Juan José Díaz de Espada y Fernández de Landa benannten Friedhof der Stadt – oder dem, was davon übrig geblieben ist: aufwendig verzierte Grabsteine aus dem 19. Jahrhundert, imposante Metallsärge, wertvolle Rosenkränze aus Kristallglas. Überdies sind der Bischofsstuhl sowie ein Porträt des Namensgebers ausgestellt.

Die schönsten Räume des Palacio befinden sich im Obergeschoss, wo erst unlängst mehrere im Original erhaltene Säle nach einer Generalsanierung wieder der Öffentlichkeit zugänglich gemacht wurden. Allerdings halten sie nicht immer, was ihre Namen versprechen: Im „Salón Dorado" (dt. „Goldener Saal"), der als Empfangsraum des Gouverneurs diente, gibt es noch nicht einmal einen vergoldeten Kerzenleuchter, weshalb er wohl zusätzlich auch als „Salón Verde" (dt. „Grüner Saal") bezeichnet wird; im „Salón de los Espejos" (dt. „Spiegelsaal") sind zwar die großen Rahmen gülden, dafür aber die Hälfte aller dortigen Spiegel erblindet; und im „Salón de Trono" (dt. „Thronsaal") mit den dunkelroten Seidenbahnen bespannten Wänden war noch nie ein Mitglied des spanischen Hochadels zu Besuch. Dennoch: Das Interieur der Räumlichkeiten, etwa Meißener Porzellan aus dem 18. und 19. Jahrhundert, kunstvoll geschnitztes Mobiliar und goldene Wand- und Tischuhren, darunter auch eine aus dem Besitz der russischen Zarin Katharina der Großen, ist wirklich sehenswert. Natürlich dürfen auch die Original-Uniformen der einstigen Gouverneure und Generäle sowie ihre Waffen nicht fehlen. Das schönste Stück ist ein Zeremonie-Schwert von Tiffany's in New York, ein Geschenk für den cubanischen Frei-

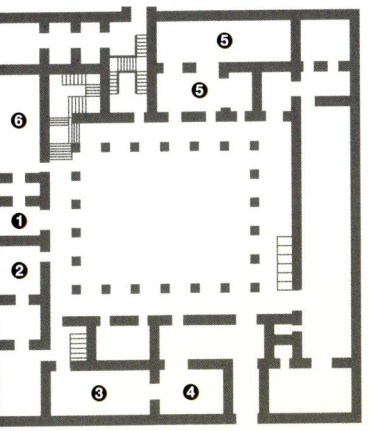

Planta Baja (Erdgeschoss)

1 Eingang
2 Rezeption
3 Saal der Pferdekutschen
4 Modell einer Zuckerfabrik
5 Saal der alten Pfarrkirche
6 Gemäldeausstellung

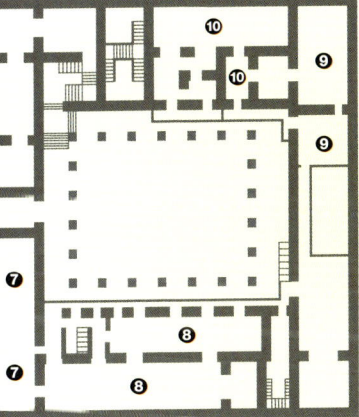

Entresuelo (Zwischengeschoss)

7 Espada-Friedhof
8 Statuen und Grabsteine
9 Bilbiothek
10 Archiv

Planta Alta (Obergeschoss)

11 Goldener Saal (Grüner Saal)
12 Spiegel-Saal
13 Thron-Saal
14 Weißer Saal
15 Schlafzimmer
16 Badezimmer
17 Esszimmer
18 Saal der Republik
19 Flaggen-Saal
20 Helden-Saal
21 Saal des Rats
22 Spanische Waffen
23 Spanische Flaggen
24 Spanische Uniformen

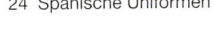

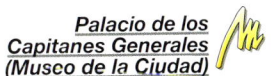

**Palacio de los
Capitanes Generales
(Museo de la Ciudad)**

heitskämpfer und Anführer der Widerstandstruppen General Máximo Gómez.

Di–So 9.30–17 Uhr. Eintritt 3 CUC, Führung 5 CUC (auch engl. und franz.), Audio-Guide 5 CUC, Fotoaufnahmen 5 CUC, Videoaufnahmen 5 CUC. Calle Tacón Nr. 1 e/ Obispo y O'Reilly.

Hotel „Santa Isabel"

Der einstige Sitz der Grafen von Santovenia liegt an der Plaza de Armas, nur wenige Meter von jener Stelle entfernt, an der Havanna gegründet wurde. Das Gebäude wurde bereits 1867 erstmals zu einem Hotel umfunktioniert und öffnete mehr als 100 Jahre später nach einer grundlegenden Sanierung erneut seine Tore für Gäste – mit einem Ambiente von großer Eleganz und höchstem Komfort, umgeben von einzigartigen Meisterwerken der besten cubanischen Künstler. Stolz verweist das Fünf-Sterne-Haus darauf, dass man im Mai 2002 auch den früheren US-Präsidenten Jimmy Carter zu seinen Gästen zählen durfte – man schmückt sich in Cuba eben gern mit großen Namen. Die nur 27 Zimmer, darunter zehn Suiten, sind wie das gesamte Haus natürlich mit viel Luxus und allen Annehmlichkeiten ausgestattet. Einen wunderbaren Blick auf die Plaza de Armas genießt man von der Dachterrasse aus.

€€€€€ Calle Baratillo Nr. 9 e/ Obispo y López, ✆ 8608201, www.hotelsantaisabel.com, www.habaguanexhotels.com. → **6** auf Karte S. 92/93.

La Casa del Café

Geschäft und Tages-Café in einem und eine heiße Adresse für leidenschaftliche Kaffee-Trinker obendrein – aber nicht nur für die: Zum einen kann man an der Theke im Erdgeschoss eine breite Auswahl frisch gemahlenen cubanischen Kaffees erstehen (und nebenbei viele Rum-Sorten). Und zum anderen gibt es im Obergeschoss eine kleine Bar, an der nicht nur Kaffee-Spezialitäten, sondern auch eine Vielzahl von Cocktails kredenzt werden, die sich allerdings alle um Kaffee drehen.

€ Mo–Sa 10–18, So 10–14 Uhr. Calle Baratillo e/ Obispo y López. → **7** auf Karte S. 92/93.

Museo Nacional de Historia Natural

Obwohl überschaubar, ist das Naturkundemuseum an der Plaza de Armas das größte seiner Art in ganz Cuba. In den verschiedenen Ausstellungsräumen geht es – logischerweise – um die Flora und Fauna des Landes, aber auch anderer Regionen der Erde. Gezeigt werden ferner archäologische Funde, Fossilien und Mineralien. Das Museum pflegt einen engen Kontakt mit dem American Museum of Natural History in New York, weshalb es auch als eines von sehr wenigen im Land mit interaktiven Exponaten bestückt ist.

Di 13.30–17, Mi–So 10–17.30 Uhr. Eintritt 3 CUC, Führung 4 CUC, wissenschaftliche Führung 8 CUC, Fotoaufnahmen 2 CUC, Videoaufnahmen 50 CUC (!). Calle Obispo Nr. 61 esquina Oficios.

Museo de Arqueología

Das 1987 eröffnete Museum, das man in Havanna auch unter dem Namen „Gabinete de Arqueología" kennt, ist nicht nur Ausstellungsraum für archäologische Funde aus Cuba und anderen Ländern Lateinamerikas, sondern auch Arbeitsstätte für die Altertumskundler der Insel. In den Schauräumen sind Schmuck, Porzellan und Keramiken ausgestellt, die unter anderem bei der Altstadtsanierung zu Tage gefördert wurden. Außerdem gibt es einen Saal mit herrlichen Fresken, in dem Stiche und Gemälde mit Stadtansichten Havannas aus dem 17. Jahrhundert gezeigt werden. Im Obergeschoss findet man eine prähistorische Sammlung mit Kunstgegenständen und Tonfiguren aus der Zeit der Taíno, der Ureinwohner Cubas.

Di–Sa 9.30–17, So 9–13 Uhr. Eintritt 1 CUC, Führung 1 CUC, Fotoaufnahmen 2 CUC. Calle Tacón Nr. 12 e/ O'Reilly y Empedrado.

Fuente de Neptuno

Der Neptun-Brunnen, der heute an der Avenida del Puerto nahe der Plaza de Armas aufgestellt ist, hatte schon die verschiedensten Standplätze. Im Jahr 1839 aus italienischem Marmor an dem Ort errichtet, wo die Calle O'Reilly auf die Bucht von Havanna stößt, „verpflanzte" man ihn alsbald in die Straße im Stadtteil Centro, der er seinen Namen gab – die Calle Neptuno. Von dort wurde er nach Havanna-Vedado transferiert. Nachdem er dort massiv beschädigt worden war, wurde er 1997 vollständig restauriert und schließlich zur Freude der Habaneros wieder in der Nähe seines ursprünglichen Platzes aufgestellt.

Avenida del Puerto.

La Mina

Bloß nicht hierher, jedenfalls nicht zum Essen! Das Restaurant mit einer viersprachigen Speisekarte und Freisitzen direkt an der Plaza de Armas bietet kein Essen, sondern Touri-Abfütterung der übelsten Sorte. Fast überflüssig zu sagen, dass die Fremden, oftmals Varadero-Ausflügler, die nur ein paar Stunden in Havanna sind und aus Unwissenheit im nächstbesten Lokal einkehren, auch noch ausgenommen werden wie Fische. 25 CUC für gegrillte Meeresfrüchte und 28 CUC für eine Languste sind eine Frechheit. Zum Leuteschauen bei einem Cocktail ist die Open-Air-Location wegen ihrer Lage dagegen geradezu ideal.

€€€€€ Tägl. 8–24 Uhr. Calle Obispo Nr. 111 esquina Oficios. → **10** auf Karte S. 92/93.

Al Cappucino

Das Schwester-Restaurant des „La Mina" – damit ist eigentlich schon alles gesagt. Zwar schimpft sich das Lokal vornehm Café, ist in Wirklichkeit aber keinen Deut besser als der unmittelbare Nachbar: Languste ebenfalls 28 CUC, Shrimps-Spieß 12 CUC, Grillplatte 20 CUC, und die Getränke sind teil-

weise ebenfalls mehr als doppelt so teuer wie in anderen Lokalen. Also: Augen zu, Geldbeutel zu und im wahrsten Sinne des Wortes links liegen lassen.

€€€€ Tägl. 8–23 Uhr. Calle Obispo Nr. 111 esquina Oficios. → **9** auf Karte S. 92/93.

Dulcería Doña Teresa

Das Lokal gehört auch zum Touristen-Restaurant „La Mina", hat allerdings deutlich zivilere Preise. Kuchen und Süßspeisen, z. B. Pudding oder Milchreis, gibt es schon für etwa 0,50 CUC. An Getränken wird nur Nicht-Alkoholisches angeboten, z. B. eine Piña Colada „ohne".

€ Tägl. 9–21 Uhr. Calle Obispo Nr. 111. → **11** auf Karte S. 92/93.

Museo de la Orfebrería

An dem Ort, an dem das kleine Goldschmiede-Museum steht, hatte ab dem Jahr 1707 der bekannte Silberschmied Gregorio Tabares seine Werkstatt. Das heutige Gebäude stammt allerdings aus dem ersten Viertel des 20. Jahrhunderts und war nach der Revolution zunächst eine Münzprägeanstalt. Zum Museum wurde es erst 1996. Gezeigt werden in sieben auf zwei Stockwerke verteilten Räumen wertvolle Gold- und Silberschmiedearbeiten aus aller Welt. Im Erdgeschoss des Gebäudes, das auch als Sitz der Handwerkerinnung dient, gibt es zudem einen kleinen Juwelierladen.

Di–Sa 9.30–17, So 9.30–12.30 Uhr. Eintritt frei. Calle Obispo Nr. 113 e/ Mercaderes y Oficios.

Museo de la Pintura Mural

Das 2006 in einem der ältesten Häuser Havannas (Baujahr 1549) eröffnete Museum zeigt im Foyer neben einer alten Pferdekutsche verschiedene Wandmalereien. Dabei handelt es sich allerdings ausschließlich um Fragmente, die in Havanna bei der Renovierung von Kolonialgebäuden aus dem 19. Jahrhundert entdeckt wurden. Für den Laien ist die Sammlung wohl zu speziell, für den

Havanna Tour 1 → Karte S. 92/93

Fachmann dagegen durchaus von einem gewissen Interesse. Bei Redaktionsschluss war das Museum wegen Renovierungsarbeiten vorübergehend geschlossen.

Di–Sa 9.30–17, So 9.30–13 Uhr. Eintritt frei. Calle Obispo Nr. 119 e/ Mercaderes y Oficios.

Hotel „Ambos Mundos"

Das viel zitierte Aushängeschild der Hotellerie in der Altstadt Havannas verdankt seinen legendären Ruf nicht so sehr seiner einzigartigen Lage, seiner First-Class-Ausstattung oder seinen außergewöhnlichen Service-Leistungen, sondern einzig und allein einem Mann: Ernest Hemingway. Der Schriftsteller und Literaturnobelpreisträger lebte von 1930 an fast zehn Jahre lang in der 5. Etage des Hauses im Zimmer mit der Nummer 511. Hier tippte er weite Teile seines Bestsellers „Wem die Stunde schlägt", von hier aus startete er seine – mit Verlaub – Sauf-Touren durch Havanna, die ihn regelmäßig in die nahe gelegene „Bodeguita del Medio" und ins „Floridita" führten. Und davon zehrt das Haus noch heute. Eine Bronzetafel verweist schon an der Fassade auf den „Novelista", Fotos des berühmtesten

Gastes in allen möglichen und unmöglichen Situationen schmücken die Lobby, Gerichte sind nach ihm bzw. seinen Werken benannt. Selbst sein Zimmer hat man nie mehr vermietet, sondern zu einem kleinen Museum gemacht, das man jederzeit besichtigen kann (Eintritt 2 CUC). Die übrigen 52 Räume sind komfortabel, gut ausgestattet, natürlich klimatisiert, haben Satelliten-TV und alle anderen Annehmlichkeiten.

€€€€ Calle Obispo Nr. 153 esquina Mercaderes, ✆ 8609530, www.hotelambosmundos-cuba.com, www.habaguanexhotels.com. → 🔟 auf Karte S. 92/93.

Farmacia Taquechel

Der alte Apothekerladen, der im Jahr 1898 von Francisco Taquechel in einem früheren Lebensmittelgeschäft eröffnet wurde, geriet bei seiner Renovierung 1996 leider einen Tick zu chic und verlor trotz des französischen Original-Interieurs aus dem 18. und 19. Jahrhundert sein angestaubtes Flair, das ihn bis dahin so sehenswert gemacht hatte. Der Schwerpunkt des Pharmazie-Museums, das gleichzeitig als ganz normale Apotheke fungiert, liegt heute auf Naturheilmitteln und homöopathischen Arzneien.

Einkaufsmeile: die Calle Obispo

Zum Sortiment gehören Algen- und Calendula-Cremes ebenso wie Produkte für Diabetiker.

Tägl. 9.30–17 Uhr. Eintritt frei. Calle Obispo Nr. 155 e/ San Ignacio y Mercaderes.

La Luz

Die offizielle Bezeichnung lautet Bar und Restaurant, das „Luz" ist aber eigentlich nichts anderes als ein Steh-Café – direkt neben dem etwas feineren Café „Santo Domingo". Am langen Tresen wird hauptsächlich starker Café cortado (1 CUP/ca. 0,04 CUC) getrunken, die cubanische Form des Espresso. Im einfachen Gastzimmer dahinter gibt es u. a. Hähnchen und Cordon bleu, ebenfalls zu Peso-Preisen.

€ Tägl. 12–17 + 18–22 Uhr. Calle Obispo e/ San Ignacio y Mercaderes. → **14** auf Karte S. 92/93.

Santo Domingo

Die Bäckerei und Konditorei liegt am Ende der Fußgängerzone ein paar Schritte vom Hotel „Ambos Mundos" entfernt. In einem kleinen Erdgeschoss-Laden werden Brot, Baguettes und leckere Kuchen verkauft, in der ersten Etage, die man über eine schmale Treppe erreicht, kann man sich Kaffee-Spezialitäten, Frühstück (z. B. Rührei mit Speck oder Schinken-Käse-Croissant) sowie warme Mittagssnacks servieren lassen. Das Lokal verfügt über einen winzigen französischen Balkon, von dem aus man das Treiben in der Calle Obispo beobachten kann.

€ Tägl. 7–19 Uhr. Calle Obispo Nr. 159 e/ San Ignacio y Mercaderes. → **15** auf Karte S. 92/93.

Café París

Eine Institution im Herzen von La Habana Vieja – und eines meiner ganz persönlichen Lieblingslokale! Das „París" ist eine geniale Mischung aus Restaurant, Bar, Treffpunkt und Musik-Kneipe mit den angeblich besten Live-Combos der Stadt. Nicht zuletzt deshalb stimmt auch der Publikumsmix: Cubaner essen in der Bohème-Atmosphäre ebenso den „Klassiker" wie Residenten und Touristen: das „Pollo Café París". Darüber hinaus gibt es zu den cubanischen Rhythmen – u. a. spielen die „Corazones del Fuego" (dt. „Die Herzen des Feuers") – Garnelen, Pizzen oder die „Gran Grillada de Carne", eine Grillplatte mit Schwein, Hähnchen und Rind. Achtung: Auf die Rechnung kommt – meist verdientermaßen – eine zehnprozentige Servicepauschale!

€€€ Tägl. 9–1 Uhr. Calle Obispo esquina San Ignacio.

Sodaría Ambarina

Das 2008 eröffnete Eiscafé an der Touristenmeile ist einfach, aber modern eingerichtet und so gut gekühlt, dass die Eisbecher, die auf den Tisch kommen, nicht so schnell dahinschmelzen. Daneben gibt es Torten und Puddings sowie eine breite Getränkepalette.

€ Tägl. 10–22 Uhr. Calle Obispo e/ San Ignacio y Cuba. → **13** auf Karte S. 92/93.

Hotel „Florida"

Wenn man sich von den (vier) Sternen leiten lässt, wohl eines der am meisten unterschätzten Hotels in Alt-Havanna. Denn das Haus hat jede Menge Vorzüge: Es liegt nicht nur äußerst zentral in der Calle Obispo, der Einkaufs-, Galerie- und Kneipenmeile Viejas, es bietet auch eine sehr gepflegte Atmosphäre und Räumlichkeiten mit jedem Komfort. 1836 erbaut, war das „Florida" zunächst die Residenz reicher Geschäftsleute, ehe 1885 das Hotel seine Tore öffnete und aufgrund seiner Eleganz schnell zu einem der bekanntesten in Havanna avancierte. Und dies ist – erst recht nach der Komplett-Renovierung im Jahr 1999 – bis heute so geblieben. Denn in den 25 bestens ausgestatteten Zimmern, darunter vier Junior-Suiten, setzt sich der aristokratische

Havanna Tour 1 → Karte S. 92/93

Glanz des Hauses weitgehend fort, wenngleich einige schon wieder aufpoliert werden müssten. Also: Wenn man in der Calle Obispo unterwegs ist, nicht dran vorbei-, sondern auf jeden Fall hineingehen. Der koloniale Patio lohnt eine Stippvisite – und sei es nur für eine Cohíba und eine Tasse Kaffee.

€€€€ Calle Obispo Nr. 252 esquina Cuba, ℡ 8624127, www.habaguanexhotels.com. → **16** auf Karte S. 92/93.

Droguería Johnson

Die in den 1950er Jahren noch vor der Revolution eröffnete Apotheke, in der die Habaneros ihre Rezepte über den polierten Mahagoni-Tresen reichen und dafür kostenlos ihre Medikamente erhalten, ging am 15. März 2006 in Flammen auf – eine Katastrophe. Inzwischen ist sie aber von Grund auf saniert und restauriert. Obwohl der Großbrand nicht nur an dem Gebäude einen immensen Schaden angerichtet, sondern auch Hunderte von antiken Porzellangefäßen in den Regalen aus dunklem Edelholz vernichtet hatte, erstrahlt heute wieder alles in alt-neuem Glanz – ganz so, als hätte es niemals ein Feuer gegeben.

Tägl. 9–17 Uhr. Calle Obispo Nr. 260 esquina Aguiar.

Europa

Im Jahr 2007 in einem sanierten Kolonialgebäude mitten in der Calle Obispo eröffnet, bietet das auf den ersten Blick feine Restaurant internationale, vor allem aber cubanische Küche zu vernünftigen Preisen. Dass der Laden oft voll ist, liegt allerdings mehr an seiner Lage denn an den Angeboten und den Kochkünsten der Truppe am Herd. Leser berichten übereinstimmend von einer bestenfalls durchschnittlichen Qualität der Speisen.

€€€ Tägl. 12–24 Uhr. Calle Obispo esquina Aguiar. → **18** auf Karte S. 92/93.

Museo Numismático

Wenn's um Geld geht … – erst einmal ins Museum. Die Sammlung in der Calle Obispo zeigt in einer Vielzahl pyramidenförmiger Glasvitrinen in chronologischer Folge mehr als 1500 Münzen und Geldscheine von der Kolonialzeit bis zur Gegenwart – darunter auch eine Reihe von Banknoten, die von Ernesto Che Guevara in seiner Funktion als Präsident der Nationalbank (seit dem 26. November 1959) unterzeichnet wurden. Neben Lotterielosen, Schuldscheinen, Falschgeld und cubanischen Orden wird in einer eigenen Abteilung ferner Papiergeld aus aller Welt gezeigt. Wertvollste Exponate des Museums sind 20 Goldstücke aus dem 17. Jahrhundert.

Di–Sa 9.30–16.30, So 9.30–12.30 Uhr. Eintritt 1,50 CUC. Calle Obispo Nr. 305 e/ Habana y Aguiar.

Museo 28 de Septiembre

Das mit nur zwei Ausstellungsräumen recht kleine Museum, das auch unter dem Namen „Museo Nacional de los C. D. R." läuft, wurde erst zum 47. Jahrestag der Gründung der ersten „Komitees zur Verteidigung der Revolution" (cub. „Comités de Defensa de la Revolución", kurz: C. D. R.), also am 28. September 2007, feierlich eröffnet. Fidel Castro selbst hatte seinerzeit, eineinhalb Jahre nach dem Ende der Revolution, dieses „System der kollektiven Wachsamkeit" ins Leben gerufen, das als Selbstschutz gegen Konterrevolutionäre gedacht war. Heute sind die C. D. R. in jedem Dorf, in jedem Stadtviertel, in jedem Straßenzug Augen und Ohren der Kommunistischen Partei Cubas und zählen fast acht Millionen Mitglieder – oder besser: Blockwarte. Dokumente und alte Fotos schildern die Entstehungsgeschichte der Organisation, Medaillen und Kleidungsstücke runden die Ausstellung ab.

Di–Sa 9–17.30, So + Mo 9–17 Uhr. Eintritt 2 CUC, Führung 1 CUC, Fotoaufnahmen

2 CUC, Videoaufnahmen 10 CUC. Calle Obispo Nr. 310 e/ Habana y Aguiar.

La Lluvia de Oro

Die XXL-Ausgabe des Café „París" in der Mitte der Calle Obispo ist dem „kleinen Bruder" zum Verwechseln ähnlich: Die Cocktails sind gut gemixt, das Bier ist eiskalt, die Live-Bands, die hier bereits ab Mittag beinahe zwölf Stunden lang ununterbrochen traditionelle cubanische Rhythmen spielen, sind hörenswert. Und: Im „Lluvia de Oro" befindet man sich garantiert nicht in einer Touristen-Falle, das Lokal ist auch bei Cubanern sehr beliebt.

€€€ Tägl. 9–24 Uhr. Calle Obispo Nr. 316 esquina Habana. → **17** auf Karte S. 92/93.

La Dichosa

Die Traditionskneipe in der Fußgängerzone der Altstadt ist für ein Bier oder einen Cocktail immer gut und für ein (einfacheres) Essen selten schlecht – allerdings gibt es nur wenige Tische. Frühstück kostet ab 3,50 CUC, Fleisch- und Fischgerichte unter 10 CUC. Kleiner Tipp am Rande: Finden gerade Olympische Spiele oder Weltmeisterschaften in Disziplinen statt, in denen die cubanische Equipe mitmischt, bilden sich um das Lokal dichte Menschentrauben, weil man die beiden Fernsehgeräte auch von der Straße aus sehen kann. Noch näher kann man den Enthusiasmus der Habaneros sonst nur beim Baseball im Estadio Latinoamericano erleben. Zu einem Anziehungspunkt machen das „Dichosa" auch die Live-Gruppen, die täglich von 13 bis 23 Uhr auftreten.

€€€ Tägl. 9–24 Uhr. Calle Obispo Nr. 303 esquina Compostela. → **20** auf Karte S. 92/93.

Patio de los Artesanos

Etwa zwei Dutzend Stände verkaufen alles, was das Touristenherz begehrt: Schuhe, Lederwaren, Kunsthandwerk und viele andere sinnvolle und weniger sinnvolle Souvenirs.

Do–So 9–18 Uhr. Calle Obispo Nr. 411. → **22** auf Karte S. 92/93.

Ruinas del Parque

Die neue Cafetería am kleinen Parque Obispo mitten in der Fußgängerzone hat zwar auch Hauptgerichte auf der Karte, lebt aber hauptsächlich von den schnellen Sandwiches, für die Touristen in den kurzen Sightseeing-Pausen in das Open-Air-Lokal kommen. Angeboten wird auch Frühstück.

€€ Tägl. 10–24 Uhr. Calle Obispo Nr. 412 e/ Aguacate y Compostela. → **19** auf Karte S. 92/93.

El Bosque Bologna

Das schöne Gartenlokal an der Touristenmeile mit viel Grün ist sowohl für ein Dinner als auch für eine Verschnaufpause zu empfehlen. An der Bar, an der CD-Player cubanische Weisen dudelt, sofern keine Live-Band (12–22 Uhr) spielt, gibt es Wein auch glasweise. Kulinarische Spezialitäten sind Garnelen-Spieße sowie ausgelöste Languste mit allem Drum und Dran für annehmbare 10 CUC.

€€€ Tägl. 9–24 Uhr. Calle Obispo Nr. 460 e/ Aguacate y Villegas. → **21** auf Karte S. 92/93.

Soda Obispo

Die kleine Eisdiele ist nicht die schlechteste Wahl in der Fußgängerzone der Altstadt. Serviert wird das „Helado" zwar in steriler Atmosphäre, dafür aber zu kleinen Preisen – man zahlt mit Pesos.

€ Tägl. 0–21 Uhr. Calle Obispo Nr. 467 esquina Villegas. → **24** auf Karte S. 92/93.

La Casa de Escabeche

Das Peso-Restaurant mit Devisen-Bar an der Calle Obispo serviert internationale und chinesische Gerichte für ganz kleines Geld – Chop Suey etwa oder Paella mit Shrimps. Vorsicht: Touristen wird oft die Devisenkarte vorgelegt, und dann wird's teurer. Also entweder Beschwerde einlegen, Spanisch lernen – oder bezahlen. In der Bar gibt es abends regelmäßig Live-Musik vom Feinsten.

€ Restaurant tägl. 12–23 Uhr, Bar tägl. 9–24 Uhr. Calle Obispo Nr. 507 esquina Villegas. → 🅜 auf Karte S. 92/93.

Vía Venetto

Die kleine cubanisch-italienische Pizzeria im Herzen der Altstadt bietet den Vorteil, dass die Gerichte – in der Regel – in cubanischen Pesos berechnet werden. Und dies bedeutet, dass man für Pizza oder Pasta umgerechnet gerade einmal 1 CUC bezahlt. Mehr ist der – mit Verlaub! – pseudo-italienische Schlangenfraß allerdings auch nicht wert. Noch ein Hinweis für alle, die es trotzdem probieren wollen: Es wird immer wieder versucht, vermeintlich unwissenden Urlaubern ein X für ein U vorzumachen, sprich statt cubanische Pesos eben CUC zu verlangen. Man sollte also vor der Bestellung unbedingt um die Peso-Karte bitten.

€ Tägl. 12–22 Uhr. Calle Obispo Nr. 508. → 🅜 auf Karte S. 92/93.

La Pérgola

Das frühere „Aires Libres" ist seit seiner Renovierung eine Cafetería moderner Prägung, in der man sich in angenehmem Ambiente sowohl bei einem Gläschen ausruhen als auch vernünftig essen kann. Zu den Klängen von zwei cubanischen Combos, die abwechselnd tagsüber und abends Ohrwürmer zum Besten geben, werden kleine und große Speisen serviert – Seafood und Fleischgerichte etwa. Empfehlenswert ist Ropa vieja, eine der Spezialitäten des Hauses.

€€€ Tägl. 9–24 Uhr. Calle Obispo Nr. 511. → 🅜 auf Karte S. 92/93.

La Piña de Plata

Das italienische Lokal im Gebäude des berühmten „El Floridita", zu dem es auch gehört, ist in aller Regel stark klimatisiert (Pullover mitnehmen!). Auf karierten Tischdecken werden Pasta, Pizza, Fleischgerichte und Meeresfrüchte serviert – vom gleichen Personal, das auch im „Floridita" bedient. Allerdings sind die Speisen bedeutend preisgünstiger als nebenan. Der „kleine Bruder" hat einen weiteren angenehmen Nebeneffekt: Der Daiquiri kostet in der „Silbernen Ananas" mit 3 CUC nur halb so viel wie im „Floridita". Bitte nicht an die große Glocke hängen, sonst ziehen auch hier irgendwann die Preise an!

€€€ Tägl. 12–22 Uhr. Calle Obispo esquina Bernaza. → 🅜 auf Karte S. 92/93.

El Floridita

Die weltberühmte Bar am Anfang der Calle Obispo verdankt ihren legendären Ruf in erster Linie dem Schriftsteller, Literaturnobelpreisträger und Cocktail-Experten Ernest Hemingway. Der trank hier seinen „Frozen Daiquiri" in rauen Mengen, weshalb man „Papa", wie man ihn nannte, in einer Ecke des Lokals ein Denkmal in Form einer lebensgroßen Skulptur gesetzt hat und weshalb sich die Bar bis heute als „Wiege des Daiquiri" bezeichnet. Mit 6 CUC ist die Spezialität des Hauses natürlich sündteuer, aber eben auch eine Sünde wert. Die Barkeeper, die in ihren roten Sakkos optisch ganz und gar mit der in Rosarot gehaltenen Bar harmonieren, mixen ihn wirklich perfekt. Viel mehr als eine Bar ist das „Floridita" heute allerdings ein – teures – Nobel-Restaurant und auf Fischgerichte („Gran Plato Hemingway" mit Languste, Shrimps und Fisch in Knoblauch-Sauce) und Meeresfrüchte (Clásica Langosta Mariposa) spezialisiert, die zwar ganz passabel schmecken, die hohen Preise aber in keinem Fall rechtfertigen.

€€€€€ Tägl. 11.30–24 Uhr. Calle Obispo Nr. 557 esquina Monserrate. → 🅜 auf Karte S. 92/93.

Museo Nacional de Bellas Artes

Das auf zwei Häuser verteilte cubanische Nationalmuseum der Schönen Künste ist mit seinen knapp 48.000 Werken die größte Sammlung des Landes. Der Palacio de Bellas Artes in der Calle Trocadero (zwischen dem Parque Central und dem Museo de la Revolución) widmet sich der cubanischen Kunst, während im früheren Centro Asturiano in der Calle San Rafael (zwischen dem Parque Central und dem Beginn der Fußgängerzone in der Calle Obispo) Kunst aus der übrigen Welt präsentiert wird.

Der Palacio de Bellas Artes, ein moderner Art-déco-Bau, der im Dezember 1955 eingeweiht wurde, zeigt auf einer Ausstellungsfläche von 7600 Quadratmetern, die sich über drei Etagen erstreckt, mehr als 1200 Gemälde, Graphiken, Zeichnungen und Skulpturen. In vier Abteilungen werden Kunst aus der Kolonialzeit vom 16. bis zum 19. Jahrhundert, Werke aus der Epoche um die Jahrhundertwende von 1894 bis 1927, moderne Kunst aus den Jahren 1927 bis 1960 und zeitgenössische Arbeiten ab 1960 gezeigt. Darunter befinden sich natürlich Bilder von Armando García Menocal (1863–1941), der als Professor an der Kunstakademie Generationen cubanischer Maler ausbildete, Raúl Martínez (1927–1995), der durch seine Pop-Art-Porträts von José Martí und Camilo Cienfuegos bekannt wurde, und nicht zuletzt Wifredo Lam (1902–1982), einem der bedeutendsten cubanischen Kunstschaffenden überhaupt.

Das frühere Centro Asturiano, ein herrlicher Kolonialpalast und architektonisches Juwel aus dem Jahr 1926, das nach seiner Renovierung und Neueröffnung im Jahr 2001 wieder in seiner ganzen Pracht erstrahlt, zeigt auf fünf Etagen schwerpunktmäßig Kunstwerke aus Asien, Europa und den USA sowie die mit 650 Exponaten aus ägyptischer bis griechisch-römischer Zeit größte Antikensammlung Lateinamerikas. Deutschland ist in dem Museum mit 26 Werken vertreten, unter anderem mit Gemälden von Peter Baumgartner (1834–1911) und Adolf Eberle (1843–1914).

Palacio de Bellas Artes (Calle Trocadero e/ Agramonte y Avenida de las Misiones): Di–Sa 9–17, So 10–14 Uhr. **Centro Asturiano** (Calle San Rafael Nr. 1 e/ Agramonte y Monserrate): Di–Sa 9–17 Uhr. Eintritt jeweils 5 CUC, für beide Museen 8 CUC. Führung jeweils 2 CUC. www.bellasartes.cult.cu.

Edificio Bacardí

Havannas schönstes Art-déco-Gebäude wurde im Jahr 1930 nach einem Entwurf des Architekten Estéban Rodríguez Castells als Zweitsitz der berühmten Rum-Dynastie erbaut, die ihre Zentrale in Santiago de Cuba hatte. Rodríguez Castells verwandte für das siebenstöckige Haus verschiedene Arten von Granit- und Kalksandsteinen, fertigte Mosaiken aus mehrfarbigen Ziegeln,

Museo Nacional de Bellas Artes

setzte seinem Werk mit einem Turm die Krone auf – und erhielt dafür prompt den nationalen Architektur-Preis. Als Emilio Bacardí nach der Revolution im Oktober 1960 entschädigungslos enteignet wurde, emigrierte er mit seiner Familie, worauf mit seinem Besitz auch das Gebäude in Havanna an den Staat fiel. Heute beherbergt das Haus die Büros verschiedener Unternehmen – und das Café „La Barrita", die einzige Bar Cubas im Art-déco-Stil mit dem Original-Interieur aus jener Epoche.

Avenida de las Misiones Nr. 261 esquina San Juan de Dios.

El RumRum

Das im April 2014 eröffnete Privat-Restaurant nahe der „Bodeguita del Medio" hat – anders als es der Name suggeriert – mit Rum nur am Rande zu tun. Natürlich gibt es ihn – pur oder in Cocktails. Im Mittelpunkt stehen allerdings – nicht ganz billige – cubanische Gerichte, wie man sie in jedem Lokal findet, das landestypische Speisen offeriert: Picadillo, Ropa vieja, Pollo, Bistec ... Weil man auch noch Pasta und Meeresfrüchte auf der Karte hat, schimpft man seine Küche „international", ohne dass sie es wirklich ist. Woher die Empfehlungen auf einer bekannten Bewertungsplattform im Internet kommen, ist fragwürdig.

€€€€ Tägl. 10.30–24 Uhr. Calle Empedrado Nr. 256 e/ Cuba y Aguiar. → **2** auf Karte S. 92/93.

Fundación Alejo Carpentier

Die Schauräume der nach dem bekannten cubanischen Literaturprofessor, Kulturstaatssekretär und -attaché benannten Stiftung bestehen aus einer Bibliothek und zwei weiteren Räumlichkeiten, in denen die Bücher Carpentiers, die Schreibmaschine, auf denen er sie schrieb, sowie Fotografien und Souvenirs seiner Amazonas-Reise zu sehen sind. Präsentiert wird auch die

Medaille, die ihm im Jahr 1998 von der Akademie der Wissenschaften in Cuba verliehen wurde. Alejo Carpentier wurde am 26. Dezember 1904 in Havanna geboren, studierte Architektur, Literatur und Musikwissenschaften und war alsbald Herausgeber verschiedener Zeitungen und Zeitschriften. Wegen seiner politischen Einstellung kam er 1927 kurzzeitig ins Gefängnis und ging danach für elf Jahre ins Exil nach Paris, wo er sich unter anderem im Dunstkreis von Pablo Picasso aufhielt. Im Jahr 1939, als die Faschisten in Europa die Oberhand gewonnen hatten, kehrte Carpentier nach Havanna zurück, lehrte an der Universität – und musste 1945 erneut fliehen, diesmal vor dem Batista-Regime. Unmittelbar nach Ende der Revolution ging er wieder in die cubanische Hauptstadt, wurde von Fidel Castro zum Staatssekretär und Leiter des cubanischen Staatsverlages ernannt und – Ironie des Schicksals – 1966 als Kulturattaché erneut nach Paris entsandt. Elf Jahre später erhielt er für sein Werk den renommierten Cervantes-Preis. Zu seinen bekanntesten Büchern zählt der Roman „El Reino de este Mundo" aus dem Jahr 1949, der erst 1964 unter dem Titel „Das Reich von dieser Welt" auf dem deutschen Markt erschien. Darin befasst sich Carpentier mit der Revolution in Haiti.

Mo–Fr 9.30–17 Uhr. Eintritt frei. Calle Empedrado Nr. 215 e/ Cuba y San Ignacio.

La Bodeguita del Medio

Die Stammkneipe von Schriftsteller und Literaturnobelpreisträger Ernest Hemingway, in der er seinen Mojito – und noch einen, und noch einen, und noch einen ... – zu nehmen pflegte, ist zu einer Pilgerstätte für Touristen aus aller Welt geworden. Das kleine, verwinkelte Lokal mit seiner zur Gasse hin offenen Bar, in dem sich Generationen von Besuchern an den Wänden und dem Tresen verewigt haben, fehlt bei keiner geführten Sightseeing-Tour und ist von früh bis spät entsprechend voll. Dabei lebt „La B del M" ausschließlich vom Mythos Hemingway. Andere Gründe, die kleine Bodega aufzusuchen, gibt es nämlich nicht. Wenngleich man sich rühmt, den besten Spanferkelbraten Cubas zu servieren, und neben vielen cubanischen Spezialitäten auch „Lomo ahumado" (dt. „Kasseler", österr. „Selchkarree") auf der Karte stehen hat, ist das Essen allenfalls durchschnittlich. Und der Mojito ist mit 5 CUC unverschämt teuer. Dennoch: Natürlich muss man die „Bodeguita del Medio" gesehen haben, und natürlich muss man hier einen Mojito getrunken haben, wenn man schon in Havanna ist – pfeif auf die 5 CUC.

€€€€ Tägl. 10.30–23.30 Uhr. Calle Empedrado Nr. 207 e/ San Ignacio y Cuba. → **3** auf Karte S. 92/93.

Catedral de la Virgen María de la Concepción Inmaculada

Die der Gottesmutter geweihte Kathedrale von Havanna stammt aus der zweiten Hälfte des 18. Jahrhunderts und ist die bedeutendste Vertreterin des sogenannten cubanischen Barocks, der gerade zu jener Zeit seine Blüte erlebte. Die Jesuiten begannen 1748 mit dem Bau des Gotteshauses, der allerdings bald ins Stocken geriet, als die Ordensleute im Jahr 1767 von den Spaniern aus deren Ländereien in Übersee und damit auch aus Cuba vertrieben wurden. Wenig später wurden die Arbeiten dennoch fortgesetzt und 1777 schließlich vollendet. Mit der Gründung der Diözese Havanna elf Jahre später wurde die Kirche in den Stand einer Kathedrale erhoben und gleichzeitig Sitz von Bischof Juan José Díaz de Espada y Fernández de Landa. Er war es auch, der zwischen 1802 und 1832 die einfache Inneneinrichtung der Padres ersetzen ließ und für die Ausgestaltung unter anderem den französischen Künstler

„La B del M" – die Gute-Laune-Location

Jean Baptiste Vermay engagierte, der Kopien berühmter Gemälde von Murillo, Rubens und anderen namhaften Malern anfertigte.

Trotz der Anstrengungen des Bischofs hat die dreischiffige, im Inneren fast quadratische Kathedrale heute allerdings noch immer den Charme einer Pfarrkirche. Denn die von der UNESCO im Jahr 1982 zum Weltkulturerbe erklärte Basilika ist für ein Gotteshaus ihrer Bedeutung doch recht schmucklos. Daran ändern auch die großen Ölgemälde in den acht Seitenaltären nichts, die in vergoldeten Rahmen unter anderem die Unbefleckte Empfängnis Marias darstellen. Sehenswert sind allenfalls der Altarraum mit seinem dunklen Chorgestühl und einem vergoldeten, mit rotem Samt bezogenen Bischofs-stuhl sowie der Hochaltar mit dem Ta-bernakel, den die italienischen Künstler Francisco Bianchini und Giuseppe Perovani nach Entwürfen des spani-schen Bildhauers Antonio Sola schufen. Der Eindruck der Schlichtheit mag aber auch dadurch entstehen, dass man die Kathedrale ihrer größten Sehenswür-digkeit beraubt hat. Denn in ihrem Hauptschiff waren ursprünglich die sterblichen Überreste von Christoph Kolumbus bestattet, nachdem sie von Santo Domingo in der heutigen Domi-nikanischen Republik nach Havanna überführt worden waren. Nach der Un-abhängigkeit im Jahr 1898 nahmen die Spanier die Gebeine des Entdeckers von Cuba allerdings mit und setzten sie in der Kathedrale von Sevilla bei.

So lohnt heute nicht mehr als ein kur-zer Rundgang und vielleicht die Bestei-gung der ungleichen Türme, für die beim Bau die Symmetrie des Gesamt-Ensembles aufgegeben wurde. Grund dafür war, dass man, nachdem der rechte (breitere) Turm bereits errich-tet war, entgegen der anfänglichen Pla-nung den Zugang zur Calle San Igna-cio in diesem Bereich doch erhalten wollte und den linken Turm deshalb schmaler bauen musste. Eine zweite äußerliche Besonderheit sind die feh-lenden Heiligen-Statuen in den Nischen der Muschelkalkfassade. Sie wurden von der katholischen Kirche nach der Revolution sicherheitshalber in den Vatikan gebracht – wie so viele andere wertvolle Ausstattungsstücke cubani-scher Gotteshäuser.

Tägl. 10–15 Uhr, Messen Mo–Fr 18, Sa 15 Uhr in der Kapelle (Eingang in Calle San Ignacio), So 10.30 Uhr in der Kathedrale. Ein-tritt frei, Führung kostenlos, Turmbestei-gung 1 CUC. Calle Empedrado Nr. 158 e/ Mercaderes y San Ignacio.

Casa de Lombillo

Wenn man die Kathedrale verlässt, stößt man linker Hand auf den ausge-zeichnet restaurierten Palast des Grafen von Lombillo. In der ersten Hälfte des 18. Jahrhunderts erbaut, war er zu-nächst die Residenz der reichen, aus Havanna stammenden Familie Pedroso. Schließlich wurde er aber nach dem spanischen Adelsgeschlecht benannt, nachdem der Graf von Lombillo Ende des 19. Jahrhunderts eine Pedroso-Ur-ururenkelin geheiratet hatte und mit dieser in den Palast eingezogen war. Ab 1937 war das Haus vorübergehend eine Außenstelle des Verteidigungsministe-riums und Sitz des städtischen Gesund-heitsamts, heute beherbergt es ein kleines Museum, in dem man alte Stiche von Havanna aus dem 17. Jahr-hundert sowie moderne Malereien sehen kann. Weitaus interessanter als die Sammlung ist allerdings das Gebäu-de selbst mit seiner wundervollen Kolo-nialarchitektur. Besonders sehenswert ist der mit vielen großen Topfpflanzen begrünte Innenhof des zweistöckigen Palastes, der als Musterbeispiel für die damalige Bauweise gilt. Die Security am Hauptportal lässt Besucher jederzeit gerne eintreten.

Tägl. 9.30–17 Uhr. Eintritt frei. Plaza de la Catedral, Eingang in der Calle Empedrado.

Casa del Marqués de Arcos

Der vom Architekten Luis Bay ebenfalls kunstvoll renovierte Palast des Marquis von Arcos ist unmittelbar an die Casa de Lombillo angebaut (rechts daneben). Dass es sich um zwei unterschiedliche Gebäude handelt, stellt man erst auf den zweiten Blick fest, und dies auch nur aufgrund der verschiedenartigen Gestaltung der Fenster. Man weiß heute, dass Anfang des 18. Jahrhunderts an der Stelle des großartigen Barockge-bäudes zunächst das Haus des Arztes Francesco Teneta stand, das aber schon bald durch jenen Prachtbau ersetzt wurde, den die Spanier für den Schatz-meister der königlichen Kassen in Ha-vanna, Diego Peñalver y Calvo (1700–

1771), errichteten. In diesem Amt folgte ihm sein Sohn Ignacio Peñalver y Cárdenas (1736–1804) nach, dem die Krone aufgrund seiner Verdienste den Titel Marqués de Arcos verlieh, was letztlich wiederum zu dem Namen des Gebäudes führte. Da in dem Palast die Einnahmen für den spanischen Hof verwaltet wurden und dort damit immer große Geldsummen vorhanden waren, nannte man den ersten Häuserblock der Calle Mercaderes damals auch die Schatzkammer. Im Lauf der Jahre war der Palast unter anderem Sitz des königlichen Hauptpostamtes und Domizil der von Ramón Pinto im Jahr 1844 gegründeten Lehranstalt für Kunst und Literatur. Heute ist in der früheren Residenz eine Kunstwerkstatt untergebracht, in der Graphiken, Lithographien und Plastiken gefertigt werden. Zwischen den Säulen davor hat man im Jahr 2007 dem Tänzer, Choreographen und Direktor des Spanischen Nationalballetts Antonio Gades ein Bronzedenkmal gesetzt. Lässig angelehnt, beobachtet er von dort aus das Treiben auf der Plaza de la Catedral – während seine Asche auf einem Friedhof in Santiago de Cuba ruht.

Tägl. 9.30–17 Uhr. Eintritt frei. Plaza de la Catedral.

Museo de Arte Colonial

Der frühere Sitz des Grafen von Casa Bayona gegenüber der Kathedrale war das erste Gebäude auf dem Platz und ging durch viele Hände, ehe 1969 das Museum für koloniale Kunst einzog. Ursprünglich als Palast errichtet, wurde das Herrenhaus im Jahr 1720 für Luis Chacón, Regierungsmitglied und Schwiegersohn des Grafen, aufwendig umgebaut. Später beherbergte es die Gerichtsschreiber von Havanna, danach die Redaktion der Tageszeitung „La Discusión", des wichtigsten Mediums in den ersten Jahren der Republik, und schließlich die Verwaltung der Rumfabrik „Arrechabala". Nach

einer nochmaligen Renovierung widmete man das Gebäude zum Museum um, das seitdem von Mobiliar, Porzellan, Glaswaren, Türen und Kutschen aus der Zeit vom 17. bis zum 19. Jahrhundert präsentiert, die man aus den großen kolonialen Herrenhäusern Havannas zusammengetragen eine umfangreiche Sammlung hat. In den verschiedenen Ausstellungsräumen werden außerdem die Architektur der Kolonialzeit und die Geschichte der sogenannten Vitrales dokumentiert – Bögen und Fenster aus Buntglas, die damals ein zentrales Element des Baustils darstellten.

Di–So 9.30–17 Uhr. Eintritt 2 CUC, Führung 5 CUC, Fotoaufnahmen 5 CUC, Videoaufnahmen 10 CUC. Calle San Ignacio Nr. 61 e/ Empedrado y O'Reilly.

Casa del Marqués de Aguas Claras

Die Kolonialvilla aus der zweiten Hälfte des 18. Jahrhunderts ist zwar das jüngste Gebäude auf der Plaza de la Catedral, aber gleichzeitig ihr Blickfang – wegen der vielen Tische und Stühle davor. Errichtet für den ersten Marqués de la Estirpe, war der Palast vor der Revolution Sitz der Industrie-Bank. Heute residiert in dem Haus das so bekannte wie teure Restaurant „El Patio", dessen Name nicht von ungefähr kommt. Denn der Innenhof mit einem Brunnen, der von tropischer Vegetation umgeben ist und in dem einige Goldfische leben, ist tatsächlich der schönste Teil der alten Villa.

Calle San Ignacio Nr. 54 esquina Empedrado.
→ **4** auf Karte S. 92/93.

Doña Eutimia

Von den vier Privat-Restaurants im Callejón del Chorro an der Plaza de la Catedral hat sich eines binnen kürzester Zeit zum Renner entwickelt: Das Doña Eutimia aufs Geratewohl zu besuchen, ist immer mit dem Risiko verbunden, am Ende mit leerem Magen respektive ohne Tisch dazustehen. Also reservieren – damit man all die perfekt zubereiteten cubanischen Spezialitäten genießen kann! Die Nummer eins in der Gunst der Gäste ist die Ropa vieja del Chorro (aus Lammfleisch!) – nicht zu verachten ist aber auch die Grillada „Doña Eutimia", eine gemischte Fleisch-, Fisch- und Meeresfrüchte-Platte für zwei Personen, nach der nicht einmal mehr ein Dessert Platz hat. Erfreulich groß ist die Zahl von warmen und kalten Vorspeisen, darunter viele cubanische Klassiker wie Shrimp- oder Langusten-Cocktail, Croquetas, Frituras und Tostones.

€€€ Tägl. 12–22 Uhr, im September wg. Betriebsurlaubs geschlossen. Callejón del Chorro Nr. 60 C. → **5** auf Karte S. 92/93.

D'Giovanni

Das edle, aber etwas nüchterne Restaurant zwischen der Kathedrale und der Avenida del Puerto gibt den feinen Italiener, obwohl in erster Linie Pizzen angeboten werden. Die Teigfladen werden in zwei Größen gebacken, Fleischfreunde finden daneben u. a. Brochetas auf der Karte.

€€€. Tägl. 10–24 Uhr. Calle Empedrado e/ Tacón y Mercaderes. → **1** auf Karte S. 92/93.

Fortaleza San Carlos de la Cabaña

1763, nur ein Jahr nachdem die Engländer das Castillo del Morro überfallen hatten, begann wenige Hundert Meter davon entfernt der Bau einer noch viel größeren Verteidigungsanlage – oder genauer: einer der größten, die Spanien jemals in seinen Kolonien errichten ließ. Der Schutzwall rund um die Stadt sollte lückenlos sein, weshalb die Festung San Carlos de la Cabaña in nur elf Jahren förmlich aus dem Boden gestampft wurde. Sie verschlang solche Unsummen, dass König Carlos III. in

seiner Residenz „El Escorial" eines Tages zum Fernrohr griff, weil er meinte, sie müsse so groß sein, dass er sie von Spanien aus sehen könne.

Die Bastion mit den schweren Zugbrücken und dem unregelmäßigen Kopfsteinpflaster ist tatsächlich riesig. Für die Besichtigung sollte man sich Zeit nehmen, zumal dort auch ein kleines Museum eingerichtet wurde, in dem unter anderem der berühmte Leder-Blouson von Ernesto Che Guevara und eine aus braunem Stein gearbeitete Büste des Volkshelden gezeigt werden. Am besten macht man dies am späten Nachmittag und nützt die Gelegenheit, den Besuch – vielleicht nach einem Abendessen in einem der Restaurants – mit dem traditionellen „Cañonazo" zu verbinden. Er findet täglich um 21 Uhr statt, so wie seit 1774, als der Kanonenschuss von der Fortaleza San Carlos de la Cabaña die Schließung der Stadttore ankündigte. Das Historien-Spektakel, vor dem Soldaten, die offiziell der cubanischen Revolutionsarmee angehören, in alten spanischen Uniformen aufmarschieren, lockt allabendlich Hunderte von Schaulustigen an. Wer das Zeremoniell fotografieren und/oder den „Cañonazo" aus nächster Nähe erleben möchte, sollte deshalb frühzeitig dran sein. Die besten Plätze rund um den Kanonen-Platz werden teilweise schon bis zu einer Stunde vorher – nicht nur von dafür bekannten deutschen Touristen – besetzt. Wer ein bisschen Abstand hält, weil er keinen Hörsturz erleiden will, trifft allerdings die bessere Wahl. Denn man kann außer dem Schauspiel den Blick von der Fortaleza hinüber auf die nächtliche Altstadt und den hell erleuchteten Malecón genießen – auch ein Erlebnis.

Tägl. 10–22 Uhr. Eintritt bis 17.59 Uhr 6 CUC, Kinder (5–11 J.) 3 CUC, Eintritt 18–22 Uhr inkl. „Cañonazo" 8 CUC, Kinder (5–11 J.) 4 CUC, Führung 1 CUC (auch in Engl. und Franz.). Carretera Cabaña y Vía Monumental.

Musterbeispiel für gelungene Altstadtsanierung: die Plaza Vieja

Tour 2: Von der Plaza de la Catedral zur Plaza Vieja und zurück

Über die Calle Mercaderes und die Calle Oficios

Der Startpunkt für diesen Stadtrundgang liegt an der Plaza de la Catedral, weshalb sich die Tour gut mit den anderen Spaziergängen ab der Plaza de la Catedral bzw. ab der Plaza de Armas kombinieren lässt. Bei dieser Runde durch die Altstadt von Havanna ist man etwa 70 Minuten unterwegs – wenn man kein Museum besucht und sich nirgendwo niederlässt. Gelegenheiten dazu gibt es jedoch jede Menge.

Der Spazierweg
→ Karte S. 111

Von der Plaza de la Catedral, wo man neben der Kathedrale selbst auch die Casa de Lombillo, die Casa del Marqués de Arcos, das Museo de Arte Colonial und die Casa del Marqués de Aguas Claras besuchen kann, begibt man sich zunächst in die Calle Empedrado und biegt an der nächsten Kreuzung nach rechts in die Calle Mercaderes ein. Jetzt kann man schon fast nichts mehr falsch machen, denn die nächste halbe Stunde geht es immer geradeaus. Schon nach wenigen Schritten läuft einem auf der linken Seite die erste Sehenswürdigkeit über den Weg – die Mural Histórico-Cultural. Wenn man die abgebildeten Persönlichkeiten nicht kennt, kein Problem: Eine Info-Tafel hilft weiter. Danach bleibt rechts der kleine Parque Ecológico liegen, eine winzige grüne Insel im Grau der Altstadt, und man passiert die Tienda „Muñecos de Leyendas" – oder besser nicht. Denn der kleine Laden mit seinen handgemachten Puppen lohnt eine Stippvisite.

An der Kreuzung mit der Calle O'Reilly liegt links der Restaurant „La Dominica", ein feiner Italiener, den man sich für den Abend merken kann. Danach bewegt man sich zwischen der Rückseite des Palacio de los Capitanes Generales (links) und einem Ableger der Universität von Havanna (rechts), stößt an der Kreuzung mit der Calle Obispo auf das Hemingway-Hotel „Ambos Mundos" – und ist nun mittendrin im Geschehen. Jetzt geht es Schlag auf Schlag: links das Café „Columnata", rechts die Maqueta de la Habana Vieja, links die Casa de Asia, ebenfalls links – wie passend – das asiatische Restaurant „La Torre de Marfil", rechts die Salas del Tabaco, links an der Kreuzung mit der Calle Obrapía die Casa Benito Juárez, rechts die Casa de la Obra Pía (Eingang in der Calle Obrapía!) – und schräg gegenüber in der Calle Obrapía die Casa de África.

Die Calle Mercaderes erweist sich in der Folge weiter als eine der touristischen Hauptschlagadern der Altstadt: links der Parque Simón Bolívar mit dem Snack-Restaurant „Torre la Vega", rechts die Tienda „Habana 1791" mit duftenden Seifen und Lotionen, daneben – ebenfalls rechts – die Casa Simón Bolívar, links das Museo Armería 9 de Abril, rechts die kleine Sala de Bomberos, eine Dependance des Feuerwehr-Museums in der Calle Agramonte. Ob der Vielzahl der Sehenswürdigkeiten hat man schwerlich einen Blick für die Musikanten und Bettler, für die Souvenir-Verkäufer und Schwarzhändler, die den Weg kreuzen, denn es geht auch in den nächsten Minuten weiter im Links-rechts-links-rechts-Takt: rechts das Café „Lamparilla", links der Parque Guayasamín, rechts das Hostal „Conde de Villanueva" mit dem Restaurant „Vuelta Abajo", links die teure Paladar „Los Mercaderes", rechts das Restaurant „La Imprenta", links – an der Kreuzung mit der Calle Amargura – das Museo de la Cerámica, links das

„leckere" Museo del Chocolate, links das Flamenco-Lokal „El Mesón de la Flota" und – ehe man die Plaza Vieja erreicht – links das Café „Taberna", in dem sich allabendlich zu happigen Eintrittspreisen selbsternannte Nachfolger des „Buena Vista Social Club" ein Stelldichein geben.

Die Plaza Vieja selbst ist ein Musterbeispiel für gelungene Altstadtsanierung und einer der schönsten Plätze Havannas – umgeben von einer ganzen Reihe von Sehenswürdigkeiten (und den teuersten Boutiquen der Stadt, von Paul & Shark bis Lacoste). Im Uhrzeigersinn: das Edificio Gómez Vila mit der Cámara Oscura auf dem Dach, die man sich unbedingt anschauen sollte, das Planetario, das Café „El Escorial" und darüber die Lounge-Bar „Azucar", das Museo de Naipes, darüber der chillige Nightlife-Hotspot „Don Eduardo Alegre", die Kunstgalerien „Diago" und „La Casona", die Tapas-Bar „La Vitrola", das Brauerei-Restaurant „Factoría Plaza Vieja", das Café „Bohemia", das Centro de Desarollo de las Artes Visuales und das feine Restaurant „Santo Ángel" mit dem kleinen Ableger „Arroces" (Eingang in der Calle San Ignacio!).

Am Ende der Plaza Vieja, an jener Ecke, an der das Café „El Escorial" residiert, biegt man anschließend in die Calle Muralla ein, geht am Centro Cultural de la Torriente Brau vorbei und stößt an der nächsten Ecke auf die Calle Oficios, eine weitere touristische Mainstream-Gasse, in die man nach links einbiegt. Wie in der Calle Mercaderes bewegt man sich auch hier im Links-rechts-Rhythmus: links die Tienda Cuervo y Sobrinos, rechts der schön sanierte Palacio de Gobierno mit dem Vagón Mambí an seiner Seite, links der Convento de Santa Brigida, wo man bei Klosterschwestern übernachten kann, ebenfalls links, an der Abzweigung der Calle Teniente Rey, das Restaurant „La Marina", rechts die Kirche und das Kloster San Francisco de Asís, davor der

der Caballero de París (eine Berührung bringt Glück!), links die rosa verputzte Casa de Carmen Montilla und schließlich die schöne Plaza de San Francisco de Asís, flankiert vom Kreuzfahrt-Terminal „Sierra Maestra" (rechts).

Man überquert den Platz geradeaus, passiert das Hotel mit dem längsten Namen in Havanna („Hotel Palacio del Marqués de San Felipe y Santiago de Bejucal"), lässt das edle – und teure – „Café del Oriente" links liegen, sieht rechts die mächtige Lonja del Comercio de La Habana und davor das nach der Figur auf deren Dach benannte Café „El Mercurio" und ist nun im nördlichen Teil der Calle Oficios. An der Kreuzung mit der Calle Lamparilla befindet sich links ein Postamt, in dem man die interessanten cubanischen Briefmarken erstehen kann, und gegenüber eine kleine Wechselstube. Danach passiert man an der Kreuzung mit der Calle Obrapía das Hostal „Valencia" (rechts) mit dem Restaurant „La Paella", in dem – nomen est omen – die berühmteste Paella Havannas gekocht wird, geht an der Casa de los Árabes (links) vorbei sowie an der Eisdiele „Heladería La Mina"

(ebenfalls links) und stößt auf die Plaza de Armas, einen der bedeutendsten Plätze der Altstadt.

Der Palacio de los Capitanes Generales, das heutige Stadtmuseum, der Palacio del Segundo Cabo, das Castillo de la Real Fuerza und El Templete, der Ort der Stadtgründung Havannas, sowie das legendäre Hotel „Santa Isabel", die einstige Residenz der Grafen von Santovenia (im Uhrzeigersinn!), stehen sozusagen für die Kolonialzeit. Die berühmte Casa del Café und das bedeutendste Naturkundemuseum Cubas gleich daneben, der größte antiquarische Büchermarkt des Landes und – wenige Schritte abseits des Platzes – das Archäologie-Museum und der Neptun-Brunnen symbolisieren eher den Aufbruch danach.

Auf dem Weg zurück zur Plaza de la Catedral überquert man den Platz am Palacio de los Capitanes Generales, geht in die Calle Tacón und biegt an deren Ende links ab. Nachdem man die Restaurants „D'Giovanni" (links, einen Besuch wert!) und „La Moneda Cubana" (rechts, keinen Besuch wert!) passiert hat, steht man wieder vor der Kathedrale.

Im romanischen Stil errichtet: die Handelsbörse auf der Plaza de San Francisco de Asís

Die Stationen im Einzelnen

Catedral de la Virgen María de la Concepción Inmaculada

Die Kathedrale von Havanna ist das bedeutendste Bauwerk des cubanischen Barocks und wurde 1982 mit dem UNESCO-Weltkulturerbe-Titel geadelt. Gemessen an dieser Auszeichnung und der Bedeutung der Kirche ist die Ausstattung allerdings reichlich schlicht. Die ursprünglich hier bestatteten Gebeine von Christoph Columbus befinden sich bereits seit Ende des 19. Jahrhunderts in Sevilla, sodass lediglich Altarraum und Hochaltar einen (kurzen) Besuch lohnen.

Tägl. 10–15 Uhr, Messen Mo–Fr 18, Sa 15 Uhr in der Kapelle (Eingang in Calle San Ignacio), So 10.30 Uhr in der Kathedrale. Eintritt frei, Führung kostenlos, Turmbesteigung 1 CUC. Calle Empedrado Nr. 158 e/ Mercaderes y San Ignacio.

Casa de Lombillo

Nach Verlassen der Kathedrale trifft man auf der linken Seite des Platzes auf den vorbildlich restaurierten Palast des Grafen von Lombillo. Das Kolonialgebäude aus der ersten Hälfte des 18. Jahrunderts hat einen herrlich begrünten Innenhof, in den man unbedingt einen Blick werfen sollte. Im Inneren ist ein kleines Museum untergbracht (Havanna-Stiche aus dem 17. Jahrhundert, aber auch moderne Malereien).

Tägl. 9.30–17 Uhr. Eintritt frei. Plaza de la Catedral, Eingang in der Calle Empedrado.

Casa del Marqués de Arcos

Der rechts an die Casa de Lombillo „angewachsene" großartige Barockpalast des Marquis von Arcos diente im Lauf der Zeit unter anderem als Sitz des königlichen Hauptpostamtes und beherbergt heute eine Kunstwerkstatt für Graphiken, Lithographien und Plastiken. Draußen steht, lässig an eine Säule gelehnt, eine Bronzestatue von Antonio

Gades – Tänzer, Choreograph und Direktor des Spanischen Nationalballetts, dessen Asche in Santiago de Cuba bestattet wurde.

Tägl. 9.30–17 Uhr. Eintritt frei. Plaza de la Catedral.

Museo de Arte Colonial

Das Gebäude gegenüber der Kathedrale wurde ebenfalls als Adelspalast erbaut, anschließend mehrfach umgestaltet und für unterschiedliche Zwecke genutzt. Seit 1969 dient es als Museum für koloniale Kunst und präsentiert einen Querschnitt all jener Preziosen, mit denen die Herrenhäuser Havannas einst aufwarten konnten. Darüber hinaus wird der Baustil der Kolonialzeit thematisiert, insbesondere die Buntglasfenster als eines der zentralen Elemente der damaligen Architektur.

Di–So 9.30 17 Uhr. Eintritt 2 CUC, Führung 5 CUC, Fotoaufnahmen 5 CUC, Videoaufnahmen 10 CUC. Calle San Ignacio Nr. 61 e/ Empedrado y O'Reilly.

Casa del Marqués de Aguas Claras

Das jüngste Gebäude an der Plaza de la Catedral beherbergt das edle Restaurant „El Patio". Wie der Name schon vermuten lässt, besitzt die Kolonialvilla aus der zweiten Hälfte des 18. Jahrhunderts einen Innenhof, der mit seinem Brunnen und tropischer Begrünung ein wirklich schöner – aber eben auch wirklich teurer – Ort zum Rasten und Einkehren ist.

€€€€ Calle San Ignacio Nr. 54 esquina Empedrado. → **3** auf Karte S. 111.

Mural Histórico-Cultural

An ihrem Anfang, dort, wo man von der Plaza de la Catedral in die Calle Mercaderes einbiegt, schmückt die Gasse ein so außergewöhnliches wie großes Wandgemälde des künstlerisch-

Havanna Tour 2 → Karte S. 111

literarischen Lyzeums von Havanna (span. Liceo Artístico y Literario de La Habana). Auf rosafarbenem Buntsandstein hat der Künstler Andrés Carrillo zusammen mit einer sechsköpfigen Gruppe Gleichgesinnter vor einem aufgemalten Kolonialgebäude 67 wichtige „Köpfe" der cubanischen Geschichte abgebildet. Carlos Manuel de Céspedes, der „Vater des Vaterlandes", wie ihn die Cubaner liebevoll nennen, befindet sich ebenso unter der bunten Schar der Persönlichkeiten wie der Rechtsanwalt und Unabhängigkeitskämpfer Ignacio Agramonte, der Philosoph und Schriftsteller José de la Luz y Caballero sowie der Studentenführer und Revolutionär José Antonio Echeverría. Auf einer Info-Tafel daneben wird das „Who's who" des Gemäldes genau erklärt.

Tägl. 12–24 Uhr. Calle Mercaderes Nr. 11 e/ Empedrado y O'Reilly.

Muñecos de Leyendas

Der kleine Laden unweit der Plaza de la Catedral ist immer einen Besuch wert, auch wenn man nichts kaufen möchte. Zu bestaunen gibt's ein breites Angebot von wunderbar gearbeiteten Puppen, Stofftieren, Sagengestalten und Elfen. Die Preise beginnen bei 30 CUC und enden bei weit über 70 CUC.

Mo–Sa 9–17.30, So 9–12 Uhr. Calle Mercaderes Nr. 26 e/ O'Reilly y Empedrado. → **4** auf Karte S. 111.

La Dominica

Der Nobel-Italiener in der Altstadt ist zwar etwas teurer, für sein Geld bekommt man allerdings beste Qualität. Neben dem klassischen Italo-Food gibt es auch internationale Gerichte.

€€€ Tägl. 12–24 Uhr. Calle O'Reilly Nr. 108 esquina Mercaderes. → **5** auf Karte S. 111.

Hotel „Ambos Mundos"

Das First-Class-Hotel mit der rosafarbenen Fassade ist legendär, denn hier lebte ab 1930 für fast zehn Jahre Ernest Hemingway, wovon zahllose Fotos in der Lobby zeugen. Der Literaturnobelpreisträger residierte und schrieb im Zimmer Nummer 511, das heute zum kleinen Museum umgewidmet ist.

€€€€ Calle Obispo Nr. 153 esquina Mercaderes, ℡ 8609530, www.hotelambosmundoscuba.com, www.habaguanexhotels.com. → **9** auf Karte S. 111.

Café Columnata

Das „Columnata" gegenüber dem Hotel „Ambos Mundos" hat auch den Begriff „Casa de infusiones y elíxires" im Namen und kommt in Havannas Altstadt wohl tatsächlich dem am nächsten, was man in Europa unter Tee- und Kaffeehaus versteht. Gewidmet ist das Café dem portugiesischen Schriftsteller José Maria Eça de Queiroz, der sein Land in Havanna von 1872 bis 1874 als Konsul vertrat. Auf der Karte des modern eingerichteten Lokals finden sich neun Kaffee- und 14 Teesorten. Zu essen gibt es frische Salate und Sandwiches. Eines der Markenzeichen des Lokals: ein (täglich wechselnder) Pianist, der während der kompletten Öffnungszeit mehr oder weniger gekonnt sein Klavier bearbeitet.

€€ Tägl. 10–18 Uhr. Calle Mercaderes 107 e/ Obrapía y Obispo. → **10** auf Karte S. 111.

Maqueta de la Habana Vieja

Gleich hinter dem Hotel „Ambos Mundos" stößt man rechter Hand auf die Nachbildung der Altstadt von Havanna. Das Modell, das in den Jahren 1995 bis 1998 entstand, steht zwar in keinem Verhältnis zur Maqueta von Groß-Havanna im Stadtteil Miramar, ist mit seinem Maßstab von 1:500 dafür allerdings sehr detailliert ausgefallen. Unter den fast 4000 Miniaturgebäuden, die sich in der Realität auf deutlich mehr als zwei Quadratkilometer verteilen, sieht man das Capitolio ebenso wie das Edifico Bacardí, den Hauptbahnhof und sämtliche Sehenswürdigkeiten rund um die Hafeneinfahrt mit ihren Befestigungsanlagen. Lebendig wird der Besuch durch die Sound- und Lichteffekte. Man hört Vogelgezwitscher sowie Meeresrauschen und erlebt mit, wenn es Nacht wird in der Altstadt und die Lichter in den Häusern eingeschaltet werden. Vor jeder Besichtigung kann man sich zudem einen kurzen Film über Havanna-Vieja ansehen.

Tägl. 9.30–18.30 Uhr. Eintritt 1,50 CUC, Führung 5 CUC, Foto-/Videoaufnahmen 5 CUC. Calle Mercaderes Nr. 114 e/ Obispo y Obrapía.

Casa de Asia

In dem gegenüberliegenden Gebäude aus dem 17. Jahrhundert, einstmals der Sitz des Dominikaner-Ordens, wird seit der Renovierung im Jahr 1997 eine kunterbunte Sammlung von Kunstgegenständen aus Fernost gezeigt. In den fünf Räumen sind Waffen, Kimonos und Porzellan aus Indien, Japan, Korea, Vietnam und China zu sehen, teilweise aus dem 18. und 19. Jahrhundert. Einige der Stücke stammen aus der Privatsammlung von Fidel Castro höchstpersönlich. Der Máximo Líder stellte auch ein Foto zur Verfügung, das ihn bei seinem Besuch am 9. Mai 1960 in Indonesien zusammen mit dem damaligen Staatspräsidenten Ahmed Sukarno zeigt. In dem Museum gibt es ferner Kurse in japanischer Sprache sowie eine Ausstellung traditioneller fernöstlicher Kunst. Unmittelbar neben dem Gebäude findet man einen kleinen Laden, der Kräuter und Düfte aus Asien verkauft.

Di–Sa 9.30–17, So 9.30–12.30 Uhr. Eintritt frei. Calle Mercaderes Nr. 111 e/ Obispo y Obrapía.

La Torre de Marfil

Der „Elfenbeinturm", so die Übersetzung des Namens, hat ein schönes Kolonialgebäude als seine Heimat auserkoren, an dem chinesische Schriftzeichen deutlich machen, was drinnen auf den Tisch kommt: die wohl größte Auswahl Havannas an traditionellen

kantonesischen Gerichten (Chop Suey, Chop Mein, Tip-Pan, sautiertes Hähnchen etc.). Es gibt auch eine kleine Ecke, in der einfache chinesische Gerichte wie Frühlingsrollen oder Wan Tan serviert werden, sowie einen Tresen, an dem man Gewürze und Heilmittel kaufen kann.

€€€ Tägl. 12–24, Geschäft 10–21 Uhr. Calle Mercaderes Nr. 117 e/ Obispo y Obrapía. → **11** auf Karte S. 111.

Salas del Tabaco

Wer das kleine Museum mit seinen drei Ausstellungsräumen in der Hoffnung besucht, über die Geschichte des Tabaks und des Rauchens informiert zu werden, wird enttäuscht. Die Sammlung ist äußerst bescheiden und beschränkt sich auf Feuerzeuge – eines davon, wie originell!, in Form eines Maschinengewehrs – und Zigarettenetuis, Zigarrenkisten und -banderolen sowie antike Pfeifenköpfe, die in der Bucht von Matanzas gefunden wurden. Mittendrin – warum auch immer – ein Modell des Geburtshauses von Fidel Castro in Birán. Dafür kann man keinen Eintritt verlangen, nicht einmal in Cuba – was man im Übrigen auch nicht tut.

Di–Sa 9.30–17, So 9.30–13 Uhr. Eintritt frei. Calle Mercaderes Nr. 120 e/ Obispo y Obrapía.

Casa Benito Juárez

Das nach dem ehemaligen Präsidenten Mexikos benannte Haus an der Kreuzung der Calle Mercaderes mit der Calle Obrapía, das formal den Namen „Casa del Benemérito de las Americas Benito Juárez" trägt und auch unter der Bezeichnung „Casa de Mexico" bekannt ist, stammt vom Ende des 18. Jahrhunderts. Einst Eigentum der Familie Pedroso, Gründer der Eisenbahnlinie von Havanna nach Pinar del Río, steht das Gebäude heute ganz im Zeichen der Geschichte und der Kultur des mittelamerikanischen Landes. Die Exponate sind hauptsächlich volkskundlicher Art.

Havanna_Tour 2 → Karte S. 111

Darüber hinaus werden anhand von Dokumenten die freundschaftlichen Beziehungen zwischen Mexiko und Cuba erklärt. Das Haus beherbergt außerdem eine Bibliothek mit mehr als 5000 Büchern über Mexiko.

Di–Sa 9.30–17.30, So 9.30–13 Uhr. Eintritt frei. Calle Obrapía Nr. 116 esquina Mercaderes.

Casa de la Obra Pía

Die Kolonialvilla des spanischen Hauptmanns und späteren Marquis von Cárdenas, Martín Calvo de la Puerta y Arrieta, aus dem 17. Jahrhundert ist ein Aushängeschild des cubanischen Barocks. Der Säulengang mit dem Familienwappen, der im spanischen Cádiz vorgefertigt und im Jahr 1793 in Havanna vollendet wurde, ist in der ganzen Stadt einmalig.

Im Inneren erfüllt das 1983 restaurierte Museum zwei unterschiedliche Funktionen: Zum einen widmet es einen Großteil des Erdgeschosses dem Leben und Wirken von Alejo Carpentier (1904–1980), einem der bedeutendsten Romanschriftsteller Cubas, der es unter Fidel Castro bis zum Staatssekretär und Kultur-Attaché in Paris brachte – sogar sein uralter blauer VW-Käfer ist ausgestellt. Zum anderen kann man in dem Haus mustergültig nachvollziehen, wie eine Familie der Oberschicht während der Kolonialzeit gelebt hat. Man sieht beispielsweise einen antiken Flügel, das im Original erhaltene Schlafzimmer, in dem unter anderem ein Porzellan-Nachttopf mit Deckel auffällt sowie eine Kinderwiege aus dunklem Holz. Interessantes Detail am Rande: Die Stiftung des ehemaligen Besitzers stattete früher entsprechend ihrem Namen „Obra Pía" (dt. „Gute Tat") jedes Jahr fünf arme Waisenkinder mit Geld aus, damit sie eine Familie gründen konnten.

Di–Sa 9.30–17, So 9.30–12.30 Uhr. Eintritt frei. Calle Obrapía Nr. 158 e/ Mercaderes y San Ignacio.

Casa de África

Man braucht etwas Zeit, wenn man alle Winkel des Afrika-Museums erkunden möchte – Zeit, die in diesem Fall allerdings gut investiert ist. Denn afrikanische Kunst und Kultur werden hier mit mehr als 2000 Exponaten hautnah vermittelt. Neben Keramikgefäßen von den Seychellen, Tassen aus dem Kongo, Stühlen aus Angola und Schnitzarbeiten aus Sambia, Gambia und Ghana wird auch eine Kollektion riesiger Elefantenstoßzähne gezeigt, die dem damaligen Staatspräsidenten Fidel Castro bei seiner Afrika-Reise im Jahr 1977 geschenkt wurden.

Viele der Ausstellungsstücke, darunter auch die unterschiedlichsten afrikanischen Instrumente, stammen aus der Sammlung des Ethnologen Don Fernando Ortíz. Eine eigene Abteilung des Museums beschäftigt sich mit den afrocubanischen Religionen Santería und Abakuá sowie mit der Geschichte der Sklaverei – während der Kolonialzeit waren bekanntlich Tausende schwarzer Afrikaner nach Cuba verschleppt worden, um dort niedrigste Arbeiten zu verrichten. In diesem Zusammenhang ist es nicht uninteressant zu wissen, dass das Gebäude, in dem überdies eine Bibliothek mit Schriften über die Religionen der Subsahara zu finden ist, früher einem Plantagen-Besitzer gehörte, der natürlich jede Menge Sklaven besaß.

Di–Sa 9.30–17, So 9.30–12.30 Uhr. Eintritt frei. Calle Obrapía Nr. 157 e/ Mercaderes y San Ignacio.

Torre La Vega

Die eher einfache Cafetería am Parque Simón Bolívar mitten im Gassengewirr von Havanna-Vieja ist ein idealer Platz für eine kurze Pause. Bei einem Sandwich – die Auswahl ist erfreulich groß, die Preise sind günstig –, einem Bier oder einem frischen Fruchtsaft kommt man schnell wieder auf die Beine. Apropos Fruchtsaft: Direkt daneben findet man die Horchatería (dt. Trinkhalle), die frisch gepresste Säfte und heiße Schokolade anbietet.

€ Tägl. 10–22 Uhr. Calle Obrapía Nr. 114 A e/ Oficios y Baratillo. → **12** auf Karte S. 111.

Habana 1791

In dem Geschäft gibt es außergewöhnliche Naturdüfte, Essenzen und Öle. Außerdem kann man kunstvolle Karaffen erstehen, die mit dem jeweiligen Wunschduft befüllt werden.

Tägl. 10–18 Uhr. Calle Mercaderes esquina Obrapía. → **14** auf Karte S. 111.

Casa Simón Bolívar

Das Haus an dem gleichnamigen Park, in dem seit dem Jahr 1990 eine Bronze-Statue des „Befreiers von Amerika" steht, erzählt in drei Sälen auf 64 Schautafeln die Lebensgeschichte des südamerikanischen Unabhängigkeitskämpfers. Die Bilder und Zeichnungen sind dreisprachig (spanisch, englisch, französisch) betextet. Der einstige Präsident von Groß-Kolumbien, zu dem Teile von Venezuela, Ecuador und dem heutigen Kolumbien gehörten und dem Bolivien seinen Namen verdankt, gilt in vielen Ländern Südamerikas deshalb als Nationalheld, weil er einen entscheidenden Beitrag zum Sieg über die Kolonialmacht Spanien leistete. Außerdem war sein politisches Handeln immer auf die Unabhängigkeit Lateinamerikas ausgerichtet – was sich in dem speziell in Venezuela praktizierten Bolivarismus fortsetzt.

Di–Sa 9.30–17, So 9.30–12.30 Uhr. Eintritt frei. Calle Mercaderes Nr. 156 e/ Obrapía y Lamparilla.

Museo Armería 9 de Abril

Die Doppelfunktion des Museums wird schon an seinem Namen deutlich – zum einen zeigt es Waffen aus dem 19. und 20. Jahrhundert, zum anderen erinnert es an den 9. April 1958, als das damalige Waffengeschäft von Mitgliedern des „M 26-7", der „Bewegung 26. Juli", überfallen wurde und vier junge Männer den Tod fanden.

Neben Macheten, Busch- und Kampfmessern, Krummdolchen aus dem Jemen sowie Schwertern aus Syrien und der Türkei werden 108 Gewehre vorwiegend aus US-amerikanischer und europäischer Produktion gezeigt, darunter auch eine Flinte der deutschen Marke „Merkel". Historisch bedeutendste Ausstellungsstücke sind der M2-Karabiner von Ernesto Che Guevara und das Gewehr der Marke „Fusil Mark", das der Revolutionärin und Fidel-Geliebten Celia Sánchez gehörte.

Mindestens ebenso sehenswert ist ein kleinerer Raum dahinter, in dem die Vorgänge um den 9. April 1958 dokumentiert werden. Damals überfielen Mitglieder der Jugend-Brigade der „Bewegung 26. Juli" das einstige Waffengeschäft, um Pistolen und Revolver zu erbeuten, mit dem sie sich für den Kampf gegen das Batista-Regime rüsten wollten. Die Aktion schlug fehl, Vicente Chávez Fernández, Jórge Matos Ramos, Juan Alvarado Miranda und Noél Hernández Jiménez starben – und werden seitdem als Märtyrer verehrt. Nach dem Ende der Revolution wurde der Ort im Januar 1959 zum Gedenken an die vier Helden zum nationalen Denkmal erklärt. Das Museum öffnete seine Tore unter dem heutigen Namen am 9. April 1971 – auf den Tag genau 13 Jahre nach dem Überfall.

Di–Sa 9.30–17, So 9.30–12.30 Uhr. Eintritt frei. Calle Mercaderes Nr. 157 e/ Obrapía y Lamparilla.

Sala de Bomberos

Seit 2008 wird in dem (einen!) Ausstellungsraum an den Großbrand des Jahres 1890 erinnert, der just in diesem Gebäude ausgebrochen war und einen Teil der nördlichen Altstadt verwüstete. Die kleine Sammlung zeigt ein altes Löschfuhrwerk, Uniformen und Feuerwehrhelme von anno dazumal sowie „Flüstertüten" und Brandäxte, die damals zum Einsatz kamen. Wesentlich mehr über die Geschichte der Feuerwehr Havannas erfährt man allerdings im „Museo de los Bomberos" in der Calle Agramonte.

Di–Sa 9.30–17, So 9–13 Uhr. Eintritt frei. Calle Mercaderes esquina Lamparilla.

Café Lamparilla

Schneller Service und gepflegte Atmosphäre sind die Markenzeichen der neuen, erst 2010 eröffneten Tapas-Bar im Herzen der Altstadt. Zu kleinen Preisen gibt es warme und kalte Tapas wie beispielsweise Spießchen, Serrano-Schinken und Brusquetas. Für den großen Hunger wird typische Cuba-Kost aufgetragen. Abgerundet wird das Angebot mit einer leckeren Sangría, die in Ein- oder Zwei-Liter-Krügen auf den Tisch kommt.

€ Tägl. 12–24 Uhr. Calle Lamparilla Nr. 54 e/ Mercaderes y San Ignacio. → **15** auf Karte S. 111.

Hostal „Conde de Villanueva"

Die ehemalige Residenz von Claudio Martínez de Pinillo, seines Zeichens Ende des 18. bis Mitte des 19. Jahrhunderts Graf von Villanueva, stellt noch heute eine Reminiszenz an jenen Mann dar, der entscheidend zum Weltruf der cubanischen Zigarren beitrug. Das nicht zuletzt deshalb auch als „Hostal del Habano" bezeichnete Vier-Sterne-Haus verfügt über einen wohlsortierten Tabak-Laden und eine gemütliche Zigarren-Bar. Die nur neun Zimmer, darunter eine Suite und zwei Mini-Suiten, sind nach Tabakanbaugebieten benannt und mit wunderschönem Mobiliar aus der Kolonialzeit fein ausgestattet. Das Haus verfügt über zwei edle Restaurants und eine Cafetería.

€€€€ Calle Mercaderes Nr. 202 esquina Lamparilla, ℡ 8629293, www.habaguanexhotels.com. → **16** auf Karte S. 111.

Los Mercaderes

Ein bestens restaurierter Kolonialpalast in der Calle Mercaderes ist seit Dezember 2012 das Zuhause des neuen Privat-Restaurants, das zwar auch cubanische Gerichte anbietet, sich in erster Linie aber der internationalen Küche verschrieben hat. So findet man etwa Lobster-Medaillons auf Gemüsebett, Tintenfisch mit Pesto, Hähnchenbrust in Orangen-Sauce oder Tenderloin-Steak in Sesamkruste auf der Karte. Die Lauflage mit der hohen Touristenfrequenz schlägt sich auf die Preise nieder, selbst Vorspeisen sind kaum unter 10 CUC zu haben. Außerdem werden auf die Rechnung zehn Prozent Service-Entgelt aufgeschlagen.

€€€€ Tägl. 12–23 Uhr. Calle Mercaderes Nr. 207 e/ Lamparilla y Amargura. → **18** auf Karte S. 111.

La Imprenta

Wie der Name schon sagt, ist das feine Lokal mit einem gehobenen Preisniveau im Jahr 2010 in das schön restaurierte Gebäude einer früheren Druckerei eingezogen. Auf der Karte stehen u. a. Tapas, Steaks und Fleischspieße. Dass der Fokus auf internationalem Publikum liegt, soll durch die Tatsache unterstrichen werden, dass auch Cocktails ohne Alkohol angeboten werden – in Cuba eigentlich ein No-Go. Der Weinkeller des Restaurants, das auch eine Bar und eine Cafetería betreibt, ist wohlsortiert. Grundsätzlich sollte man eine längere Wartezeit einkalkulieren, das Personal hat von Kundenorientierung noch nicht viel gehört.

€€€ Tägl. 12–24 Uhr. Calle Mercaderes Nr. 208. → **19** auf Karte S. 111.

Museo de la Cerámica

In dem schmucken Kolonialgebäude aus dem Jahr 1874 werden seit 2007 zeitgenössische Töpferwaren und Keramiken präsentiert. Die meisten Stücke entstanden ab dem Jahr 1950, als man in Santiago de las Vegas, einem kleinen Dorf im Süden der Provinz Havanna, unter der Leitung von Juan Miguel Rodríguez de la Cruz die alte Tradition des Töpferns wieder aufnahm. Der Mediziner lud damals verschiedene zeitgenössische Künstler, darunter Wifredo Lam, Amelia Peláez und René Portocarrero, ein, Vasen, Platten und Teller zu verzieren. Unter den sehenswerten Werken befindet sich auch ein in seine Teile zerfallendes Buch mit dem Titel „Problemática de la Poesía", das Fernando Velázquez Vigil 1988 schuf.

Di–Sa 9.30–17, So 9.30–13 Uhr. Eintritt frei. Calle Mercaderes esquina Amargura.

Museo del Chocolate

Das winzige Museum, das eigentlich mehr Geschäft und Café ist, wurde Ende des Jahres 2003 in der berühmten Casa de la Cruz Verde eröffnet, die einst die Residenz der Grafen von Lagunilla war. Wesentlich interessanter als die wenigen Exponate – uralte Porzellantassen, Model und Rezepturen – sind die verschiedenen Schoko-Tiere, die am Tresen verkauft werden. Von Häschen über Enten, Pferde, Bären und Elefanten sind alle möglichen Tierchen zu Preisen zwischen 1,80 und 9,25 CUC erhältlich. An zehn kleinen Vierer-Tischen wird unter anderem Trink-Schokolade serviert – kalte für 0,80 CUC, heiße für 0,55 CUC.

Tägl. 9–22 Uhr. Eintritt frei. Calle Mercaderes Nr. 380 esquina Amargura.

El Mesón de la Flota

Das typische Kolonialhaus, das ab dem Jahr 1867 als Handelskontor für die Schiffe des spanischen Königshauses diente, fungiert heute als Hotel und Restaurant – ein durch und durch spanisches, versteht sich. Dies lässt sich zum einen an der Speisekarte ablesen, die neben Languste mit tropischen Früchten, Shrimps in Knoblauch-Sauce und

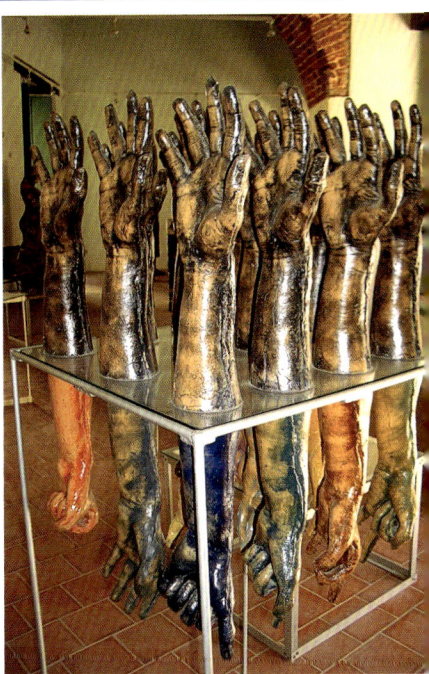

Die Hände zum Himmel – im Keramik-Museum

diversen Spießen verschiedenste Tapas ausweist. Und ist zum anderen nicht zu überhören, wenn die hauseigene Tanzgruppe publikumswirksam einen Flamenco vom Feinsten aufs Parkett legt.

€€€€ Tägl. 12–23 Uhr. Calle Mercaderes Nr. 257 e/ Amargura y Teniente Rey. → 🟦22🟦 auf Karte S. 111.

Café Taberna (Amigos de Benny Moré)

Das Lokal weiß, was es dem Andenken an den großen cubanischen Sänger schuldig ist. Es atmet noch heute die Atmosphäre der 1950er Jahre, die Live-Band, die täglich das Essen umrahmt, gehört zum Besten, was Havanna-Vieja musikalisch zu bieten hat. Auch die Speisen selbst sind nicht ohne: Es gibt mehrere Menüs (Fleisch, Fisch,

Meeresfrüchte) und als eine der Spezialitäten des Hauses Languste in Bananen-Sauce mit einem Schuss Rum. Cocktails serviert man für ca. 3 CUC, edlere Tropfen, darunter auch ein paar deutsche Weine, in einer eigens eingerichteten Vinothek für etwas mehr. Tägl. wird ab 21.30 Uhr Live-Musik geboten, jeden Samstag zur gleichen Zeit zudem eine Dinner-Show – beides mit schwindelerregenden Preisen. Mit Abendessen und drei Cocktails bezahlt man 50 CUC, ohne Abendessen inkl. zwei Cocktails kostet das Spektakel 30 CUC.

€€€€ Tägl. 11–15 + 20.30–24 Uhr. Calle Mercaderes esquina Teniente Rey. → 🟦 auf Karte S. 111.

Cámara Oscura

Hoch über den Dächern von Alt-Havanna lassen sich mit dem 360-Grad-Teleskop in der achten Etage des Edificio Gómez Vila der Alltag in den kleinen Gassen, die Oldtimer in den verstopften Straßen und die Touristen vor den anderen Sehenswürdigkeiten eins zu eins, nur deutlich vergrößert einfangen – ein tolles Schauspiel! Während der zehnminütigen Führungen in Spanisch, Englisch und Italienisch werden die Altstadt der Metropole in allen Einzelheiten erklärt und Einblicke gewährt, die man andernorts einfach nicht gewinnen kann.

Unabhängig von der Cámara Oscura ist aber schon allein die Terrasse des 1933 erbauten und 2002 grundlegend renovierten Gebäudes an der Plaza Vieja einen Besuch wert – für Hobby-Fotografen ist sie sogar ein Muss. Nur an wenigen anderen Stellen in Havanna kann man den morbiden Charme der Millionenstadt so einfangen und auf sich wirken lassen wie hier. Nicht wenige Besucher kommen aber auch allein wegen eines Drinks auf das Dach des Edificio Gómez Vila, wo die Bar „Torre Saditano" täglich von 9 bis 17 Uhr geöffnet hat.

Tägl. 9–17.20 Uhr. Eintritt 2 CUC, Kinder bis 12 Jahre frei. Calle Mercaderes esquina Teniente Rey.

Planetario

Ein weiteres Schmuckstück der Plaza Vieja ist gleich daneben das erst im April 2010 eingeweihte Planetarium, das zum Teil vom japanischen Staat finanziert wurde. Durch die Namen großer Forscher und Astronomen an seiner Front (Hubble, Kepler, Galileo, Kopernikus) ist es unschwer zu erkennen. Im Inneren wurden verschiedene Ausstellungsräume eingerichtet, darunter der gigantisch anmutende „Salón del Universo" mit einer Kapazität von bis zu 65 Personen, in dem die Bahnen der Planeten um die Sonne sehr modern veranschaulicht werden. Die Sonne schwebt dabei als großer, gelb leuchtender Ball mitten im Raum, drum herum führt spiralförmig der Aufgang für das Publikum empor. In anderen Schauräumen sind Bilder vom Mond und den Planeten unseres Sonnensystems zu sehen, auf der Dachterrasse gibt es ein Teleskop für die Sternenbeobachtung.

Mi–Sa 9.30–17, So 9.30–13 Uhr. Eintritt 10 CUC, Führung Mi–Fr 10, 11, 14.30 + 15.30, Sa 10, 11, 14.30 + 15.30, So 10 + 11 Uhr. Calle Mercaderes Nr. 307.

El Escorial

Das schmucke Café an der Plaza Vieja, das 2007 eröffnet wurde, hat 17 verschiedene Kaffee-Zubereitungen (mit Rum, Likören etc.) auf der Karte. Dazu kommen zehn unterschiedliche Arten kalten Kaffees. Zu beiden werden auf Wunsch Croissants und Süßspeisen gereicht. Am Tresen kann man zudem diverse cubanische Kaffeesorten kaufen, darunter spezielle Mischungen, die in der hauseigenen Rösterei produziert werden.

€€ Tägl. 8–23 Uhr. Calle Mercaderes Nr. 317 esquina Muralla. → 🟦 auf Karte S. 111.

Azucar

Die nigelnagelneue Lounge-Bar (Eröffnung Ende 2014) hat wohl eine große

Zukunft vor sich – schon ihrer Lage wegen. Von den Balkonen der schicken Location über dem „Café Escorial" genießt man einen wunderbaren Blick über die Plaza Vieja. Den bezahlt man bei den Cocktails und Longdrinks allerdings mit – die Preise bewegen sich im oberen Bereich. Angeboten wird eine breite Palette von Spirituosen, die Karte weist allein zwölf verschiedene Whiskys aus. Bemerkenswert sind die Öffnungszeiten. Während die meisten „Centros nocturnos" um Mitternacht dicht machen, ist im „Azucar" noch lange nicht Schluss.

€€€. Tägl. 11–2 Uhr. Calle Mercaderes Nr. 315 e/ Teniente Rey y Muralla. → **28** auf Karte S. 111.

Museo de Naipes

Der originelle Ausstellungsraum der Stiftung Diego de Sagredo an der Südseite der Plaza Vieja zeigt mehr als 2000 Kartenspiele aus aller Welt, unter denen sich auch ein Auto-Quartett aus Deutschland aus den 1960er Jahren befindet – mit Opel „Kapitän" und Borgward. Das im Mai 2001 in der früheren „Casa del Regidor Arrate" eröffnete Museum ist das erste seiner Art in Amerika und weltweit eines von nur fünf, das sich ausschließlich mit diesem Genre beschäftigt. An einer kleinen Verkaufstheke erhält man Souvenirs, Ansichtskarten und – natürlich – Kartenspiele.

Di–Sa 9.30–17, So 9–13 Uhr. Eintritt frei. Calle Muralla Nr. 101 esquina Inquisidor.

Don Eduardo Alegre

Die Plaza Vieja wird zunehmend zum neuen Hotspot des Nachtlebens von Alt-Havanna. Dazu trägt auch die wie das „Azucar" ebenfalls erst im Dezember 2014 eröffnete Tapas-Bar über der Luxus-Boutique Paul & Shark bei, die nach dem spanischen Besitzer des Gebäudes während der Kolonialzeit benannt ist. Ganz in Pink gehalten, verfügt die Location über einen großen

und breiten Balkon zur Plaza Vieja mit bester Aussicht. Neben knapp 130 Cocktails (um die 5 CUC) weist die Karte Sandwiches, Crêpes, Sushi und cubanische Tapas, z. B. mit Huhn oder Thunfisch gefüllte Tomate, aus. Weine werden sowohl flaschen- wie auch glasweise verkauft.

€€€. Tägl. 10–24 Uhr. Calle Muralla Nr. 103 e/ San Ignacio y Inquisidor. → **31** auf Karte S. 111.

La Vitrola

Noch eine Tapas-Bar! Das neue Lokal an der südwestlichen Ecke der Plaza Vieja macht schon um 8.30 Uhr auf, bietet zu dieser Uhrzeit Frühstück und anschließend den ganzen Tag über Sandwiches, cubanische Gerichte und eben Tapas – wobei diese mit ihren Brüder und Schwestern aus Spanien nur den Namen gemein haben und eigentlich cubanische Appetizer sind, die andernorts als Vorspeise serviert werden. Dennoch: Die Auswahl ist sehr breit, was auch für die Getränke gilt, die Preise sind zivil. Sehenswert ist die Inneneinrichtung und die Deko, die aus vielen alten Fotos und einem von der Decke baumelnden Fahrrad besteht.

€€€ Tägl. 8.30–24 Uhr. Calle San Ignacio esquina Muralla. → **32** auf Karte S. 111.

Factoría Plaza Vieja

Die rustikal eingerichtete Wirtschaft mit dem großen Freisitz an der Plaza Vieja ist auf den ersten Blick ein ganz normales Restaurant, das man sowohl zum Essen als auch auf einen schnellen Drink im Vorbeigehen besuchen kann. Bei der Factoría lohnt allerdings ein weiterer Blick hinter die Kulissen – denn sie ist das einzige Lokal in ganz Cuba, das sein Bier selbst braut. Das „Cerveza Plaza Vieja" gibt es hell, dunkel und schwarz in 0,5-Liter-Glaskrügen (die beiden dunklen Varianten sind einen Tick besser!) und wird für 2,50 CUC meist mit einem kleinen Teller

Havanna Tour 2 → Karte S. 111

Oliven oder anderen Snacks serviert. Wirklich lecker – beides! Wer mehr Durst hat oder in der Gruppe in das Lokal kommt, kann auch eine eisgekühlte Zwei- oder Drei-Liter-Plexiglasröhre der Spezialbiere ordern (15 bzw. 20 CUC), aus der man seine „Halbe" am Tisch selbst zapfen kann. Eine Besonderheit sind auch die Speisen, denn viele von ihnen werden vor den Augen der Gäste auf dem Holzkohlengrill zubereitet – Spieße mit Garnelen oder Schweinefleisch, Hähnchen oder Grill-Würstchen etwa. Daneben gibt es in „Havannas Hofbräuhaus" – der Ruf des Lokals verpflichtet – u. a. Hummer-Scheiben in Bier-Sauce.

€€€€ Tägl. 12–24 Uhr. Calle San Ignacio esquina Muralla. → **29** auf Karte S. 111.

La Maltera

Die zur „Factoría Plaza Vieja" gehörende „Malzbierbrauerei" befindet sich gleich um die Ecke des beliebten Bier-Tempels. Zu Schnellgerichten wie Sandwiches, Hamburgern und Pizzen gibt es ausschließlich alkoholfreies Malzbier, unter anderem mit Kondensmilch – eine cubanische Spezialität. Ein besonderes Angebot sind die „Matrimonios" (dt. „Hochzeiten"), ein Gedeck aus einem Hamburger und einem Glas Malzbier für 3 CUC.

€ Tägl. 10–22 Uhr. Calle Muralla e/ San Ignacio y Cuba. → **30** auf Karte S. 111.

Café Bohemia

Das kleine Café neben der „Factoría Plaza Vieja" ist italienisch angehaucht, weshalb die Sandwiches hier nicht Bocaditos, sondern Panini heißen – und es Bruschettas sowie europäisch gestylte Salate gibt. Beliebt ist der kleine „Rastplatz" an der westlichen Seite der Plaza Vieja, der schon zum (zweiten) Frühstück öffnet, auch wegen des netten Freisitzes im Innenhof.

€€€ Tägl. 10–22 Uhr. Calle San Ignacio Nr. 364 e/ Muralla y Teniente Rey. → **26** auf Karte S. 111.

Centro de Desarrollo de las Artes Visuales

Das Zentrum hat sich die Förderung bildender Kunst auf seine Fahnen geschrieben, vor allem jene junger cubanischer Künstler. Es stellt aber nicht nur Ausstellungsflächen zur Verfügung, sondern organisiert auch den „Nationalen Salon zeitgenössischer Kunst" und die Beteiligung cubanischer Künstler an internationalen Projekten.

Di–Sa 10–17 Uhr. Eintritt frei. Calle San Ignacio Nr. 352 esquina Teniente Rey.

Santo Ángel

Das elegante Restaurant an der nordwestlichen Ecke der Plaza Vieja residiert im einstigen Kolonialpalast der Kaufmannsfamilie González Larrinaga, der später als Schule für die Kinder der Armen von Alt-Havanna diente. Inzwischen kommen die Reichen – meist Touristen – hierher und dinieren auf dem Freisitz an der Plaza, auf der Veranda oder im begrünten Innenhof. Die Küche deckt die Bandbreite von cubanisch bis international ab, auf den Tisch kommen Gazpacho, Brathähnchen, Meeresfrüchte, Lamm in Rotwein-Sauce oder – als Spezialität des Hauses – Langusten.

€€€ Tägl. 12–24 Uhr, Cafetería 8–23 Uhr. Calle Teniente Rey esquina San Ignacio. → **24** auf Karte S. 111.

Arroces

Der Salón gehört zu dem eleganten Restaurant „Santo Ángel" an der Plaza Vieja und liegt in dessen Innenhof. Dekoriert ist das kleine Lokal mit den Trikots cubanischer Baseballspieler und den Fanschals mehrheitlich spanischer Fußballclubs. Der Name ist für die Küche Programm, die Spezialität des Hauses sind nämlich Reisgerichte in allen Variationen: „Arroz à la Cubana del Santo Ángel" mit durchgedrehtem Rindfleisch, Spiegelei und Kochbananen,

„Arroz à la Chorrera" mit Hähnchen, „Arroz à la Campesina" mit Schweinefleisch und Mais, „Arroz Imperial" mit Schinken, Käse, Hähnchen und Mayonnaise oder „Arroz del Pescador" mit Fisch, Garnelen und Langustenfleisch. Zu trinken gibt es Bier, alkoholfreie Erfrischungsgetränke und Fruchtsäfte, Sangría und Wein.

€€ Tägl. 12–23 Uhr. Calle Teniente Rey esquina San Ignacio. → **24** auf Karte S. 111.

Centro Cultural de la Torriente Brau

Das unabhängige Kulturzentrum wurde Mitte 1996 in Zusammenarbeit mit dem cubanischen Schriftstellerverband ins Leben gerufen. Es gibt verschiedene Publikationen heraus und widmet sich der Forschung sowie natürlich dem Werk seines Namensgebers, des Schriftstellers Pablo de la Torriente Brau. Er hatte zuerst in Cuba gegen die Machado-Diktatur und später in Spanien gegen das Franco-Regime gekämpft. Besuchern sind vor allem die regelmäßig stattfindenden Dichterlesungen und Konzerte zu empfehlen.

Di–Sa 9.30–17.30 Uhr. Eintritt frei. Calle Muralla Nr. 63 e/ Oficios y Inquisidor.

Tienda Cuervo y Sobrinos

Teure Uhren, hochwertige Zigarren, bester Rum (bis zu 15 Jahre alt) umfasst das Sortiment des eleganten Geschäfts in der Calle Oficios. An einer kleinen Bar mit vier Tischen kann man die Spezialitäten gleich vor Ort probieren.

Mo–Sa 9–18, So 9–13 Uhr. Calle Oficios esquina Muralla → **27** auf Karte S. 111.

Museo Palacio de Gobierno

Der frühere Regierungspalast, bis zur Einweihung des Capitolio im Jahr 1929 Sitz des Repräsentantenhauses der Republik Cuba, wurde aufwendig saniert und lässt Passanten schon allein wegen seiner großartigen neoklassizistischen

Architektur innehalten. Nachdem die Volksvertreter ausgezogen waren, beherbergte das Gebäude zunächst das Kultur- und danach das Erziehungsministerium, weshalb hier am 3. Januar 1959 auch die Resolution für die cubanische Alphabetisierungskampagne unterzeichnet wurde. Später zog die Bezirksregierung von Havanna-Vieja ein, ehe man den Palacio im Mai 2000 zum Museum machte. Dort zeigt man seitdem in zwei Räumen unter anderem Exponate aus der Zeit der Republik (1902–1940), wie etwa Pässe, Dokumente, Zeitschriften und Münzen, die zu jener Zeit im Umlauf waren. Im eigentlich interessanteren zweiten Saal ist neben anderen Möbelstücken auch der Originalschreibtisch des ehemaligen Präsidenten des Repräsentantenhauses ausgestellt. Außerdem sind dort mehrere Ausgehanzüge zu sehen, die ihre Träger als Angehörige verschiedener Institutionen auswiesen. Von den drei Armee-Uniformen gehörte eine José Martí Zayas-Bazán, dem Sohn von Nationalheld José Martí, der es bei den Streitkräften bis zum Generalmajor gebracht hatte.

Di–Sa 9.30–16.30, So 9.30–11.45 Uhr. Eintritt frei. Calle Oficios Nr. 211 e/ Muralla y Churruca.

Vagón Mambí

Direkt daneben, in der engen Calle Churruca, hat man den nach einem Schimpfwort der spanischen Besatzer für die cubanischen Widerstandskämpfer benannten Luxus-Eisenbahnwaggon aufgestellt, mit dem früher alle Staatspräsidenten – einschließlich Fidel Castro – durchs Land gereist sind. Aus diesem Grund wird das 80 Tonnen schwere Schienenfahrzeug gerne auch als „Coche Presidencial" (dt. „Präsidenten-Wagen") bezeichnet.

Der Waggon, von dem insgesamt nur drei Exemplare vom Band liefen, wurde im Jahr 1900 in den Vereinigten Staaten gebaut, kam 1912 nach Cuba, stand nach dem Ende der Revolution

Havanna Tour 2 → Karte S. 111

im Hauptbahnhof Havannas immer einsatzbereit auf einem Nebengleis und wurde 1987 zu einem Ausstellungsobjekt – zu einem sehenswerten, nicht nur für Eisenbahnfans. Denn die Ausstattung des Vagón Mambí sucht ihresgleichen, ist allenfalls mit dem „Nikolajewski Express" zu vergleichen, der in Russland noch heute zwischen Moskau und Sankt Petersburg verkehrt: Es gibt vier Schlafzimmer, von denen zwei für den Präsidenten und die First Lady vorgesehen waren, vier kleine Badezimmer (mit Dusche), einen Speisesalon für acht Personen sowie eine Küche mit angeschlossenem Kühlraum. Der Luxus setzt sich in vielen kleinen Details fort. So sind beispielsweise die Möbel aus wertvollen indischen Hölzern gefertigt und die Matratzen mit Kamelhaar gefüllt. Klar, dass die cubanischen Präsidenten

Vor der Handelsbörse:
leeres Geschwätz?

in den klimatisierten Räumlichkeiten – die „Aircon" funktionierte mit Trockeneis – nur mit Silberbesteck aßen und aus teuren Kristallgläsern tranken, die ebenfalls zu bewundern sind.

Di–Sa 9.30–16.30, So 9.30–11.45 Uhr. Eintritt frei. Calle Churruca esquina Oficios.

Convento de Santa Brigida

Der Convento bietet seit 2008 ein ganz besonderes Erlebnis: Übernachten im Nonnenkloster. Nur ein paar Schritte von der Plaza de San Francisco de Asís entfernt mitten im Trubel der Altstadt gelegen, ist der Konvent ein Hort der Ruhe, der von den Schwestern peinlichst sauber gehalten wird. In der früheren Residenz der spanischen Adelsfamilie Montalvo gibt es insgesamt elf Zimmer (darunter zwei Familienzimmer), die mit Bad, TV und – für ein Kloster außergewöhnlich genug – Minibar ausgestattet sind. Entgegen der Ankündigung eines großen deutschen Reiseanbieters, den Convento exklusiv unter Vertrag zu haben, kann man die Übernachtungen bei den Schwestern auch individuell buchen – ohne Vorbestellung per Telefon oder E-Mail geht allerdings nichts.

€€ Calle Oficios Nr. 204 e/ Teniente Rey y Muralla, ☎ 8664064, 8664313, brigidahabana @enet.cu.

La Marina

Die nette Freiluft-Cafetería hinter dem Convento de San Francisco de Asís lädt eher zu einer Pause bei einem kühlen Getränk als zum Essen ein. Das mit vielen Pflanzen dekorierte Lokal serviert Cocktails, Bier, Wein und natürlich ein breites Sortiment nichtalkoholischer Erfrischungsgetränke. Wer Hunger hat, wird zu kleinen Preisen satt – u. a. stehen Shrimps-Cocktail sowie verschiedene Menüs, darunter ein vegetarisches, auf der Karte.

€€ Tägl. 9–21 Uhr. Calle Oficios esquina Teniente Rey. → **25** auf Karte S. 111.

Iglesia y Convento de San Francisco de Asís (Museo de Arte Religioso)

Die Kirche und das Kloster des Heiligen Franz von Assisi, die an der Südseite der gleichnamigen Plaza stehen, stammen beide ursprünglich aus dem Jahr 1608, wurden zwischen 1719 und 1738 aber im Barockstil weitgehend neu errichtet. Heute fungiert der Komplex immer freitags und samstags als Konzertsaal, vorwiegend für klassische Orchester und Kammerchöre. Außerdem ist darin das Museo de Arte Religioso untergebracht, in dem Kirchenmobiliar, geschnitzte Heiligenfiguren und andere sakrale Kunstgegenstände gezeigt werden. Lohnend ist ein Aufstieg auf den mit 46 Metern angeblich höchsten Glockenturm Cubas, von dem aus man einen schönen Blick auf die Bucht und die Dächer der Altstadt hat.

Die Bronze-Statue vor der Kirche stellt den Caballero de París dar, einen Bohème, der noch vor nicht allzu langer Zeit auf den Straßen Havannas lebte. Meistens weiß gekleidet, hielt er sich oft vor dem Café „París" in der Calle Obispo auf, was ihm schließlich seinen Namen einbrachte. Den Zeigefinger seiner linken Hand zu berühren, soll übrigens Glück bringen, weshalb dieser von den vielen „Streicheleinheiten" auch immer blankpoliert ist.

Di–Sa 9.30–16 Uhr. Eintritt 2 CUC, Führung 3 CUC, Fotoaufnahmen 5 CUC, Videoaufnahmen 10 CUC, Konzerteintritt 10 CUC. Calle Oficios e/ Amargura y Teniente Rey.

Casa de Carmen Montilla

Das mit seiner rosafarbenen Fassade und dem blauen Balkongeländer etwas kitschig wirkende Kolonialgebäude aus dem 18. Jahrhundert hat die bekannte venezolanische Künstlerin selbst restauriert. Seit der Wiedereröffnung werden dort aber nicht nur ihre eigenen Gemälde ausgestellt, sondern immer wieder auch Werke anderer zeitgenössischer Künstler aus Cuba und Lateinamerika. Das Schmuckstück des Hauses gegenüber dem Convento de San Francisco de Asís ist allerdings eine große Wandkeramik im Innenhof, die von Alfredo Sosabravo geschaffen wurde und den Titel „Flora und Fauna" trägt. Links daneben steht seit dem 17. November 2007 eine Büste von Wolfgang Amadeus Mozart, geschaffen von dem Künstler Anton Thuswaldner. Gestiftet wurde die Plastik vom österreichischen Bundesland Salzburg, enthüllt von Botschafter Johannes Skriwan und dem Präsidenten der Internationalen Stiftung Mozarteum, Dr. Johannes Honsig-Erlenburg.

Di–Sa 9.30–17, So 9.30–13 Uhr. Eintritt frei. Calle Oficios Nr. 164 e/ Amargura y Teniente Rey.

Plaza de San Francisco de Asís

Den zu den Hafenanlagen hin offenen Platz, der im Osten von der Zollstation (span. Aduana) aus dem Jahr 1914 und dem Kreuzfahrt-Terminal „Sierra Maestra" begrenzt wird, dominiert die Lonja del Comercio, die 1909 von dem spanischen Architekten Tomás Mur im romanischen Stil errichtete Handelsbörse. Auf ihrer Kuppel thront eine prächtige Bronze-Statue des italienischen Bildhauers Juan de Bologna, die Merkur, den römischen Gott der Kaufleute, darstellt. Da in dem Gebäude heute verschiedene internationale Firmen ihre Büros haben, ist Unbefugten der Zutritt leider verwehrt. Ein zweites Wahrzeichen der Plaza ist die Fuente de los Leones, der Löwen-Brunnen, der im Jahr 1836 von Don Claudio Martínez de Pinillos, dem Grafen von Villanueva, in Auftrag gegeben und von dem italienischen Künstler Guiseppe Gaggini aus Carrara-Marmor geschaffen wurde – heute ein beliebter Rastplatz für Cubaner wie Touristen. Von Gaggini stammt übrigens auch die Fuente de la India nahe des Capitolio. Für viele Havanna-Besucher ist die Plaza de San Francisco de Asís schon deshalb ein Muss, weil sich an ihrer nordwestlichen Ecke die Zentrale von „Viajes San Cristóbal" befindet, von wo aus mehrmals täglich Führungen durch die Altstadt starten.

Avenida del Puerto, Calles Oficios y Amargura.

Hotel „Palacio del Marqués de San Felipe y Santiago de Bejucal"

So lang und schwer einprägsam der Name ist, so unübertrefflich ist die Lage des erst im Herbst 2010 in Betrieb genommenen Luxus-Hotels an der Plaza San Francisco de Asís. Der sechsstöckige Palast, in dem im 18. Jahrhundert Don Sebastián de Peñalver residierte und der Anfang des 19. Jahrhunderts das Zuhause für die Nachkommen des vierten Marqués de San Felipe y Santiago de Bejucal war, vereint heute hinter der barocken Fassade Geschichte und Moderne. Auf der Dachterrasse findet man etwa ein Teleskop, das einen wun-

derbaren Blick über die Dächer von Alt-Havanna eröffnet. Die 27 Zimmer, darunter drei Suiten, haben alle Fenster oder einen Balkon zur Plaza und einen Blick zum zentralen Patio, sind mit TV, Telefon, Haartrockner, Minibar, Internet-Zugang und DVD-Player, die Suiten sogar mit einer Hydromassage-Wanne ausgestattet. Im Erdgeschoss des Gebäudes, wo neben der Lobby Frühstücksraum, Snackbar und Restaurant untergebracht sind, ist sogar ein Wi-Fi-Internet-Zugang vorhanden (gegen Gebühr).

€€€€€ Calle Oficios Nr. 152 esquina Amargura, ✆ 8649191, www.habaguanex.cu, www.habaguanexhotels.com. → **21** auf Karte S. 111.

Café del Oriente

Bevor man den Gourmet-Tempel an der Plaza de San Fracisco de Asís betritt, sollte man nachschauen, ob man genügend Bares dabei hat! Denn die wirklich sehr feine Adresse ist stilvoll, aber extrem teuer – die fünf Restaurant-Sterne lügen nicht. Vorspeisen gibt es nicht unter 6 CUC, für Hauptgerichte sind die Grenzen nach oben fast offen. Schon die diversen Hähnchen-Platten kosten ab 9 CUC, Fischfilets ab 17 CUC. Richtig ins Geld geht es, wenn man z. B. ein T-Bone-Steak (29 CUC) oder ein Entrecôte (30 CUC) bestellt. Das „Café del Oriente" kann aber auch billig – an den Tischen im Freien auf der Plaza. Bier und Sandwiches gibt es dort zu durchaus fairen Preisen.

€€€€€ Tägl. 9–24 Uhr. Calle Oficios Nr. 112 esquina Amargura. → **20** auf Karte S. 111.

Café El Mercurio

Direkt an der Plaza de San Francisco de Asís gelegen, wo man auf dem Pflaster auch ein paar Tische aufgestellt hat, präsentiert das Lokal eine Getränkeauswahl, die man in Havanna nicht überall findet – und dies zu fairen Preisen. Die Karte weist 21 Cocktails und Longdrinks aus sowie 17 verschiedene

Anlaufstelle für Kreuzfahrer

Whisky-Sorten bis zum „Johnny Walker Blue Label". Alles in allem: perfekt für einen Sundowner.

€€ Tägl. 7–24 Uhr. Plaza de San Francisco de Asís, Lonja de Comercio. → **17** auf Karte S. 111.

Hostal Valencia

Das mitten im Geschehen der Altstadt zwischen der Plaza de Armas und der Plaza de San Francisco de Asís gelegene „Valencia" war einst ein Herrenhaus. 1989 wurde die ehemalige Residenz des Grafen Sotolongo einer aufwendigen Sanierung unterzogen, bei der der ursprüngliche Stil vollständig erhalten blieb. Heute bietet das schöne Haus zehn komfortable Zimmer, darunter drei Suiten, mit Satelliten-TV und Minibar. Das Hostal selbst verfügt über einen der schönsten Innenhöfe in Alt-Havanna, eine „Casa del Tabaco" und das formidable Restaurant „La Paella".

€€€ Calle Oficios Nr. 53 esquina Obrapía, ☎ 8671037, www.habaguanexhotels.com. → **13** auf Karte S. 111.

La Paella

Der Name ist in diesem schicken Restaurant des Hostals „Valencia" Programm: Es gibt sechs verschiedene Arten des spanischen Nationalgerichts, mit dem die Küche unter Leitung von Chefkoch Pablo Marquéz bereits einige internationale Preise eingeheimst hat. Deshalb sollte man auch unbedingt Paella bestellen, wenngleich Fisch, Shrimps und Hummer ebenfalls auf der Karte stehen.

€€€€ Tägl. 12–23 Uhr. Calle Oficios Nr. 53 e/ Lamparilla y Obrapia. → **13** auf Karte S. 111.

Casa de los Árabes

Das islamische Zentrum mit dem einzigen muslimischen Gebetsraum Havannas ist im Gebäude des früheren Colegio de San Ambrosio untergebracht, das von 1689 bis 1774 als Glaubensschule fungierte. In den Schauräumen sind wert-volle Perlmutt-Einlegearbeiten, Gewänder, Kamelsättel sowie mit Gold und Silber belegte Waffen aus dem 18. und 19. Jahrhundert ausgestellt. Und natürlich gibt es auch eine Sammlung von Koran-Schriften. Als Wunder der Natur wird eine ungewöhnlich große Sandrose präsentiert. Gleich nebenan befindet sich das arabische Restaurant „Al Medina".

Di–Sa 9.30–16.45, So 9–13 Uhr. Eintritt frei. Calle Oficios Nr. 16 e/ Obispo y Obrapía.

Al Medina

Von den wenigen Restaurants mit türkischer, arabischer und nordafrikanischer Küche ist das „Medina" sicherlich das beste. Auf der Basis von Hähnchen, Rind, Lamm, Fisch und Meeresfrüchten wird ganz traditionell gekocht. Es gibt Hummus, Falafel, Couscous, Salate und viele Kebabs, darunter das opulente „Royal Kebab". Da dem Speisesaal mit seinem antiken Mosaik-Fußboden jeder Schmuck fehlt, sitzt man im reich bepflanzten Innenhof wesentlich schöner. Außerdem spielt dort jeden Abend eine Live-Band, wird immer samstags und sonntags spätnachmittags bzw. abends zudem orientalischer Tanz aufgeführt.

€€€ Tägl. 12–24 Uhr. Calle Oficios Nr. 112 e/ Obispo y Obrapía.

Heladería La Mina

Die kleine, erst 2014 eröffnete Eisdiele des unsäglichen Touri-Abzock-Lokals „La Mina" ist im Vergleich zu dem „großen Bruder" geradezu saubillig. Eis-creme gibt es schon ab 1 CUC, Snacks wie etwa Bocaditos oder Geflügelsalat ab 2 CUC. Auch Kaffee und Kuchen stehen auf der Karte.

€ Tägl. 9–21 Uhr. Calle Oficios Nr. 6 esquina Obispo. → **8** auf Karte S. 111.

Plaza de Armas

Die Wiege der Stadt: Hier, zwischen Hafeneinfahrt und (heutiger) Kathedrale, fand im Jahr 1519 die Gründungs-messe für San Cristóbal de la Habana

Havanna Tour 2 → Karte S. 111

statt. Der Platz selber wurde erst Jahre später angelegt und entwickelte sich im Laufe der Zeit zu einem der beliebtesten Treffpunkte Havannas. Umgeben ist die Plaza von spektakulären Barockgebäuden, für geschäftige Alltagsatmosphäre sorgt unter anderem der hiesige Buchmarkt, der größte der ganzen Stadt.

Calles Obispo, O'Reilly, Tacon, Baratillo.

Palacio de los Capitanes Generales (Museo de la Ciudad)

Der Barockpalast von 1791 – ein weiteres Musterbeispiel der cubanischen Kolonialarchitektur – gilt als wichtigstes Gebäude an der Plaza de Armas: Zunächst Residenz der spanischen Gouverneure, diente er nach dem Zweiten Unabhängigkeitskrieg den Präsidenten der neuen Republik Cuba bis 1920 als Regierungssitz. Seit 1968 beherbergt er das Stadtmuseum Havannas. Im Obergeschoss sind einige im Original erhaltene Säle zu besichtigen, im Erdgeschoss unter anderem der Fuhrpark der Generäle sowie ein Grabstein von 1557

– das wichtigste von mehreren Ausstellungsstücken aus der ersten Pfarrkirche der Stadt, die einst an der Stelle des Palastes stand.

Di–So 9.30–17 Uhr. Eintritt 3 CUC, Führung 5 CUC (auch engl. und franz.), Audio-Guide 5 CUC, Fotoaufnahmen 5 CUC, Videoaufnahmen 5 CUC. Calle Tacón Nr. 1 e/ Obispo y O'Reilly.

Palacio del Segundo Cabo

Der mächtige Barockpalast von 1772 war einst Sitz des spanischen Vize-Gouverneurs und diente später, zu Zeiten der Republik, als Tagungsort des Senats und Residenz des Obersten Gerichtshofs. Heute ist hier das cubanische Literaturzentrum untergebracht.

Mo–Sa 9.30–17.30, So 10–13 Uhr. Eintritt frei. Calle O'Reilly Nr. 4 esquina Tacón.

Castillo de la Real Fuerza

Das Castillo war jahrhundertelang Hauptverteidigungsanlage der Stadt und gleichzeitig Residenz der obersten Heeresführung, ehe sie den neuen Palast an der Plaza de Armas bezog. Heute

Schutz und Trutz für Jahrhunderte: das Castillo de la Real Fuerza

ist im Castillo ein Museum untergebracht, das sich der Geschichte der
Schifffahrt widmet. Bedeutendstes
Stück der Sammlung ist ein originalgetreuer Nachbau der „Santísima Trinidad", des größten Schiffs, das jemals in
der Werft Havannas gebaut wurde. Die
legendenumsponnene Giraldilla, eine
gut einen Meter hohe Bronze-Statue
auf dem Glockenturm des Castillo, ist
eines der Wahrzeichen der Stadt.

Di–So 9.30–17 Uhr. Eintritt 3 CUC, Fotoaufnahmen 5 CUC, Videoaufnahmen 5 CUC.
Calle O'Reilly Nr. 1 y Plaza de Armas.

El Templete

Der kleine Tempel an der Ostseite der
Plaza de Armas wurde 1828 gebaut. Er
steht an exakt der Stelle, an der die
Stadt San Cristóbal de la Habana nach
ihrer Verlegung 1519 zum zweiten Mal
gegründet wurde. Im Inneren zeigen drei
große Gemälde von Jean Baptiste Vermay die Gründungsmesse, der Künstler
selbst ruht mit seiner Frau in einem
Sarkophag in der Mitte des Raumes.

Di–So 9.30–16.30 Uhr. Eintritt 1,50 CUC, Fotoaufnahmen 5 CUC. Calle Baratillo e/ O'Reilly
y Narciso Lopez.

Hotel „Santa Isabel"

Das Luxus-Hotel wenige Meter neben
„El Templete" war einst die Residenz
der Grafen von Santovenia. Heute
genießen Gäste das elegante Ambiente
und von der Dachterrasse den Blick auf
die Plaza de Armas. Die 27 Zimmer und
Suiten bieten jeden Komfort.

€€€€€ Calle Baratillo Nr. 9 e/ Obispo y López, ✆ 8608201, www.hotelsantaisabel.com,
www.habaguanexhotels.com. → 🟦6 auf
Karte S. 111

La Casa del Café

Im „Haus des Kaffees" kann man nicht
nur verschiedenste Sorten frisch gemahlenen cubanischen Kaffees erstehen, sondern auch mehrere Sorten
Rum. Die kleine Bar im Obergeschoss

serviert neben Kaffee-Spezialitäten
auch kaffeeinspirierte Cocktails.

€ Mo–Sa 10–18, So 10–14 Uhr. Calle Baratillo
e/ Obispo y López. → 🟦7 auf Karte S. 111

Museo Nacional de Historia Natural

Das kleine Naturkundemuseum an der
Plaza de Armas ist in Cuba tatsächlich
das größte seiner Art. Neben der Flora
und Fauna des Landes widmet es sich
auch anderen Regionen der Erde, zeigt
archäologische Funde, Fossilien und
Mineralien und verfügt sogar über einige interaktive Exponate.

Di 13.30–17, Mi–So 10–17.30 Uhr. Eintritt
3 CUC, Führung 4 CUC, wissenschaftliche
Führung 8 CUC, Fotoaufnahmen 2 CUC,
Videoaufnahmen 50 CUC (!). Calle Obispo
Nr. 61 esquina Oficios.

Museo de Arqueología

Im 1987 eröffneten Archäologie-Museum werden Funde aus Cuba und anderen Ländern Lateinamerikas gezeigt.
Ein Saal mit herrlichen Fresken präsentiert darüber hinaus Stiche und
Gemälde mit Stadtansichten Havannas
aus dem 17. Jahrhundert.

Di–Sa 9.30–17, So 9–13 Uhr. Eintritt 1 CUC,
Führung 1 CUC, Fotoaufnahmen 2 CUC.
Calle Tacón Nr. 12 e/ O'Reilly y Empedrado.

Fuente de Neptuno

Der marmorne Neptun-Brunnen von
1839 ist eine Art „Nomade", der schon
mehrmals ab- und an anderer Stelle
wieder aufgebaut wurde.

Avenida del Puerto.

D'Giovanni

Im edlen Italiener zwischen der Kathedrale und der Avenida del Puerto werden hauptsächlich Pizzen angeboten,
aber auch Fleischgerichte wie etwa
Brochetas.

€€€ Tägl. 10–24 Uhr. Calle Empedrado e/
Tacón y Mercaderes. → 🟦2 auf Karte S. 111.

Havanna Tour 2 → Karte S. 111

Die berühmteste Straße Havannas: der Malecón

Tour 3: Von der Plaza de la Catedral nach Centro und zurück zum Parque Central

Über den Malecón, den Callejón de Hamel und die Calle Neptuno

Dieser Spaziergang verdient schon eher die Bezeichnung „Marsch". 120 Minuten ist man gut und gerne unterwegs, wenn man langsam geht. Man kann die Runde allerdings auf rund 80 Minuten verkürzen, indem man von der Calzada de Infanta mit einem Taxi zurückfährt. Wirklich gespickt mit Sehenswürdigkeiten ist die Tour nicht – dafür bewegt man sich die meiste Zeit auf einer: dem Malecón.

Der Spazierweg

→ Karte S. 134/135

Von der Plaza de la Catedral mit der Kathedrale selbst, der Casa de Lombillo, der Casa del Marqués de Arcos, dem Museo de Arte Colonial und der Casa del Marqués de Aguas Claras (im Uhrzeigersinn) geht man in die Calle Empedrado, lässt das Touristen-Restaurant „La Moneda Cubana" links liegen, biegt an der Kreuzung mit der Calle Mercaderes links ab und geht den Weg durch die archäologischen Ausgrabung hindurch zum Malecón. An der berühmten Uferpromenade angekommen, schweift der Blick hinüber auf die andere Seite der Hafeneinfahrt – vom Cristo de La Habana über das Museo de la Comandancia, das einstige Wohnhaus von Ernesto Che Guevara, und die Fortaleza San Carlos de la Cabaña bis zum Castillo de los Tres Reyes del Morro (von rechts nach links).

Man startet am Malecón nach links in Richtung Norden, sieht auf der anderen Straßenseite einen großen Kinderspiel- und Rummelplatz, den Parque Infantil „La Maestranza", das wenig genutzte Anfiteatro del Centro Histórico de La Habana und das Restaurant „Cabaña". Der kleine Park, den man passiert, ist dem kanadischen Admiral Pierre La Moyne d'Iberville gewidmet, der 1706 in Havanna an Gelbfieber starb, als sein Schiff im Hafen vor Anker lag – so schnell kommt man zu einem Denkmal. Links gegenüber liegen die Plaza und das Monumento Máximo Gómez, im Hintergrund glänzen die Kuppeln des Museo de la Revolución und des Capitolio – zumindest wenn die Sonne scheint. Selbst bewegt man sich nun auf das Castillo de San Salvador de La Punta zu und kann sich im Anschluss das Denkmal für Sebastián Francisco de Miranda Rodríguez anschauen – aus heutiger Sicht ebenfalls ein „C-Promi" der Kolonialzeit.

Danach eröffnet sich der Blick auf die Skyline von Vedado, jenem Stadtteil Havannas mit dem legendären Hotel „Habana Libre", dem noch berühmteren Hotel „Nacional de Cuba" und dem mächtigen Edificio FOCSA, die man nun ständig vor Augen hat. Man ist weiter auf der Uferpromenade unterwegs und nimmt links, auf der anderen Straßenseite, das neue russische Lokal „Nazdarovie" (Geschmackssache!), das Privat-Restaurant „Torresón" (preisgünstig und gut!), das Restaurant „El Portal de La Habana" (zweite Wahl!) und das Restaurant „Castropol" (nicht ganz billig!) wahr. Ebenfalls auf der anderen Seite der vierspurigen Straße folgen das wenig einladende Hotel „Deauville", das Café „Neruda", das Tapas-

Restaurant „La Abadía" und das neue Hotel „Terral".

Vor Beginn des Parque Antonio Maceo überquert man die Fahrbahn, biegt in die Calle Belascoaín ein, um an der nächsten Kreuzung die Calle San Lázaro zu überqueren und in dieser Straße nach rechts zu gehen. Links befindet sich nun das große internationale Hospital Hermanos Ameijeiras, rechts der Park und das Denkmal für Antonio Maceo und wenige Schritte weiter links der Convento de la Inmaculada Concepción. In der Calle San Lázaro bleibt man bis zur Calle Aramburu, biegt dort links ein und hat nach etwa 100 Metern den Callejón de Hamel erreicht. Die Gasse ist nur kurz und doch in ihrer Gänze eine Sehenswürdigkeit.

Am Ende des Gässchens sieht man schon den hohen Turm der Kirche Nuestra Señora del Carmen mit einer siebeneinhalb Meter großen Madonnen-Figur auf seiner Spitze. Sie tungiert fortan sozusagen als Wegweiser. Man geht geradeaus weiter bis zur Calle Espada, dort nach links bis zur Calle Concordia, in dieser nach rechts bis zur Calzada de Infanta, erneut nach links – und steht unmittelbar vor dem Gotteshaus. Bis hierher sollte man – reine Gehzeit – rund 80 Minuten gebraucht haben. Und hat nun zwei Möglichkeiten: zurück mit dem Taxi zur Plaza de la Catedral bzw. dem Parque Central oder zu Fuß über die Calle Neptuno zum Parque Central – mitten durch Havanna-Centro wie es singt und lacht. Für diese Strecke benötigt man – gemächlichen Schrittes – etwa 40 Minuten, die Calle Neptuno führt kerzengerade zum Parque Central.

Wenn man dann noch Luft hat, kann man den Rundgang fortsetzen und über das Capitolio und den Prado zum Museo de la Revolución gehen – und zurück.

Die Stationen im Einzelnen

Catedral de la Virgen María de la Concepción Inmaculada

Die Kathedrale von Havanna ist das bedeutendste Bauwerk des cubanischen Barocks und wurde 1982 mit dem UNESCO-Weltkulturerbe-Titel geadelt.

Innen ist sie allerdings reichlich schlicht gestaltet, sodass lediglich Altarraum und Hochaltar einen (kurzen) Besuch lohnen.

Tägl. 10–15 Uhr, Messen Mo–Fr 18, Sa 15 Uhr in der Kapelle (Eingang in Calle San Ignacio), So 10.30 Uhr in der Kathedrale. Eintritt frei, Führung kostenlos, Turmbesteigung 1 CUC. Calle Empedrado Nr. 158 e/ Mercaderes y San Ignacio.

Casa de Lombillo

Nach Verlassen der Kathedrale trifft man auf der linken Seite des Platzes auf den vorbildlich restaurierten Palast des Grafen von Lombillo mit einem herrlich begrünten Innenhof. Das Museum im Inneren der Casa zeigt u. a. Havanna-Stiche aus dem 17. Jahrhundert.

Tägl. 9.30–17 Uhr. Eintritt frei. Plaza de la Catedral, Eingang in der Calle Empedrado.

Casa del Marqués de Arcos

Der rechts an die Casa de Lombillo „angewachsene" großartige Barockpalast des Marquis von Arcos beherbergt heute eine Kunstwerkstatt für Graphiken, Lithographien und Plastiken. Draußen steht, lässig an eine Säule gelehnt, eine Bronzestatue des Tänzers und Choreographen Antonio Gades.

Tägl. 9.30–17 Uhr. Eintritt frei. Plaza de la Catedral.

Museo de Arte Colonial

Im Museum für koloniale Kunst lässt sich allerlei Inventar aus den großen kolonialen Herrenhäusern Havannas bewundern: neben Möbeln, Porzellan und Glaswaren auch Türen und Kutschen aus der Zeit vom 17. bis zum 19. Jahrhundert. Außerdem wird die Architektur der Kolonialzeit näher beleuchtet. Das Gebäude wurde selbst einst als Adelsresidenz erbaut.

Di–So 9.30–17 Uhr. Eintritt 2 CUC, Führung 5 CUC, Fotoaufnahmen 5 CUC, Videoaufnahmen 10 CUC. Calle San Ignacio Nr. 61 e/ Empedrado y O'Reilly.

Casa del Marqués de Aguas Claras

Das jüngste Gebäude an der Plaza de la Catedral beherbergt das edle Restaurant „El Patio" mit wunderschön begrüntem Innenhof – ein schöner auch teurer Ort zum Einkehren.

€€€€ Calle San Ignacio Nr. 54 esquina Empedrado. → **10** auf Karte S 134/135.

Malecón

Er ist die Lebensader der Stadt, die berühmteste Straße Havannas, das abendliche Wohnzimmer für die Habaneros, die beliebteste Flaniermeile für Touristen, der Laufsteg für Prostituierte, der Treffpunkt für Angler und nicht zuletzt deshalb Filmkulisse unzähliger Streifen. Sechs Kilometer sind es vom Castillo de la Punta im Osten bis zum Torreón de la Chorrera im Westen. Dazwischen schlägt das Herz der Stadt.

Lange hatte man geplant, verworfen und von neuem begonnen, ehe man im Jahr 1901 daran ging, die berühmte Uferpromenade mit ihrer mächtigen Kaimauer anzulegen. In erster Linie sollte sie die Stadt vor dem Meer schützen, das zu jener Zeit vor allem in den stürmischen Wintermonaten regelmäßig in den Gebäuden an ihrem Saum zu Besuch war. 20 Jahre später war man schon bis zur Rampa im Stadtteil Vedado vorangekommen, 1950 schließlich bis zur Mündung des Río Almendares an der Boca de la Chorrera. Damals nützte man den Malecón als öffentlichen Strand, den Schutzwall als Sprungbrett, den Gehweg als Catwalk, auf dem die feinen Damen der Gesellschaft ihre neueste Mode zur Schau stellten – und die Cubanos ihnen nachschauten und nachpfiffen.

Und heute? Heute wäre der Malecón mit den Sehenswürdigkeiten an seiner Südseite sicherlich eine der schönsten Avenidas der Welt. Wäre – hätte man die Häuserzeilen an seinem Rand nicht mehr als vier Jahrzehnte sträflich vernachlässigt und dem Verfall preisgegeben, der hier wegen der salzhaltigen Seeluft besonders schnell voranschreitet und aus den ansehnlichen Bürgervillen von einst binnen kürzester Zeit baufällige Ruinen gemacht hat. Diese Entwicklung wurde inzwischen allerdings gestoppt. Seit die UNESCO Geld nach Havanna pumpt, versucht man mit fast allen Mitteln, das Aushängeschild der Stadt wieder aufzupolieren und den Prachtbauten ihren einstigen Glanz zurückzugeben. Und dies in Rekordtempo: Nichts in Havanna verändert sein Gesicht derzeit schneller als der Malecón.

Malecón e/ Prado y Calzada.

Segen aus 17 Metern Höhe

El Cristo de La Habana

Wie in Lissabon thront auch in Havanna eine riesige Christus-Figur über der Hafeneinfahrt – eines der begehrtesten Fotomotive und einer der beliebtesten Aussichtspunkte der Stadt, denn von der anderen Seite der Bahía de la Habana lässt sich die Größe der cubanischen Hauptstadt zumindest erahnen. Die 17 Meter hohe Figur wurde einst von der Frau des damaligen Diktators Fulgencio Batista in Auftrag gegeben. Nachdem auf Letzteren ein Attentat verübt worden war, gelobte Marta Batista, die größte Christus-Statue der Welt aufstellen zu lassen, sollte ihr Mann den Anschlag überleben. Er überstand ihn tatsächlich, und die be-

rühmte cubanische Bildhauerin Jilma Madera erhielt den Auftrag, die Statue zu errichten. Aus insgesamt 320 Tonnen italienischem Marmor schuf Madera zwar nicht die größte Christus-Figur der Welt (die steht im bolivianischen Cochabamba), wohl aber die größte, die jemals von einer Frau gestaltet wurde. Am 3. September 1958 begann 68 Meter über dem Meer die Montage der aus zwölf Teilen zusammengesetzten Figur, am 25. Dezember des gleichen Jahres, wenige Tage vor der Flucht des Diktators aus Cuba, erhielt die monumentale Statue von Kardinal Manuel Arteaga y Betancourt den kirchlichen Segen.

Tägl. 10–18 Uhr. Eintritt 1 CUC. Carretera Cabaña y Vía Monumental.

Havanna Tour 3 → Karte S. 134/135

Museo de la Comandancia

Alles, worauf Volksheld Ernesto Che Guevara je seinen Fuß setzte, und alles, was er je in Händen hielt, wird in Cuba entweder zu einem Museum oder landet in einem solchen. So geschah es 2006 auch mit jenem bescheidenen Häuschen unmittelbar neben dem Cristo de La Habana auf der anderen Seite der Bucht, in dem der Comandante nach der Machtübernahme der Revolutionäre vorübergehend sein persönliches Hauptquartier aufgeschlagen hatte. Nach einer umfassenden Renovierung wurde aus dem Flachdachbau ein Kulturzentrum, in dem Ches ehemaliges Büro und sein Schlafzimmer besichtigt werden können. Außerdem hat man eine Bibliothek mit Büchern von und über Che Guevara eingerichtet sowie einen „Salón de Mate", weil er das südamerikanische Nationalgetränk bekanntlich sehr schätzte.

Mo–Sa 10–18, So 10–13 Uhr. Eintritt 6 CUC, Kinder (5–11 J.) 3 CUC. Carretera Cabaña y Vía Monumental.

Fortaleza San Carlos de la Cabaña

Die imposante Festung mit den schweren Zugbrücken ist eine der größten Verteidigungsanlagen, die die Spanier in ihren Kolonien jemals gebaut haben – entsprechend viel Zeit sollte man für ihre Besichtigung (samt kleinem Museum) einplanen. Wer am späten Nachmittag kommt, kann sich anschließend um 21

Tour 3:
Von der Plaza de la Catedral nach Centro und zurück zum Parque Central

150 m

Uhr noch ein besonderes Spektakel anschauen: den „Cañonazo", einen von einem Soldaten-Aufmarsch begleiteten Kanonenschuss, der einst allabendlich die Schließung der Stadttore ankündigte. Viele Besucher finden sich bereits eine Stunde vorher ein, um den Schuss aus nächster Nähe erleben zu können.

Tägl. 10–22 Uhr. Eintritt bis 17.59 Uhr 6 CUC, Kinder (5–11 J.) 3 CUC, Eintritt 18–22 Uhr inkl. „Canonazo" 8 CUC, Kinder (5–11 J.) 4 CUC, Führung 1 CUC (auch in Engl. und Franz.). Carretera Cabaña y Vía Monumental.

Castillo de los Tres Reyes del Morro

Nachdem die „Perle der Antillen" immer öfter von Piraten heimgesucht worden war, weil der Hafen von Ha-

vanna zu jener Zeit als Hauptumschlagplatz für die Schätze der Neuen Welt fungierte, befahl die spanische Krone den Bau einer großen Festungsanlage. Sie sollte auf dem damals „El Morro" genannten Felsen am Eingang der Bucht entstehen, um zusammen mit der Kanonenbatterie des gegenüberliegenden Castillo de la Punta in feindlicher Absicht einfahrende Schiffe ins Kreuzfeuer nehmen zu können. Im Jahr 1587 machten sich die eigens dafür entsandte Feldmeister Juan de Texeda und der italienische Militär-Ingenieur Giovanni Bautista Antonelli an die Arbeit und schufen eine polygone Zitadelle im Renaissance-Stil, die von einem trockenen Verteidigungsgraben umgeben war. Um dem Bollwerk trotz der notwendigen

Spielplatz für Ritterburg-Besitzer: das Castillo de los Tres Reyes del Morro

Robustheit eine gewisse Eleganz zu verleihen, ließ Antonelli zum Hang hin mehrere Terrassen anlegen, die den Stützpunkt gleichzeitig tarnen sollten. Nachdem Gouverneur Don Pedro Valdés am Fuße des Castillo eine Batterie mit zwölf Kanonen hatte installieren lassen, die den Namen „Los doce Apóstoles" („Die zwölf Apostel") trug und noch heute zu besichtigen ist, war die Anlage 1630 schließlich verteidigungsbereit. Trotz des betriebenen Aufwands blieb die Festung aber nicht lange in spanischer Hand. Schon 1762 wurde sie von den Engländern eingenommen – sie waren von der Landseite gekommen und hatten das Castillo in nur 44 Tagen ausgehungert.

Heute präsentiert sich die Anlage mit ihren dicken Mauern und den schmalen Wehrgängen überraschend aufgeräumt und in perfektem Zustand erhalten, ganz so, als würden die Soldaten des Königs jeden Moment zurückkehren. Einen Besuch lohnt auch der Leuchtturm, zur Zeit seiner Inbetriebnahme im Jahr 1845 der erste in Cuba. 1942 wurde er allerdings von einem neuen Modell mit automatisierter Technik ersetzt. Seit 1986 beherbergt das Castillo überdies ein kleines Meeresmuseum.

Tägl. 9–18 Uhr. Eintritt 6 CUC, Kinder (5–11 J.) 3 CUC, Führung 1 CUC (auch in Engl. und Franz.), Leuchtturm 2 CUC. Carretera Cabaña y Vía Monumental.

Parque Infantil „La Maestranza"

Die Anlage neben Havannas historischem Amphitheater ist mit ihren Hüpfburgen, Röhrenrutschen, Karussells, einem Riesenrad und einer Kindereisenbahn für die Kleinen ein Mordsspaß. Außerdem kann sich der Nachwuchs auf einem Spielplatz mit Schaukeln und Klettergerüsten austoben.

Eintritt 0,20 CUP/ca. 0,01 CUC/Pers., die Fahrgeschäfte kosten 0,25 CUP/ca. 0,01 CUC pro Fahrt. Für die ganz Kleinen bis 4 Jahre gibt es einen eigenen Bereich (Eintritt 1 CUP/ca. 0,04 CUC). Mi–Fr 11–19, Sa/So 10–20 Uhr. Avenida del Puerto.

Anfiteatro del Centro Histórico de La Habana

Das Amphitheater von Alt-Havanna wurde von den Architekten Eugenio Batista und Aquiles Maza erbaut und am 20. Mai 1936 mit einem Konzert der Stadtkapelle Havannas unter der Leitung von Guillermo Tomás feierlich eingeweiht. In der Folgezeit erlebte das kleine Colliseum bedeutende Theateraufführungen und Konzerte, unter anderem des großen Benny Moré, und war bis in die 1960er Jahre offizieller Sitz des cubanischen Staatsorchesters. Nach seiner Restaurierung durch die Oberste Denkmalschutzbehörde der Stadt gastierte im Jahr 2000 das Philharmonische Orchester aus Leipzig in den altehrwürdigen Mauern, bis heute ist das Anfiteatro regelmäßig Schauplatz von Musicals, zuletzt von „Das Phantom der Oper" und „Die Schöne und das Biest". Karten für die Vorstellungen, die meist am Samstag- und Sonntagabend stattfinden, gibt es immer am Nachmittag davor.

Avenida del Puerto e/ Cuba y Peña Pobre.

Cabaña

Das Restaurant nahe der Avenida del Puerto und dem Amphitheater macht rein äußerlich den Eindruck einer Touri-Falle, ist allerdings tatsächlich ein angenehmes Lokal mit internationaler und cubanischer Küche, aufmerksamem Service, ordentlichem Essen und annehmbaren Preisen. Die wenig aufregende Spezialität des Hauses ist „Pollo Cabaña", ein Hähnchen-Cordon-bleu mit Schinken- und Käsefüllung. Überhaupt ist die Karte recht hähnchenlastig, u. a. gibt es auch das „Pollo à la Alemana" (nach Art der Deutschen), mit Butter und Weißwein zubereitet. An Getränken wartet man neben dem Üblichen mit einer schönen Weinauswahl auf, glasweise gibt es die Tropfen ab 1 CUC. Von 12 bis 22 Uhr wird meist Live-Musik geboten.

€€€ Tägl. 12–24 Uhr. Calle Cuba esquina Peña Pobre. → **5** auf Karte S. 134/135.

Monumento Máximo Gómez

Das monumentale Denkmal für den aus der Dominikanischen Republik stammenden General der Unabhängigkeitskriege, neben dem deshalb nicht nur die cubanische Flagge, sondern auch jene des Nachbarstaates weht, wurde von dem italienischen Künstler Aldo Gamba geschaffen und im November 1935 feierlich seiner Bestimmung übergeben. Das Reiterstandbild aus Bronze thront auf einem großen Sockel aus Marmor und Granit, an dem Reliefs unter anderem cubanische Männer und Frauen zeigen, die die Opfer des Volkes symbolisieren sollen. Als im Jahr 1955 die Untertunnelung der Hafeneinfahrt in Angriff genommen wurde, wollten die Ingenieure das 22 Meter hohe Denkmal eigentlich versetzen, konnten es aber schließlich doch in die Planung integrieren und an seinem ursprünglichen Standort belassen. Die Folge ist, dass der 800 Quadratmeter große Platz, der das Denkmal umgibt, heute inmitten des viel befahrenen Kreisverkehrs liegt, über den man in den Túnel de la Bahía einfährt.

Avenida del Puerto, Avenida de las Misiones, Capdevila.

Castillo de San Salvador de La Punta

Die Festung aus dem 16. Jahrhundert bildete einst gemeinsam mit dem 500 Meter entfernt auf der gegenüberliegenden Seite der Hafeneinfahrt in Havanna del Este errichteten Castillo del Morro den Schutzwall vor Piratenüberfällen. Dem Kreuzfeuer der schweren Kanonen-Batterien aus beiden Anlagen konnten feindliche Schiffe nicht entgehen. Später, während der Unabhängigkeitskriege, diente das Castillo als Kerker. Teilweise wurden die Gefangenen einfach durch Löcher im Boden zehn Meter tief in die unterirdischen Zellen geworfen. Wer sich dabei nicht verletzte und schließlich an Wundbrand und Blutvergiftung starb, kam meist aufgrund der katastrophalen Haftbedingungen und hygienischen Verhältnisse ums Leben.

Heute ist die Festung ein Museum, das eine bescheidene Sammlung zerbrochener

Havanna Tour 3 → Karte S. 134/135

Teller und Tassen zeigt, die einst zur Ladung verschiedener Schiffe gehörten, die in oder vor der Bucht von Havanna gesunken sind. Außerdem sieht man – warum auch immer – Knöpfe, bronzene Türgriffe aus dem 19. Jahrhundert sowie eine bunte Palette alter Gefäße aus der Kolonialzeit. Im Freigelände stehen Originalkanonen aus dem Jahr 1888, daneben liegen Kugeln und Kartuschen – ganz so, als müsste man jede Stunde mit einem neuerlichen Angriff durch Freibeuter rechnen. Bei Redaktionsschluss war die Anlage wegen Renovierungsarbeiten geschlossen.

Di–Sa 9.30–17.30, So 9–13 Uhr. Eintritt frei. Avenida del Puerto esquina Prado.

Monumento Sebastián Francisco de Miranda Rodríguez

Direkt neben dem Castillo de San Salvador de La Punta steht seit Juni 2007 ein Denkmal für den in Caracas geborenen Offizier und Revolutionär, das von keinen Geringeren als Raúl Castro und dem damaligen Staatspräsidenten Venezuelas, Hugo Chávez, persönlich enthüllt wurde. Miranda Rodríguez (1750–1816) gilt als Wegbereiter von Simón Bolívar, dem Befreier Südamerikas, weil er sich stets für die Unabhängigkeit der spanischen Kolonien in Amerika eingesetzt hatte.

Avenida del Puerto esquina Prado.

Nazdarovie

Erst im Frühjahr 2015 eröffnet, darf man gespannt sein, wie lange das russische bzw. sowjetische Restaurant in der dritten Etage eines renovierten Malecón-Gebäudes überlebt. Denn die Besitzer haben sich zwar auf die Fahnen geschrieben, die nostalgischen Erinnerungen an die Beziehungen zwischen Cuba und der Ex-Sowjetunion hochzuhalten, russische Touristen kommen aber nur spärlich auf die Insel, Cubaner können sich die Preise des Lokals nicht leisten und ob deutsche, kanadische und (dem-

nächst) US-amerikanische Urlauber in Cuba russisch essen wollen, ist fraglich. Wie auch immer: Es gibt Canapés mit Kaviar, sibirische Ravioli, russisches Schaschlik und – wie unpassend – Cotleta à la Kiev. Dazu wird eine Litanei an Wodkas kredenzt, bis zu 115 CUC für die Ein-Liter-Flasche „Beluga". Zu erkennen ist das Lokal an einer sowjetischen (nicht russischen) Fahne, die am Balkon weht.

€€€ Tägl. 12–24 Uhr. Malecón Nr. 25 (3er piso) e/ Prado y Cárcel. → **1** auf Karte S 134/135.

Torresón

Das kleine Privat-Restaurant direkt am Malecón kann man nicht nur wegen seiner guten Küche und der moderaten Preise, sondern auch wegen seiner Lage empfehlen. Im 1. Stock eines alten Kolonialgebäudes speist man auf einem Balkon mit grandiosem Blick auf das Meer und das Castillo del Morro. Gekocht wird kreolisch – es gibt Hähnchen, Schweinesteaks, Fischfilets und Lamm. Die Komplett-Menüs mit Suppe, Salat, Beilagen und Dessert kosten um die 10 CUC.

€€€ Tägl. 12–24 Uhr. Malecón Nr. 27 (altos) e/ Prado y Cárcel. → **2** auf Karte S 134/135.

El Portal de La Habana

„Das Tor von Havanna" verspricht mehr, als die kleine Cafetería letztlich halten kann. Dennoch: Immerhin liegt sie direkt am Malecón, immerhin wird man beinahe rund um die Uhr versorgt, und immerhin gibt es u. a. ein ganzes Brathähnchen – für den wirklich großen Hunger. Außerdem verfügt das Lokal im hinteren Bereich über einen kleinen Lebensmittelladen, eher eine Art Theke, an der man sich mit dem Nötigsten versorgen kann.

€€ Tägl. 9–24 Uhr. Malecón Nr. 29 e/ Prado y Carcel. → **3** auf Karte S 134/135.

Castropol

Das nicht ganz billige Doppel-Lokal am Malecón (Restaurant im Ober-, Taverne im Erdgeschoss) hat rein gar nichts mit Fidel oder Raúl zu tun, es gehört vielmehr der spanischen „Sociedad Asturiana Castropol". Spezialität des Restaurants sind Fischgerichte, Meeresfrüchte und spanische Leckerbissen, während man in der Taverne ganz auf Fleisch vom Holzkohlengrill setzt. Dort empfiehlt der Chef beispielsweise seine „Parrillada campesina" mit Hähnchen, Rinderfilet und Schweinshaxe. Für alle, die es nicht lassen können, gibt es oben wie unten zudem Pizza und Pasta.

€€€€ Tägl. 12–24 Uhr. Malecón Nr. 107 e/ Crespo y Genios. → **4** auf Karte S 134/135.

Hotel „Deauville"

Das 14-stöckige Hochhaus liegt unmittelbar am Malecón, zumindest von den Zimmern in den oberen Etagen ist der Blick einfach grandios. Außerdem wurde das Mittelklasse-Hotel halbwegs vernünftig renoviert und mit durchwegs freundlichem Personal besetzt. Leicht verbesserungswürdig ist die Sauberkeit innerhalb des Hauses (nicht in den Zimmern), deutlich verbesserungswürdig der Service im Restaurant. Die 144 Zimmer sind dafür durchaus kategoriegerecht mit Klimaanlage, Safe, TV und Telefon ausgestattet. Ein Pluspunkt ist der in Hotels in dieser Lage nicht obligatorische Swimmingpool in der 6. Etage mit Blick über die Dächer von Havanna, ein weiterer die hauseigene Keller-Disco „70's Café".

€€ Avenida de Italia Nr. 1 esquina Malecón, ℰ 8668812, www.gran-caribe.com. → **6** auf Karte S 134/135.

Café Neruda

Eines der jüngeren Kinder der Gastronomie am Malecón ist in einem schön sanierten Gebäude aus der Kolonialzeit untergebracht und nach dem chilenischen Schriftsteller und Literaturnobelpreisträger Pablo Neruda (1904–1973) benannt. Die Karte ist eine Reminiszenz an den Dichter und seine Heimat.

Neben Meeresfrüchten (u. a. Garnelen) und internationalen Fleischgerichten (z. B. Entrecôte) sind nämlich auch „Escalope Valparaíso a la salsa de tomate frito", also Schweinesteak auf chilenische Art in Tomaten-Sauce, und „Buey Chileno a la brasa", ein am Spieß über offenem Feuer gebratener chilenischer Ochse, im Angebot. An Getränken werden Cocktails, Weine (auch glasweise), Bier, Erfrischungsgetränke und diverse Kaffee-Variationen serviert.

€€€ Tägl. 12–24 Uhr. Malecón Nr. 355 e/ Manrique y San Nicolas. → **7** auf Karte S 134/135.

La Abadía

Der – architektonisch gesehen – „letzte Schrei" am Malecón gibt sich als Tapas-Bar und überzeugt mit seiner Vielfalt an kulinarischen Kleinigkeiten und seinen vernünftigen Preisen. Ensaladillas mit Hähnchen, Mais oder russischem Ei kosten um 1,50 CUC, Montaditos – Sandwich-Winzlinge, die mit Käse, Wurst oder Serrano-Schinken belegt sind – ca. 0,50 CUC pro Stück. Daneben werden kleine Fischfilets, Garnelen in Knoblauch oder Spießchen mit Hähnchen und Shrimps serviert. Für den großen Hunger gibt es u. a. eine Super-Brocheta. Zu trinken bekommt man Wein (auch glasweise), elf verschiedene Kaffee-Zubereitungen von Espresso bis zum Irish Coffee, sechs Whisky-Sorten sowie die typisch cubanischen Cocktails.

€€€ Tägl. 12–24 Uhr. Malecón e/ Campanario y Manrique. → **8** auf Karte S 134/135.

Hotel „Terral"

Erst im Mai 2012 eröffnet, ist das neue, nach dem nächtlichen ablandigen Wind benannte Vier-Sterne-Haus bereits ein Renner unter den Touristen – der Lage wegen. Das moderne Stadt-Hotel mit seinem avantgardistischen Design residiert nämlich in einem komplett sanierten und nach allen Regeln der Hotellerie-Kunst ausgestatteten Kolonialpalast direkt am Malecón. Die nur 14 Zimmer, davon zwei Mini-Suiten im obersten Stockwerk, haben Satelliten-TV, Internet-Zugang, zumeist Balkon, Minibar, Safe und viele andere Annehmlichkeiten. Sogar ein sogenanntes „Kopfkissen-Menü" steht zur Auswahl. Das Haus bietet überdies eine Lobby-Bar, ein À-la-carte-Restaurant und eine Dachterrasse mit herrlichem Panorama.

€€€€ Malecón esquina Lealtad, ✆ 8602100, 8692188, www.habaguanexhotels.com. → **9** auf Karte S 134/135.

Parque y Monumento Antonio Maceo

Der Park – eigentlich mehr ein befestigter Platz – im Schatten des Internationales Krankenhauses „Hermanos Ameijeiras" wird überragt von dem auf einem hohen Marmorsockel stehenden Reiterstandbild aus Bronze, das an den militärischen Kopf der Unabhängigkeitskriege erinnert. Antonio Maceo, einziger Mulatte in der cubanischen Heeresführung, hat in der Geschichte des Landes auch deshalb einen festen Platz, weil es ihm gelungen war, den Kampf gegen die spanischen Kolonialherren auf eine breite Basis zu stellen, indem er für den Fall des Sieges soziale Gerechtigkeit versprochen hatte.

Neben dem im Jahr 1916 errichteten Denkmal für den General steht in der westlichen Ecke des Platzes der Torreón de San Lázaro, ein an einen Wasserturm erinnernder Bau, der früher ein Teil der Befestigungsanlage war. Die Denkmalpfleger Havannas beschreiben ihn zwar als „lebendiges Zeugnis der Geschichte" und als „wertvolles Denkmal", tatsächlich fällt der kleine Wachturm vom Ende des 17., Anfang des 18. Jahrhunderts aber überhaupt nicht auf.

Malecón e/ Belascoaín y Marina.

Hospital Hermanos Ameijeiras

Die internationale Klinik hinter dem Parque Maceo, im Jahr 1980 auf dem Grundstück erbaut, auf dem eigentlich die neue Nationalbank Cubas hätte entstehen sollen, ist mit 24 Stockwerken das höchste Gebäude im Stadtteil Centro und gleichzeitig das Paradepferd des cubanischen Gesundheitswesens. Entgegen anderslautenden Gerüchten werden in dem 900-Betten-Krankenhaus keineswegs nur Devisen bringende Ausländer behandelt – aber auch. Angeblich ist der medizinische Standard hier höher als gemeinhin in Deutschland. Für eine Untersuchung werden 25 CUC berechnet, bei stationärer Unterbringung bezahlt man pro Nacht 75 CUC.

Benannt ist die Klinik nach den vier Gebrüdern (span. Hermanos) Gustavo, Juan Manuel, Ángel und Efigenio Ameijeiras, die mit Fidel Castro gegen das Batista-Regime gekämpft haben und dabei alle zu Tode gekommen sind. Juan Manuel stand an der Seite des Revolutionsführers beim Überfall auf die Moncada-Kaserne in Santiago de Cuba, Efigenio war einer der 82 Rebellen auf der Yacht „Granma".

Calle San Lázaro Nr. 701 esquina Belascoaín, ✆ 8761000, www.hospitalameijeiras.sld.cu.

Convento de la Inmaculada Concepción

Die gepflegte Kirche hinter dem Parque Maceo ist tagsüber immer offen und stark frequentiert, weil hier viele Besucher für ihre Angehörigen im benachbarten Krankenhaus „Hermanos Ameijeiras" beten. Aber auch für Touristen lohnt sich ein Blick, weil das Gotteshaus mit seinen seitlichen Balkonen und dem Chor im hinteren Bereich zumindest hinsichtlich des Zustands seinesgleichen sucht. Sehenswert ist vor allem die Figur der Schutzpatronin Cubas, der Nuestra Señora de la Caridad del Cobre, am linken vorderen Seitenaltar. Eingerahmt wird sie von Statuen von San Vincente de Paul und Santa Luisa de Marillac, den Gründern der Ordensgemeinschaft „Filles de la Charité" (dt. „Töchter der christlichen Liebe"), die sich seit 1633 der Armen- und Krankenpflege widmet.

Mo–Fr 8–17, Sa 17–19, So 9–12 Uhr, Messen Mo–Fr 7, Do 18, Sa 17, So 9 Uhr. Calle San Lázaro Nr. 805 e/ Gonzales y Oquendo.

Callejón de Hamel

Die kleine Gasse zwischen dem Parque Maceo und der Iglesia Nuestra Señora del Carmen ist das Zentrum der afro-cubanischen Kultur und ihrer Religionen. Benannt nach Fernando de Hamel, einem Franko-Amerikaner mit deutschen Wurzeln, der während des amerikanischen Sezessionskriegs als Waffenhändler arbeitete und sich danach hier niederließ, wurde der Ruhm der Häuserzeile im Jahr 1990 begründet. Damals begann Salvador González Escalona, ein Künstler aus Camagüey und begeisterter Santería-Anhänger, inspiriert von Dalí und Picasso, die Wände mit quietschbunten Graffiti zu bemalen. Alsbald ließen sich kleine Töpferwerkstätten nieder, siedelten sich Kunstgalerien an – alle vor dem Hintergrund, die afrocubanischen Traditionen hochzuhalten, speziell die drei Religionen Santería, Palo Monte und Abakuá. Und weil die Verehrung der Götter nicht ohne Musik abging, machte man schnell auch mit seiner Rumba von sich reden. Prominente Persönlichkeiten wie Harry Belafonte, Sidney Pollack oder Compay Segundo wurden auf die Sessions aufmerksam, in ihrem Gefolge kamen immer mehr Habaneros und schließlich die Fremden – ein Selbstläufer.

Bis heute ist die Rumba de los Domingos (die sonntägliche Rumba) eine feste Einrichtung, die jeden Sonntag zwischen 11.30 und 15 Uhr gepflegt wird, und dies keineswegs nur für Touristen. Speziell um sie, jedenfalls um jene, die das Trommeln lernen wollen, kümmert sich im Callejón de Hamel Leandro „Leo" Moré, ein entfernter Verwandter

des großen Benny Moré und „einer der größten Percussionisten Cubas" – sagt er in aller Bescheidenheit über sich selbst. Für ihn, aber nicht nur für ihn, scheint ein Zitat wie geschaffen zu sein, das an einer Wand am östlichen Eingang der Gasse prangt: „El pez no sabe que existe el agua!", auf gut Deutsch: „Der Fisch weiß nicht, dass es Wasser gibt!"

Tägl. 10–18 Uhr. Callejón de Hamel e/ Aramburu y Hospital.

Zentrum der afro-cubanischen Kultur: der Callejón de Hamel

Parroquia Nuestra Señora del Carmen

Die große Pfarrkirche aus dem Jahr 1925 mit den beiden völlig unterschiedlichen Türmen ist eines der nicht zu übersehenden Wahrzeichen von Havanna-Centro: Der 60 Meter hohe „Torre monumental", der Hauptturm, trägt auf seiner Spitze eine siebeneinhalb Meter große und neuneinhalb Tonnen schwere Bronze-Statue der Virgen del Carmen, die im italienischen Neapel geschaffen wurde und weithin sichtbar ist. Seinerzeit hievte man die Statue der Schutzpatronin aller Seefahrer und Fischer mit einem einfachen Flaschenzug in nur elf Minuten an ihren Standort.

Im Innenraum ist die dreischiffige Kirche nicht minder spektakulär: Zehn barocke Altarbilder aus dem 18. Jahrhundert, die die frühere Iglesia de San Felipe in der Calle Obrapía in Havanna-Vieja schmückten, hat man hier neben dem Hauptaltar wieder aufgestellt. Auf ihm thront eine fein geschnitzte Statue aus dem 19. Jahrhundert, die ebenfalls die Namenspatronin der Kirche darstellt. Andere Figuren komplettieren den herrlichen Altar: Santa Teresa de Jesus, San Juan de la Cruz, San Alberto de Sicilia, Santa Maria Magdalena de Pazzi sowie der Prophet Elias – alles Erinnerungsstücke des Karmeliterordens, auf den die Verehrung der Virgen del Carmen, der „Jungfrau vom Berge Karmel", zurückgeht.

Ein wahres Kunstwerk ist darüber hinaus die aus cubanischen Edelhölzern gefertigte Kanzel mit schönen Schnitzereien, die die vier Evangelisten zeigen. Und auch die Fresken sind mehr als einen flüchtigen Blick wert. Sie stellen unter anderem den Auszug aus Ägypten und die Kreuzigung Christi dar. Einer Deckenrestaurierung fielen zwar Teile dieser wertvollen Gemälde zum Opfer, die Größe und die Qualität der Arbeit des madrilenischen Künstlers Antonio Martínez Andrés machen das Werk dennoch einmalig in ganz Havanna. Von hohem künstlerischem Wert sind ferner die im spanischen Sevilla hergestellten Mosaiken, die die Säulen und Sockel der Kirche verzieren. Aus blauen

und grünen Kacheln gearbeitet, zeigen sie Motive des Karmeliterordens, verschiedene Heilige und andere sakrale Bildnisse.

Di–So 7.30–12 + 15–19 Uhr, Messen Di–Sa 18.30, So 8.30, 11.30 + 18.30 Uhr. Calzada de Infanta esquina Neptuno.

Parque Central

Im Gegensatz zu vielen anderen sogenannten Parks in Cuba, die meist eher geteerte bzw. gepflasterte Plätze sind, trägt der gegenüber von Gran Teatro und Hotel „Inglaterra" liegende Parque Central seinen Namen zu Recht. Im Schatten tropischer Bäume findet man Dutzende von Steinbänken, die zumeist um kleine Springbrunnen gruppiert sind und zu einer Verschnaufpause inmitten der Hektik der Altstadt einladen.

Im Herzen der im Jahr 1877 angelegten Grünanlage steht, eingerahmt von 28 mächtigen Königspalmen, die 1903 von dem berühmten cubanischen Bildhauer José Vilalta de Saavedra geschaffene Marmor-Statue von Nationalheld José Martí – die erste und wohl eine der schönsten ihrer Art in Cuba. Bedeutungsschwer prangt an ihrem Sockel das Datum 24. Februar 1895, an dem mit dem „Grito de Baire" (dt. „Ruf von Baire") – benannt nach einem kleinen Dorf zwischen Bayamo und Santiago de Cuba im Osten der Insel – der Zweite Unabhängigkeitskrieg ausgebrochen war.

Wenige Meter davon entfernt stößt man fast zwangsläufig auf die „Esquina Caliente", die „heiße Ecke", an der es beinahe rund um die Uhr wirklich heiß hergeht, wenn die Baseballfans von Havanna lautstark die jüngsten Spiele der „Industriales", der Top-Mannschaft der Hauptstadt, diskutieren und kommentieren.

Paseo de Martí, Calles Neptuno, Agramonte, San Martín.

Einst der Laufsteg der Aristokratie: der Prado

Tour 4: Vom Parque Central zum Museo de la Revolución und zurück

Über das Capitolio und den Prado

Eigentlich bewegt man sich bei dieser Tour im Zentrum von Alt-Havanna „nur" einmal rund um den Parque Central – im größeren Rahmen, was deshalb bei gemächlichem Tempo etwa 75 Minuten in Anspruch nimmt. Damit ist es allerdings meist nicht getan, denn man wird sehr schnell feststellen, dass man für diesen Spaziergang deutlich mehr Zeit braucht, weil es so viel zu sehen gibt.

Der Spazierweg
→ Karte S. 147

Der Start erfolgt mitten im Parque Central – man steht vor dem Denkmal für Nationalheld José Martí, gegenüber der vierspurigen Straße, dem Paseo de Martí, sieht man das Gran Teatro, rechts daneben das berühmte Hotel „Inglaterra" und hält erst einmal auf das Hotel zu, ohne die Straße zu überqueren. Am Ende des Parks wendet man sich nach links, marschiert am Cine Payret, einem zwar sehr bekannten, aber äußerlich nicht mehr ganz taufrischen Kino, vorbei und wird von der Monumentalität des Capitolio auf der anderen Straßenseite förmlich erschlagen. Dies wird man noch unmittelbar passieren, für den Moment bleibt das Staunen. Linker Hand liegen nun nach der Abzweigung der Calle Brasil in einem alten Kolonialgebäude die drei Restaurants der „Sociedad de Recreo y Sport Juventud Asturiana", von denen man für den Abend vor allem das „Los Nardos" im Kopf behalten sollte, speziell wenn man großen Hunger hat – die Portionen sind riesig. Ebenfalls links befinden sich ein paar Schritte weiter das innen wie außen perfekt sanierte

Hotel „Saratoga" mit dem Nobel-Restaurant „Anacaona" und das interessante Museo de los Orichas, an dem man den Paseo de Martí zum Fuente de la India und weiter zum Parque de la Fraternidad überquert.

Von dort aus geht es auf der anderen Straßenseite ein Stück zurück in die Richtung, aus der man gekommen ist. Nahe dem Denkmal für Benito Juarez überquert man die Calle Dragones, sieht in etwa 300 Meter Entfernung links ein großes Tor in Pagodenform, das den Eingang zum Chinesen-Viertel darstellt, geht allerdings geradeaus weiter und steht nun direkt vor dem Capitolio. Kurz danach geht man am Gran Teatro de La Habana, am Hotel „Inglaterra", an der „Pastelería Francesa" (feine Kuchen!) und am Hotel „Telégrafo" vorüber. Nun überquert man die Calle Neptuno zur Pizzeria „A Prado y Neptuno", dann sofort den Paseo de Martí in Richtung Hotel „Parque Central" – und erreicht am Anfang einer breiten Allee das Denkmal für Manuel de la Cruz y Fernández, einen revolutionären Journalisten und Schriftsteller aus der Zeit der Unabhängigkeitskriege. Hier beginnt der Prado, die einst mondäne Flaniermeile und Promenade inmitten der – inzwischen verfallenden – architektonischen Pracht. Noch heute gilt auf diesem Laufsteg der Eitelkeiten „sehen und gesehen werden", wenngleich es nicht mehr die Damen der feinen Gesellschaft Havannas sind, die sich hier tummeln, sondern junge Prostituierte auf der Jagd nach (touristischer) Kundschaft.

Auf dem Weg in Richtung Malecón passiert man im oberen Teil des Prado das zum Hotel „Parque Central" gehörende Restaurant „El Paseo" (rechts), das feine Lokal „Havana Gourmet" von Chefkoch Pepe (rechts), den vor allem innen sehenswerten Palacio de los Matrimonios (links, Hausnr. 302) und das Hotel „Sevilla" (rechts). An der Kreuzung mit der Calle Colón, die man überquert, beginnt der nördliche Teil des Prado. Man

kann die urige Peso-Kneipe „Salón Fausto" sehen (rechts), das wenig zu empfehlende, weil staatliche Hotel „Caribbean" (links), den Paladar „Doña Blanquita" (links), das neue, feine und teure Restaurant „Prado 115" (rechts), das einfache Freisitz-Lokal „Las Terrazas de Prado" (links) – und hat spätestens ab hier ständig das Castillo de los Tres Reyes del Morro auf der anderen Seite der Hafeneinfahrt vor Augen. Am Ende des Prado, dort wo links die Cafetería „Prado No. 12" liegt, überquert man beim Denkmal für den cubanischen Dichter Juan Clemente Zenea die Straße rechts in Richtung Parque de los Mártires, geht am Cárcel de Tacón vorbei, lässt rechts den wunderschönen Palacio Velasco liegen, der heute die Botschaft Spaniens beherbergt, und sieht links das Monumento Máximo Gómez – leicht zu erkennen an der Flagge der Dominikanischen Republik, wo der General der Unabhängigkeitskriege geboren wurde.

Dort überquert man die Calle Agramonte zum Parque 13 de Marzo und geht anschließend direkt auf das prächtige Museo de la Revolución, den früheren Präsidentenpalast, zu. Davor sieht man links die kleine Kirche Santo Ángel Custodio, passiert das Museum auf der rechten Seite, bleibt damit weiterhin in der Calle Agramonte und erblickt hinter dem Freigelände des Aushängeschildes der Revolution ebenfalls links den Palacio de Bellas Artes. Das Hotel „Sevilla" (rechts), das man schon vom Prado aus gesehen hat, passiert man nun auf der anderen Seite und stößt danach auf „Sloppy Joe's Bar" (ebenfalls rechts), eine gute Adresse für den Abend. Die bestsortierte Bar Havannas, wenn nicht des Landes, ist mehr als nur einen Absacker wert. Links bleibt schließlich das Museo de los Bomberos zurück, rechts das Hotel „Parque Central". Und wenn man links das Hotel „Plaza" erreicht hat, steht man wieder vor dem Parque Central.

Die Stationen im Einzelnen

Parque Central

Einer der wenigen Parks in Cuba, der diesen Namen verdient: Der 1877 angelegte Parque Central bietet eine Vielzahl von Steinbänken zum Ausruhen unter tropischen Bäumen. Im Herzen des Parks steht Nationalheld José Martí: in Marmor, umrahmt von 28 Königspalmen.

Paseo de Martí, Calles Neptuno, Agramonte, San Martín.

Los Nardos

Das nichtstaatliche Vorzeige-Restaurant der „Sociedad de Recreo y Sport Juventud Asturiana" mit seinen Ablegern, dem „El Trofeo" und dem „El Asturianito", findet man schräg gegenüber vom Capitolio in einem uralten, aber sanierten Gebäude, das schon stand, als die Arbeiten für das Wahrzeichen Havannas im Jahr 1912 aufgenommen wurden. Es zählt zu den gepflegtesten Lokalen der Altstadt und steht aufgrund seiner vernünftigen Preise auch bei Cubanern hoch im Kurs. Ein bisschen Wartezeit muss man daher in Kauf nehmen, wenn man einen Tisch bekommen möchte. Dafür wird man aber mit riesigen Portionen entschädigt – meist reicht ein Essen für zwei Personen. Zu den Spezialitäten gehören Meeresfrüchte wie Garnelen (u. a. mit Knoblauch, in Rum und Weißwein oder in Tomaten-Sauce) und Langusten (u. a. in katalanischer Sauce mit rotem und grünem Pfeffer, mit Béchamel-Sauce, Senf und Käse oder gefüllt mit Schinken und Käse). Dazu sollte man unbedingt einmal die Sangría Asturiana probieren – mit Brandy und Weißwein, Orangenschalen und Zitronensaft. Während das „Los Nardos" (1. Etage) seinen Schwerpunkt auf internationale Küche legt, werden im „El Trofeo" (2. Etage) überwiegend spanische und

cubanische Gerichte und im „El Asturianito" (Erdgeschoss) kreolische und italienische Speisen angeboten. Die Preise für Speisen und Getränke bewegen sich in allen drei Lokalen am unteren Limit, wenngleich bei der Rechnung grundsätzlich eine zehnprozentige Servicepauschale hinzukommt.

€€€ Tägl. 12–24 Uhr. Paseo de Martí Nr. 563 e/ Dragónes y Teniente Rey. → **15** auf Karte S. 147.

Hotel „Saratoga"

Die edle Herberge, die dem berühmten „Nacional de Cuba" jederzeit das Wasser reichen kann, befindet sich am Paseo de Martí gegenüber dem Parque de la Fraternidad und ist eines der exklusivsten Häuser in der Altstadt von Havanna. Als es 1930 eröffnet wurde, war es schnell eine begehrte Adresse der Schickerla. Das ist heute, nach aufwendigem Umbau und Neueröffnung im November 2005, wieder so. Die 96 geräumigen Deluxe-Zimmer und Junior-Suiten sind mit allen Schikanen ausgestattet, die sieben zwischen 60 und 100 Quadratmeter großen Suiten der pure Luxus. Auf dem Dach stehen den Gästen Swimmingpool, Solarium und Fitness-Center zur Verfügung. Für das leibliche Wohl sorgen die schicken Restaurants „Anacaona" **16** und „Mirador Saratoga", für den Absacker eine schöne Piano-Bar.

€€€€€ Paseo del Prado Nr. 603 esquina Dragones, ☎ 8681000, www.hotel-saratoga.com, www.saratogahotel-cuba.com, www.habaguanexhotels.com. → **16** auf Karte S. 147.

Museo de los Orichas

Das Museum der „Asociación Yoruba de Cuba" gegenüber vom Parque de la Fraternidad ist eine wahre Fundgrube für alle, die etwas mehr über den auf der Insel weit verbreiteten Santería-Kult erfahren möchten. Antonio Casta-ñeda Marquez, der Direktor und Be-gründer des einzigen Museums dieser Art weltweit, hat die meisten der ausge-stellten Gegenstände aus Westafrika mitgebracht, wo die Religion ihren Ur-sprung hat. Nach Cuba kam sie Ende des 17. Jahrhunderts mit den Sklaven, die ihre Gottheiten, die Orichas (auch Orishas geschrieben), dort mit den christlichen Heiligen der spanischen Eroberer gleichsetzten, um sie trotz ei-nes Verbots ihres Kults durch die herr-schende Klasse verehren zu können.

In szenischen Darstellungen werden 29 Statuen der wichtigsten der insgesamt 401 Orichas gezeigt: Chango etwa, der König des Himmelreichs; Ochún, die Schutzpatronin Cubas; Los Beyis, Zwil-linge, die über alle Kreaturen wachen; oder Babalú Ayé, im katholischen Glau-ben der Heilige Lazarus. Interessant ist die Geschichte von Osain, dem Gott der Pflanzen, dem ein Bein und ein Arm fehlen – Chango soll ihm die Gliedmaßen nach einem Inzest mit der eigenen Mutter als Strafe kurzerhand abgeschlagen haben. Im afrocubani-schen Pantheon blieb er trotzdem.

Für Europäer aus dem christlich ge-prägten Abendland nicht immer ganz logisch erscheinen auch die „Zuständig-keitsbereiche" der Orichas. So ist bei-spielsweise die Gottheit Inle die Schutzpatronin für Ärzte und Fische oder Algayú verantwortlich für Wande-rer und Flüsse. Über ihnen allen thront Orula, gleichzusetzen mit dem Heiligen Franz von Assisi, der im Santería-Kult allerdings als Herrscher über die Welt und den Erdkreis gilt. Seine Farben (Gelb und Grün) tragen viele Cubaner in Form eines Perlenarmbands am lin-ken Handgelenk.

Jede Menge Details über die Religion und ihre Götter erfährt man bei Füh-rungen durch das Museum, die auf An-frage auch auf Deutsch angeboten wer-den, und bei den teilweise öffentlichen Zeremonien der Babalaos, der obersten Santería-Priester.

Tägl. 9.30–17 Uhr. Eintritt 10 CUC, in der Gruppe 6 CUC, Kinder bis 12 Jahre frei. Pa-seo de Martí Nr. 615 e/ Máximo Gómez y Dragones.

Fuente de la India

Der Brunnen auf einer Verkehrsinsel gegenüber dem Haupteingang des Par-que de la Fraternidad wurde, wie der Löwen-Brunnen auf der Plaza de San Francisco de Asís, vom damaligen Grafen von Villanueva, Don Claudio Martínez de Pinillos, in Auftrag gege-ben und im Jahr 1837 ebenfalls von dem italienischen Bildhauer Giuseppe Gaggini gestaltet. Ganz aus weißem Marmor gehauen, thront eine junge Indio-Frau auf vier stilisierten, Wasser speienden Delfinen – in ihrer linken Hand hält sie ein Füllhorn, in ihrer rechten das Stadtwappen, das Havanna am 30. November 1665 von Königin Mariana de Austria verliehen wurde. Darauf sind drei Türme dargestellt, die die drei Festungsanlagen symbolisieren sollen, dazwischen ein Schlüssel, der auf die Rolle der Stadt als „Schlüssel zum Golf von Mexiko" anspielt.

Paseo de Martí e/ Avenida Simón Bolívar y Calle Dragones.

Parque de la Fraternidad

Der gepflegte „Park der Brüderlichkeit" entstand anlässlich der Panamerika-Konferenz von 1928 nach einem Ent-wurf des französischen Stadtplaners Jean-Claude Nicolas Forestier. Er wurde just an jener Stelle angelegt, in der seit 1892 ein kleiner Exerzierplatz an die 40. Wiederkehr der Ankunft der Spanier auf Cuba erinnerte. Die riesige, inzwischen von einem schmiedeeiser-nen Zaun umgebene Ceiba (dt. Kapok-Baum) im Zentrum des Parks wurzelt in der Erde jener 21 Länder, die damals an der Zusammenkunft teilnahmen.

Die Grünanlage mit Eingängen in allen vier Himmelsrichtungen schmücken Büsten berühmter Amerikaner – der in Cuba hoch verehrte ehemalige US-Präsident Abraham Lincoln (nordwestliche Ecke) ist ebenso darunter wie der Befreier Lateinamerikas Simón Bolívar (nordöstliche Ecke), der frühere mexikanische Präsident Benito Juárez (südwestliche Ecke) und der argentinische General José de San Martín (südöstliche Ecke). Wie sehr man die Spanier mit der Umgestaltung des Platzes brüskieren wollte, wird daran deutlich, dass man dort auch dem philippinischen Nationalhelden José Rizal (1861–1896) ein Denkmal setzte, der sich in seiner Heimat gegen die Spanier aufgelehnt hatte und von diesen deshalb hingerichtet worden war.

Heute ist der Parque de la Fraternidad nicht nur ein beliebter Treffpunkt und Rastplatz mit Dutzenden von schattigen Ruhebänken, sondern in erster Linie als Busbahnhof und Taxi-Standplatz Alt-Havannas bekannt. In den ihn umgebenden Straßen halten fast alle Stadtbusse, die zwischen dem Zentrum und den Außenbezirken verkehren, an seiner Westseite (zwischen Park und Capitolio) findet regelmäßig ein „Aufmarsch" der zu Privat-Taxen umfunktionierten Oldtimer statt.

Paseo de Martí, Avenida Simón Bolívar, Calles Dragones und Industria.

El Barrio Chino

Das chinesische Viertel Havannas liegt unmittelbar hinter dem Capitolio, sein Eingang in der Calle Dragones ist ein großes Portal in Pagodenform. So groß das Tor allerdings auch ist, das die Regierung in Peking im Jahr 1999 zur Erinnerung an die Emigration chinesischer Kulis nach Cuba stiftete, so wenig glanzvoll ist das, was dahinter kommt. Chinatown, wie man es aus US-amerikanischen Großstädten kennt, darf man nicht erwarten.

Tour 4:
Vom Parque Central zum Museo de la Revolución und zurück
150 m

Lediglich zweisprachige Straßenschilder, einige Supermärkte mit fernöstlichen Produkten und zwei, drei Apotheken mit traditioneller chinesischer Medizin erinnern daran, dass hier Anfang des 20. Jahrhunderts etwa 5000 Kontraktarbeiter mit ihren Familien lebten. Dafür gibt es jede Menge China-Restaurants oder solche, die sich so nennen, aber hauptsächlich von Cubanern betrieben werden. Die meisten davon befinden sich im sogenannten Cuchillo de Zanja, einer Seitengasse der Calle Zanja, die zu einer touristischen Fressmeile verkommen ist, in der sich ein Restaurant an das andere reiht und Schlepperinnen mit Speisekarten jeden Neuankömmling förmlich überfallen. Die beiden authentischsten und empfehlenswertesten Restaurants hier sind das „Tien Tan" und das „Guangzhou", Letzteres benannt nach der Hauptstadt der chinesischen Provinz Guangdong (dt. Kanton). Die übrigen Lokale sollte man besser meiden – wie im Grunde den ganzen Cuchillo. Die besten China-Restaurants wie das „Flor de Loto", das „Chan Li Po" oder das „Los Dos Dragones", in denen ursprüngliche chinesische Gerichte für kleines Geld serviert werden, liegen nämlich nur einen Katzensprung davon entfernt.

Nicht versäumen sollte man, einen Blick in das alles überragende Gebäude der Telefongesellschaft „telepunto" am Eingang zum Barrio Chino zu werfen. Der weiß verputzte Kolonialbau mit dem reich verzierten Turm in Tonfarben hat mit Chinatown zwar überhaupt nichts zu tun, ist mit seinen kunstvoll gestalteten Holzdecken und den Mosaikbordüren aber ein architektonisches Schmuckstück.

Avenida de Italia, Calles Manrique, Zanja, Salud.

Capitolio Nacional

Das architektonische Juwel Havannas, das eine Fläche von 38.875 Quadratmetern einnimmt, ist von fast keinem Punkt der Stadt aus zu übersehen – so sehr dominiert seine Kuppel die Skyline der Metropole. Das Spiegelbild des Kapitols im US-amerikanischen Washington, das heute die beiden Stadtteile Havanna-Vieja und Havanna-Centro voneinander trennt, war ursprünglich als Präsidenten-Palast geplant. Doch kurz nachdem die Arbeiten im Jahr 1912 nahe dem ersten Bahnhof von Havanna, der Estación de Ferrocarriles de Villanueva, aufgenommen worden waren, begann die cubanische Wirtschaft zu lahmen, sodass der Bau vorübergehend eingestellt werden musste. Erst 1926 griff Diktator Gerardo Machado die Idee wieder auf und ließ das heute fünftgrößte Bauwerk der Welt innerhalb von nur drei Jahren und 50 Tagen von rund 8000 Arbeitern unter der Regie der cubanischen Architekten Raúl Otero und Eugenio Raynieri Piedra sowie ihres französischen Kollegen Theo Levau vollenden. Fast 20 Millionen US-Dollar verschlang das am 20. Mai 1929 eingeweihte Gebäude mit seiner 92,73 Meter hohen Kuppel.

Danach war das Capitolio, dessen Name auf eine Volksbefragung zurückgeht – man hatte die Wahl zwischen Palacio del Congreso (dt. Kongresspalast) und Capitolio –, 30 Jahre lang Sitz des cubanischen Repräsentantenhauses und des Senats. Als beide Kammern des Parlaments nach der Revolution überflüssig geworden waren, zogen nach und nach die Akademie der Wissenschaften, die Nationalbibliothek für Wissenschaft und Technologie sowie Teile des Umweltministeriums in den Prunkbau ein.

Aus diesem Grund kann man heute auch nicht das gesamte Gebäude besichtigen, streift bei einem Rundgang aber die wichtigsten Sehenswürdigkeiten. Dazu zählt etwa der 120 Meter lange, mit 7,10 Meter hohen und 1,96 breiten Fenstern versehene und ganz in Marmor gehaltene „Salón de los Pasos Perdidos" (dt. „Saal der verlorenen Schritte"), der seinen klingenden Namen der hervorragenden Akustik verdankt. Die Halle, zu der 42 Türen füh-

Denkmal für den Bruder im Geiste – im Park der Brüderlichkeit

ren, wurde ursprünglich für große Staatsempfänge konzipiert und ist daher mit Ausnahme von 20 Marmorbänken und 32 Standlüstern unmöbliert. Ebenfalls einen Besuch wert ist der sich anschließende Hemiciclo (dt. Halbrund) Camilo Cienfuegos, ein aufwendig verzierter, zweistöckiger Konferenzsaal mit insgesamt 500 Sitzplätzen, der nach dem Vorbild römischer Amphitheater errichtet wurde. Römische Züge tragen deshalb auch die 23 Reliefs, die den Säulengang des halbrunden Anbaus zieren und unter anderem die Gerechtigkeit, die Gleichheit und die Brüderlichkeit darstellen. Genauso tugendhaft gibt sich die von dem italienischen Bildhauer Angelo Zanelli geschaffene Statue der Republik, die die Haupthalle dominiert und am Eingang zum „Salón de los Pasos Perdidos" aufgestellt wurde. Mit einer Höhe von 17,54 Metern und einem Gewicht von 49 Tonnen ist die in Rom gegossene und mit 22-karätigem Blattgold überzogene Bronzeplastik nach dem Großen Buddha im japanischen Nara und dem Abraham-Lincoln-Denkmal in Washington/USA die drittgrößte Skulptur der Welt innerhalb eines Gebäudes. Der Überlieferung nach soll Zanelli die schöne Cubanerin Lily Valty für die Figur Modell gestanden haben. Zu ihren Füßen findet man inmitten eines achtzackigen Marmorsterns die Nachbildung eines 24 Karat (4,8 Gramm) schweren Diamanten, der in den Boden der Eingangshalle eingelassen ist und der den geographischen Nullpunkt darstellt, von dem aus alle Entfernungen in Cuba gemessen werden.

Wer sich den Eintritt für das Capitolio spart, macht zwar einen Fehler, sollte aber zumindest die 55 Stufen der Escalinata (dt. Freitreppe) hinauf zum Hauptportal nehmen und einen schönen Blick vom Parque de la Fraternidad bis zum Parque Central genießen. Flankiert wird man dort zu beiden Seiten von jeweils einer ebenfalls von Angelo Zanelli gearbeiteten, 6,50 Meter großen Plastik, die links „El Trabajo" (dt. „Die Arbeit") und rechts „La Virtud Tutelar" (dt. „Die Rechtschaffenheit") symbolisiert. Zwölf mehr als 14 Meter hohe und in zwei Reihen angeordnete ionische Granitsäulen geleiten von dort in die Eingangshalle.

Havanna Tour 4 → Karte S. 147

Aber dafür wird, wie erwähnt, Eintritt fällig ... Bei Redaktionsschluss war das Bauwerk allerdings wegen Renovierungsarbeiten geschlossen.

Tägl. 9.30–18 Uhr. Eintritt 3 CUC, Fotoaufnahmen 2 CUC, Videoaufnahmen 2 CUC. Paseo de Martí e/ San Martín y Dragones.

Gran Teatro de La Habana

Die älteste Bühne Mittelamerikas und der Karibik ist gleichzeitig eine der bedeutendsten kulturellen Einrichtungen des Subkontinents. Seine Premiere erlebte das Theater bereits im November 1837, ehe es fünf Monate später, im April 1838, unter dem Namen „Gran Teatro de Tacón" offiziell eingeweiht wurde. Das prunkvolle, im Stil des Neobarock errichtete Gebäude verfügt nicht nur über verschiedene Bühnen für Theateraufführungen und Konzerte, sondern auch über Konferenzräume, Kunstgalerien sowie Übungsräume für Tanz- und Ballettgruppen.

Im Kuppelsaal thronen vier Plastiken des italienischen Bildhauers Giuseppe Moretti – Allegorien der Wohltätigkeit, der Erziehung, der Musik und des Theaters. Die größte Bühne befindet sich in der „Sala García Lorca", die schon viele Größen der Kunstszene gesehen hat, etwa die Tänzerinnen Anna Pavlova und Carmen Amaya, die Opernsänger Adelina Patti und Enrico Caruso, die Musiker Arthur Rubinstein und Sergej Rachmaninow und andere berühmte Künstler des klassischen Genres aus dem 19. und 20. Jahrhundert.

Nach mehrmaligen Umbenennungen – einmal hieß es „Gran Teatro Nacional", später „Teatro Estrada Palma", danach „Teatro García Lorca" – nahm das Haus in seiner heutigen Form nach aufwendigen Umbauarbeiten im Jahr 1915 seinen Betrieb auf und ist seit 1965 zudem das Zuhause des von der cubanischen „Primaballerina Assoluta" Alicia Alonso gegründeten Nationalballetts. Darüber hinaus führt das Centro Pro Arte Lírico hier seine Opern, Operetten und Konzerte auf, finden die Auftritte des „Ballet Español" Havannas statt, kommen regelmäßig namhafte ausländische Tanzformationen wie das „American Ballet Theater", das „Ballet del Teatro Colón"

Älteste Bühne Mittelamerikas

aus Buenos Aires oder das „Ballet Folcló-rico de México" zu Gastspielen. Zu den Hauptattraktionen zählen außerdem viele große Festspiele, etwa das Internationale Ballett-Festival, das seit 1960 im Zwei-Jahres-Rhythmus veranstaltet wird und zu dem immer bedeutende Tänzer und Choreographen aus aller Welt in Havanna zusammenkommen, um neue Entwicklungen zu präsentieren und Informationen auszutauschen. Bei Redaktionsschluss war das Theater wegen Renovierungsarbeiten geschlossen.

Besichtigung Mo–Sa 9–17, So 9–13 Uhr. Tageskasse Mo–Sa 9–18, So 9–15 Uhr. Eintritt 2 CUC inkl. Führung, Vorstellung 20 CUC (auf allen Plätzen). Paseo de Martí Nr. 458 e/ San Martín y San Rafael.

Hotel „Inglaterra"

In bevorzugter Lage neben dem Gran Teatro und gegenüber vom Parque Central findet man das altehrwürdige und namhafte Haus, das 1875 im klassizistischen Stil errichtet und wegen seiner historischen Bedeutung inzwischen zum nationalen Denkmal erklärt wurde. Trotz seiner Betagtheit gehört das Vier-Sterne-Hotel noch immer zu den elegantesten der Stadt, sind die 83 Zimmer, die den Glanz der Belle Époque ausstrahlen, auf einem mehr als akzeptablen Stand. Jedes ist mit Telefon, Miet-Safe, Satelliten-TV, Radio, Haartrockner und Minibar (nicht in den Einzelzimmern) ausgestattet. Stilvoll, aber nicht überteuert ist auch das Hotel-Restaurant „El Colonial", wo man beispielsweise ein Lachsfilet schon für 10 CUC erhält. Die Bar „La Sevillana" ist rund um die Uhr geöffnet, auf dem Dachterrasse gibt es täglich außer dienstags kleinere Salsa-Shows. Stets gut besucht ist das Terrassen-Lokal im Erdgeschoss mit Blick auf den Parque Central, wo täglich von 12 bis 23 Uhr Live-Combos musizieren.

€€€€ Paseo de Martí Nr. 416 esquina San Rafael, ℡ 8608594-97, gcingla.gca.tur.cu, www.gran-caribe.com. → 🔟 auf Karte S. 147.

Pastelería Francesa

Das Kaffeehaus auf Cubanisch gegenüber vom Parque Central bietet Dulces, also Kuchen, Torten und Süßspeisen, bis zum Abwinken – und das für kleines Geld. Auch die Sandwiches und Getränke kosten nur wenig mehr als 2 CUC. Der Freisitz des kleinen Lokals am Paseo de Martí ist immer stark frequentiert, weil es mitten im Zentrum Havannas kaum einen besseren Ort zum Leuteschauen gibt.

€ Tägl. 8–24 Uhr. Paseo de Martí Nr. 410 e/ San Rafael y Neptuno. → 🔢 auf Karte S. 147.

Hotel „Telégrafo"

Das bereits 1860 gegründete Hotel – eines der ältesten in Havanna – befand sich zunächst in der Calle Amistad gegenüber dem Campo de Marte, dem heutigen Parque de la Fraternidad. 28 Jahre später zog das „Telégrafo" an seinen heutigen Standort gegenüber dem Parque Central, wurde 1911 vollständig renoviert und war damals nicht nur die modernste Unterkunft der Stadt, sondern zählte sogar zu den elf besten Hotels Lateinamerikas. Das ist lange her. Heute ist das Vier-Sterne-Haus eine gelungene Mischung aus Vergangenheit und Gegenwart mit einer Lobby, die wie eine Kunstgalerie gestaltet ist. Die 63 auf drei Stockwerke verteilten Zimmer sind großzügig, mit Telefon, Safe, Satelliten-TV sowie Klimaanlage ausgestattet und haben alle einen schönen Blick auf den Prado und den Parque Central.

€€€€ Prado Nr. 408 esquina Neptuno, ℡ 8611010, www.habaguanexhotels.com. → 🔢 auf Karte S. 147.

A Prado y Neptuno

Die modern eingerichtete Pizzeria europäischen Zuschnitts liegt am Anfang des Prado gegenüber vom Hotel „Parque Central". Das Restaurant ist bei Touristen wie Cubanern gleichermaßen beliebt – der guten Küche wegen. Ein absoluter Traum sind die „Penne à la Langosta", und auch die superdünnen Pizzen – etwa die Pizza del Chef mit Sauce Bolognese und Bacon – bekommen deutsch-italienische Pizzabäcker kaum besser hin. Ebenfalls empfehlenswert sind die Antipasti und das Carpaccio. Die Weinauswahl ist erfreulich groß, die Preise für eine Flasche beginnen bei ca. 15 CUC. Das Dinner am Abend wird grundsätzlich von einem Trio begleitet, das all die cubanischen Weisen zu Gehör bringt, von denen man glaubt, dass Touristen sie hören wollen.

€€€ Tägl. 12–24 Uhr. Prado esquina Neptuno. → 🔟 auf Karte S. 147.

Hotel „Parque Central"

In dem Top-Hotel in Alt-Havanna nächtigen fast alle Airline-Crews – ein gutes Zeichen. Außerdem: Ob Parque Central, von dem das Haus seinen Namen hat, Prado, Gran Teatro, Capitolio, Fußgängerzone oder eine Vielzahl der Museen Havannas – alles ist nur einen Katzensprung von dem Hotel entfernt, das mitten im Herzen von Vieja liegt und die fünf Sterne völlig zu Recht auf seinem Schild trägt. Die 427 Zimmer (362 Doppelzimmer; 34 Junior-Suiten, 27 Suiten, 1 Präsidenten-Suite, 3 barrierefreie Zimmer) sind sehr modern und luxuriös ausgestattet, der Service ist äußerst aufmerksam, die Restaurants sind eine Klasse für sich. Ein ganz besonderes Erlebnis ist der Swimmingpool auf dem Dach, von wo aus die Kuppel des Capitolio zum Greifen nah ist und man einen herrlichen Blick auf das historische Zentrum von Havanna genießen kann. Die Pool-Bar „Nuevo Mundo" steht auch Nicht-Hotel-Gästen offen. Wenn man unbedingt einen Kritikpunkt sucht, so ist es wohl ausschließlich die Fassade des Hauses, die für die Altstadt einfach zu modern ausgefallen ist und dem Hotel optisch einen „Holiday Inn"-Charakter verleiht. Seit 2010 ist in unmittelbarer Nachbarschaft ein

großer Erweiterungsbau in Betrieb, der mit dem Haupthaus durch einen Tunnel verbunden ist – Platz dürfte es jetzt also fast immer geben.

€€€€€ Calle Neptuno e/ Prado y Zulueta, 📞 8606627, www.iberostar.com. → 🟦 auf Karte S. 147.

Prado (Paseo de Martí)

Die Flaniermeile zwischen Malecón und Parque de la Fraternidad, die von den Habaneros im nördlichen Teil vom Malecón bis zum Hotel „Parque Central" nach ihrer alten Bezeichnung „Prado" und von dort an in südlicher Richtung bis zum Parque de la Fraternidad „Paseo de Martí" genannt wird, war einst der Laufsteg der cubanischen Aristokratie. Hier zeigten die Damen ihre schickste Garderobe aus Paris und die Herren – etwas später – ihre neuesten „Spielzeuge" aus den Automobilfabriken Detroits.

Dieses noble Image hat der Prado spätestens mit der Revolution verloren, ein Boulevard ist er allerdings noch heute. Mit Leben erfüllt wird die von schattenspendenden Bäumen gesäumte Allee allerdings nicht nur von Touristen. Sie ist vielmehr gleichermaßen Spielplatz für Kinder nach der Schule, Treffpunkt für Familien nach Feierabend, Rendezvous-Ecke für Liebespaare nach Sonnenuntergang – und den ganzen Tag über „Schaufenster" für Prostituierte aus den Armenvierteln Havannas. Und vor allem ist sie eines: ein „Broadway", auf dem man trotz der Hektik der Innenstadt in aller Ruhe schlendern kann, ohne Gefahr zu laufen, von einem Auto auf die Kühlerhaube genommen zu werden.

Je nach Laufrichtung hat man dabei entweder die Kuppel des Capitolio oder das Castillo del Morro am anderen Ende der Hafeneinfahrt vor Augen. Dort, wo die Allee auf den Malecón stößt, findet man auch ein Denkmal für den cubanischen Dichter Juan Clemente Zenea. Der von den Spaniern am 25. August 1871 hingerichtete Poet hat die Literatur des Landes maßgeblich beeinflusst. Am oberen Ende des Prado auf Höhe des Hotels „Parque Central" steht seit 2012 die Büste eines anderen intellektuellen Helden – die des Journalisten, Schriftstellers und Literaturkritikers Manuel de la Cruz y Fernández. Der Zeitgenosse von Nationalheld José Martí kämpfte im Zweiten Unabhängigkeitskrieg auf Seiten der Aufständischen, wird in Cuba aber vor allem für sein 1892 publiziertes Werk „Episodios de la Revolución Cubana" (dt. „Episoden der cubanischen Revolution") verehrt – gemeint ist natürlich der Kampf gegen die Spanier. „Durch seine Schriften entzündete er im Herzen der Cubaner die Kultur der Revolution", heißt es am Sockel pathetisch. Ganz ohne Patriotismus kommt also auch der Prado nicht aus …

Prado (Paseo de Martí) e/ Malecón y Dragones.

El Paseo

Das Restaurant des Hotels „Parque Central" – es gibt dort noch ein zweites namens „Mediterráneo" – wurde vom cubanischen Tourismusministerium mit fünf Gabeln ausgezeichnet. Auf der Karte findet man so erlesene Gerichte wie Rinderfilet in Pilz-Sauce mit gebackenen Kartoffeln und Kürbispüree oder mit Früchten gefüllte Poulardenschenkel an Gemüserisotto, Beef Chop oder Rib-Eye-Steak. Ein vom Chefkoch persönlich zubereitetes Vier-Gänge-Menü schlägt mit 45 CUC zu Buche. Die entsprechenden Wein empfiehlt ein eigener Sommelier.

€€€€€ Tägl. 19–23 Uhr. Calle Neptuno e/ Prado y Zulueta. → **9** auf Karte S. 147.

Havana Gourmet

Der Restaurant-Komplex im „Centro Asturiano" am Prado ist kein vom Staat betriebenes Lokal, sondern arbeitet im Auftrag der spanischen Botschaft für die 3000 Mitglieder zählende „Sociedad Asturiana". Und das sieht man sofort: Im Erdgeschoss hängen neben einem Hochzeitsfoto des spanischen Königspaares Felipe und Letizia alle Wappen der Provinz Asturien. Dort findet man auch eine kleine Peso-Cafetería für den kleinen Hunger, das feine Haupt-Restaurant „Asturias" mit spanisch-cubanischer Fusionsküche sowie die Bar „Asturias" mit täglichem Show-Programm und Live-Musik von 0.30 bis 2 Uhr morgens. Ein Stockwerk darüber residieren das nette Grill-Restaurant „La Terraza" mit Blick über den Prado und die edle Zigarrenbar „Salón Prado 309". Für die Kulinarik ist Küchenchef Pepe verantwortlich, der eine große internationale Erfahrung mitbringt, die er sich – für einen Cubaner völlig außergewöhnlich – unter anderem in mehreren Fünf-Sterne-Hotels in den USA erworben hat. Ihm ist es nicht nur zu verdanken, dass das „Centro Asturiano" keinen Vergleich scheuen muss, er hat auch die Federführung für das Marketing der Location übernommen und sie sogar im Internet platziert, wo derzeit vielleicht gerade mal ein Dutzend cubanische Restaurants eine eigene Website besitzen. Nebenbei betreibt der Tausendsassa im Stadtteil Vedado auch noch das Privat-Restaurant „Toke", das man ebenfalls guten Gewissens empfehlen kann.

€€€€ Tägl. 12–24 Uhr, Bar tägl. 12–6 Uhr. Prado Nr. 309 esquina Virtudes, http://havana-gourmet.com. → **8** auf Karte S. 147.

Palacio de los Matrimonios

Das schönste Gebäude am Prado mit einem Überfluss an kunstvollem Dekor stammt aus dem Jahr 1914 und war einst das Casino Español. Heute gehört der Palast mit seinen zwei Türmchen dem Justizministerium und ist für die Habaneros der bevorzugte Ort zum Heiraten. Am Ende einer breiten Freitreppe kommt man in diesem cubanischen Standesamt in einen großen Saal mit einer kunstvollen Stuckdecke. Vor allem an Samstagvormittagen herrscht hier reger Betrieb, wenn sich Paare wie am Fließband das Jawort geben.

Prado Nr. 302 esquina Animas.

Hotel „Sevilla"

Das im maurischen Stil erbaute Haus, das heute zur Accor-Kette gehört, präsentiert sich als ideales Urlauber-Hotel mit moderaten Preisen. Besondere Pluspunkte des nur wenige Schritte vom Prado entfernt liegenden Hotels sind das Restaurant „Roof Garden" im obersten Stockwerk, wo zu einem grandiosen Panorama Mittag- und Abendessen serviert werden, sowie die Bar „El Patio Sevillana" in einem schnuckeligen Innenhof mit Springbrunnen. Diese Vorzüge wussten schon viele Persönlichkeiten zu schätzen, die hier in früheren Jahren abstiegen: Al Capone etwa, der gleich die komplette 6. Etage mietete und selbst im Zimmer 615 nächtigte, Herbert Matthews, früher Chefredakteur der „New York Times",

Edel, edel: Standesamt von Alt-Havanna

Schwergewichtsweltmeister Joe Louis, Schriftsteller Georges Simenon („Kommissar Maigret") sowie die Showgrößen Gloria Swanson und Josefine Baker. Seitdem hat sich freilich viel getan. Inzwischen verfügt das Haus über einen Swimmingpool, Autovermietung, Wechselstube, Internet-Ecke und Fitness-Studio; in einer Passage zum Prado findet man zudem verschiedene Geschäfte für Sportartikel, Tabakwaren und italienische Mode. Die 178 komfortablen Zimmer sind mit Klimaanlage, Telefon, Radio, Satelliten-TV, Safe, Minibar und Haartrockner ausgestattet.

€€€€ Calle Trocadero Nr. 55 e/ Prado y Agramonte, ✆ 8608560, www.gran-caribe.com. → **6** auf Karte S. 147.

Salón Fausto

Das sehr einfache, aber typisch cubanische Lokal am Prado hat seinen Namen vom benachbarten Teatro Fausto. Gekocht wird kreolisch mit viel Reis, Kochbananen, Hähnchen und Schweinefleisch, bezahlt wird mit Pesos. Nur für die Getränke nimmt man CUC – allerdings auch nicht zu viele.

€ Tägl. 6–24 Std. Prado esquina Colón. → **5** auf Karte S. 147.

Doña Blanquita

Der Paladar ist in der 1. Etage eines alten Kolonialhauses am Prado zu Hause und verwöhnt dort nicht nur den Gaumen, sondern auch das Auge. Von den Tischen auf dem Balkon aus hat man beim Essen beste Sicht auf die Flaniermeile der Altstadt. Die Preise liegen auf Paladar-Niveau, für Schweinenackensteak, Hähnchen und diverse Fischgerichte bezahlt man um die 10 CUC, die Languste steht für 15 CUC auf der Karte.

€€ Tägl. 12–24 Uhr. Prado Nr. 158 e/ Colón y Refugio. → **4** auf Karte S. 147.

Prado 115

Hinsichtlich des Namens waren die Macher des erst Ende 2014 eröffneten

Restaurants wenig kreativ – er spielt lediglich auf die Adresse am Prado an. Hinsichtlich der Speisen ist der europäische Chefkoch umso einfallsreicher. „Comida española hecha en Cuba" (dt. „spanische Kost made in Cuba") ist seine Losung, die auch Visitenkarten, Flyer und Speisekarten ziert. Und dahinter verbirgt sich beste iberische Küche, wie man sie in Havanna in der Vergangenheit nicht finden konnte: Gazpacho, Fabada, Paella, Tortillas und Tapas – alles auf höchstem Niveau. Neben dem Restaurant gibt es auch eine schicke Bar und eine modern eingerichtete Lounge, in denen Cocktails und Weine serviert werden. So muss man sich wohl die Zukunft in Cubas Gastro-Szene vorstellen! €€€€ Tägl. 12–24 Uhr. Prado Nr. 115 e/ Genios y Refugio. → **3** auf Karte S. 147.

Las Terrazas de Prado

Am unteren Ende des Prado wird auf einer großen Terrasse ein bunter Mix geboten: Für den großen Hunger gibt es Schweinesteak, Hähnchenbrust oder Fischfilet vom Grill, für die kleinen Hamburger und Sandwiches. Wer nur ein Päuschen einlegen will, bekommt sein Bier, ein Glas Wein, Cocktails, ein Tässchen Kaffee und Limonaden. €€ Tägl. 10–22 Uhr. Prado esquina Genios. → **2** auf Karte S. 147.

Castillo de los Tres Reyes del Morro

Die 1630 fertiggestellte Festungsanlage sollte die Insel einst vor Piratenüberfällen schützen. Heute kommen keine Piraten mehr, und so kann man das sehr gut erhaltene Castillo samt seinen zwölf Kanonen (genannt „Los doce Apóstoles", dt. „Die zwölf Apostel") und einem kleinen Meeresmuseum vollkommen entspannt besichtigen. Zu sehen ist dort auch ein Leuchtturm, zum Zeitpunkt seiner Inbetriebnahme 1845 der erste in Cuba. Er wurde 1942 allerdings durch ein moderneres Modell ersetzt.

Tägl. 9–18 Uhr. Eintritt 6 CUC, Kinder 5–11 Jahre 3 CUC, Führung 1 CUC (auch in Engl. und Franz.), Leuchtturm 2 CUC. Carretera Cabaña y Vía Monumental.

Cafetería Prado No. 12

Das kleine, saubere Lokal hat die Zahl 12 zu seiner Glückszahl auserkoren. Am nördlichen Ende des Prado nahe dem Malecón gelegen, ist es im Haus mit der Nummer 12 untergekommen. Die Einweihung fand am 12. Dezember 2004 um 12 Uhr mittags statt. Für wenig Geld – sehr deutlich unter 12 CUC, aber über 12 Centavos – gibt es kühle Getränke, Frühstück, Snacks und ein paar wenige Hauptgerichte, für Musik sorgt die Stereoanlage. €€€ Tägl. 9–23.30 Uhr. Prado Nr. 12 e/ San Lazaro y Carcel. → **1** auf Karte S. 147.

Parque de los Mártires

Nur durch die Tangente Calle Capdevila getrennt, grenzt der kleine Park der Märtyrer an das Denkmal für General Máximo Gómez an. Er soll an das Schicksal derer erinnern, die in dem berüchtigten Gefängnis Cárcel de Tacón (auch Real Cárcel de La Habana) einsaßen und dort meist ums Leben kamen. Von dem im Jahr 1838 errichteten und 1939 fast komplett abgerissenen Kerker stehen heute nur noch zwei Zellen mit schweren Eisengittern, in denen einst auch Nationalheld José Martí wegen seiner politischen Gesinnung eingesperrt war. Zu besichtigen ist außerdem noch der Rumpf der kleinen, schmucklosen Rundkapelle des Gefängnisses. Dort kann man durch faustgroße Löcher in die früheren Zellen blicken. Unweit davon weist eine Glorietta auf das Schicksal von acht Medizin-Studenten hin, die am 27. November 1871 standrechtlich erschossen wurden, weil sie angeblich das Grab eines spanischen Journalisten geschändet hatten. Avenida del Puerto, Prado, Calles Cárcel, Capdevila.

Palacio Velasco

Eines der schönsten Gebäude, das man vom Máximo-Gómez-Denkmal aus sieht, ist die Jugendstil-Villa aus dem Jahr 1912, die heute die Botschaft Spaniens beherbergt. Das Haus ist zum einen an seiner einmaligen Fassade zu erkennen, zum anderen – zumindest tagsüber – an der oftmals langen Menschenschlange vor der Tür. Da inzwischen die Angehörigen vieler Cubaner in Spanien leben, müssen diese nicht selten stundenlange Wartezeiten in Kauf nehmen, um die Formalitäten für die Beantragung von Besuchsvisa erledigen zu können.

Calle Agramonte esquina Capdevila.

Monumento Máximo Gómez

Das monumentale Denkmal auf dem verkehrsumtosten Platz mitten im Kreisverkehr zeigt den aus der Dominikanischen Republik stammenden General der Unabhängigkeitskriege. Geschaffen wurde das bronzene Reiterstandbild von dem italienischen Künstler Aldo Gamba, feierlich eingeweiht wurde es im November 1935.

Avenida del Puerto, Avenida de las Misiones, Capdevila.

Museo de la Revolución

Auch wenn man sich nicht zu den leidenschaftlichen Museumsbesuchern zählt, das Revolutionsmuseum in Havanna ist ein Muss – zumindest dann, wenn man wenigstens einen Hauch von Wissen über die neuere Geschichte des Landes mit nach Hause nehmen will.

Das wenige Hundert Meter südlich vom Monumento Máximo Gómez gelegene Gebäude war von dem cubanischen Architekten Rodolfo Maruri und seinem belgischen Kollegen Paul Belau ursprünglich als Sitz der Provinzregierung geplant worden, wurde nach seiner offiziellen Einweihung am 31. Januar 1920 und seiner endgültigen Fertigstellung am 12. März des gleichen Jahres (in dieser Reihenfolge!) aber zum Palast des Präsidenten umgewidmet. Die Inneneinrichtung des Prunkbaus kam von Tiffany's in New York, die Marmor-Fußböden und -treppen aus dem italienischen Carrara.

Seit jenen Tagen erlebte das Gebäude bewegte Zeiten, sah Präsidenten kommen und gehen, wurde am 13. März 1957 Zeuge des erfolglosen Überfalls auf Diktator Fulgencio Batista, hörte am 8. Januar 1959 die erste Rede Fidel Castros in Havanna nach dem Sieg der Revolution. Nicht mal ein Jahr später, am 12. Dezember 1959, wurde der Palast von Raúl Castro per Dekret zum Museum der Revolution erklärt und hatte fortan viel Prominenz zu Besuch – Winston Churchill war ebenso hier wie Richard Nixon oder Juri Gagarin. Die Öffentlichkeit musste mit der Besichtigung der Revolution freilich noch ein wenig warten, für sie öffnete das Museum erst im Januar 1974 mit einer permanenten Ausstellung seine Pforten. Seither schauen sich jährlich rund 300.000 Besucher aus aller Welt die auf drei Stockwerke und 38 Räume verteilten mehr als 9000 Ausstellungsstücke an – Fotos, Flaggen, Waffen, Dokumente, Gegenstände aus dem Kampf gegen die Batista-Diktatur und den Schlachten der Unabhängigkeitskriege.

Nach einer Grundsanierung und einem Umbau wurde das Museum 1988 wiedereröffnet und vermittelt heute im Erdgeschoss zunächst einmal Basiswissen über die Geschichte des Landes. Mehrere Säle sind außerdem dem Leben und Sterben des cubanischen Nationalhelden Ernesto Che Guevara gewidmet – die Exponate sind so vielfältig, dass sie eine fast vollständige Biographie zeichnen. Einen Kontrast dazu stellt die „Rincón de los Cretinos" (dt. „Ecke der Schwachköpfe") dar, in der Karikaturen von Diktator Fulgencio Batista und den früheren US-Präsidenten Ronald Reagan und George Bush zu sehen sind. Die acht Ausstellungsräume im ersten Obergeschoss schildern anhand von Dokumenten die Zeit ab 1959, unter anderem die Invasion in der Schweinebucht im Jahr 1961, die Gründung des ersten Zentralkomitees der Kommunistischen Partei Cubas am 2. Oktober 1965 und den Raumflug des ersten cubanischen Kosmonauten Arnaldo Tamayo Méndez.

Das oberste Stockwerk widmet sich ganz der Kolonialzeit von 1492 bis 1898 und den Unabhängigkeitskriegen mit seinen Helden Carlos Manuel de Céspedes, Máximo Gómez, Antonio Maceo und – last, not least – José Martí. Darüber hinaus gibt es Ausstellungsstücke, die an die Zeit kurz vor der Revolution erinnern – unter anderem an den Überfall auf die Moncada-Kaserne in Santiago de Cuba am 26. Juli 1953 und die Landung der Yacht „Granma" am 2. Dezember 1956 an der Playa Las Coloradas im Osten des Landes.

Dem Schiff, das damals Fidel Castros Rebellen von Tuxpán in Mexiko an die Küste der Provinz Granma brachte und damit zu einem der wertvollsten Stücke der cubanischen Geschichte wurde, hat man am 1. Dezember 1976 ein eigenes Denkmal gesetzt. Es steht in einem riesigen Glas-Sarkophag im Garten des Museums, drum herum sind alte Panzer, Jeeps und Flugzeuge gruppiert, die im bewaffneten Kampf gegen das Batista-Regime und wenige Jahre später in der Abwehrschlacht in der Schweinebucht eingesetzt wurden. Davor erinnert seit dem 19. April 1989 zudem eine in einem fünfzackigen Stern brennende Flamme an die „Ewigen Helden des neuen Vaterlands" – entzündet von Fidel Castro höchstpersönlich.

Auf die Historie trifft man übrigens schon vor Betreten des Revolutionsmuseums. Denn wenige Meter vom Eingang entfernt ist ein kleines Stück der

alten Stadtmauer von Havanna mit einem ehemaligen Wachturm zu sehen.

Tägl. 9–16 Uhr. Eintritt 8 CUC, Kinder 6–12 Jahre 4 CUC, Führung 2 CUC. Calle Refugio Nr. 1 e/ Avenida de las Misiones y Agramonte.

Iglesia del Santo Ángel Custodio

Die kleine Kirche schräg gegenüber vom Museo de la Revolución wurde im 17. Jahrhundert errichtet, 1846 von einem Hurrikan schwer beschädigt und 25 Jahre später im neugotischen Stil wiederaufgebaut. In der cubanischen Geschichte spielt die Iglesia deshalb eine nicht unbedeutende Rolle, weil hier 1788 der Priester und Sozialreformer Pater Félix Varela und 1853 Nationalheld José Martí getauft wurden. Außerdem ist die Kirche Schauplatz des Romans „Cecilia Valdés" von Cirilo Villaverde, der als eines der wichtigsten Werke der cubanischen Literatur gilt.

Im Inneren ist das Gotteshaus recht schlicht gehalten, ins Auge fallen allein die vielen Buntglasfenster, die die Apostel Jesu und – etwas größer – die vier Evangelisten zeigen. Der Hauptaltar, den aufgrund des Namens der Kirche natürlich ein Schutzengel ziert, ist wie die Seitenaltäre aus dunklem Holz geschnitzt, Marienfiguren stellen die Nuestra Señora de Lourdes, die heilige Jungfrau von Guadelupe und Cubas Schutzpatronin, die Virgen de la Caridad del Cobre, dar.

So 8.30–16, Mi–Sa 8.30–16, Messen Sa 19, So 9 Uhr. Calle Compostela Nr. 2 esquina Cuarteles.

Museo Nacional de Bellas Artes

Die knapp 48.000 Exponate des cubanischen Nationalmuseums der Schönen Künste verteilen sich auf zwei Häuser: den Palacio de Bellas Artes, ein moderner Art-déco-Bau in der Calle Trocadero, und das frühere Centro Asturiano in der Calle San Rafael, ein prächtiger Kolonialpalast von 1926. Der Palacio

Havanna Tour 4 → Karte S. 147

widmet sich in vier Abteilungen der cubanischen Kunst (inklusive Kolonialzeit) vom 16. Jahrhundert bis heute, im Centro Asturiano geht es schwerpunktmäßig um Kunst aus Asien, Europa und den USA.

Palacio de Bellas Artes (Calle Trocadero e/ Agramonte y Avenida de las Misiones): Di–Sa 9–17, So 10–14 Uhr. Centro Asturiano (Calle San Rafael Nr. 1 e/ Agramonte y Monserrate): Di–Sa 9–17 Uhr. Eintritt jeweils 5 CUC, für beide Museen 8 CUC. Führung jeweils 2 CUC. www.bellasartes.cult.cu.

Sloppy Joe's Bar

Wüsste man nicht, dass man sich in Cuba aufhält, man könnte nach dem Betreten dieser todschicken, nach einem der berühmtesten Barkeeper Amerikas benannten Location tatsächlich meinen, gerade in das Nachtleben von New York, Rio oder Tokio einzutauchen. Es sind nicht nur das gediegene Interieur und der längste Bartresen Havannas, die den Charme dieses neuen Hotspots ausmachen, es ist vor allem auch die fast endlose Liste an alkoholischen und nichtalkoholischen Getränken, die Sloppy Joe's Bar zudem zur wohl bestsortierten Bar der Karibik machen: 38 verschiedene Whiskys, 17 Wodkas, 15 Tequilas und dazu Dutzende von Rum-Sorten, Brandys und Cognacs – was will man mehr? Besonders stolz ist man auf die Palette an 18 (!) Gins, zu denen der Gast eines von fünf unterschiedlichen Tonics und andere Essenzen wählen und sich so seinen ganz persönlichen Gin Tonic kreieren kann. Damit man länger durchhält, gibt's auch feste Nahrung wie Baguettes, Hamburger oder Tacos.

€€ Tägl. 12–24 Uhr. Calle Zulueta Nr. 252 e/ Animas y Virtudes. → **7** auf Karte S. 147.

Museo de los Bomberos

Das kleine Museum schräg gegenüber vom Hotel „Parque Central" widmet sich mit Schautafeln und diversen Exponaten der Geschichte der Feuerwehr Havannas. Viele Fotos zeigen die Helfer bei ihren Einsätzen, eine ausführliche Dokumentation schildert außerdem den Großbrand vom 17. Mai 1890, bei dessen Bekämpfung 38 Feuerwehrleute ums Leben kamen und bei dem ein Teil der Altstadt in Schutt und Asche gelegt wurde. Ausgestellt sind zudem Schutzhelme und -bekleidung von den Anfängen bis zur Gegenwart sowie jede Menge technische Gerätschaften. Feuerwehr-Fahrzeuge gibt es nicht zu sehen.

Mo–Sa 9.30–17 Uhr. Eintritt frei. Calle Agramonte Nr. 257 e/ Neptuno y Animas.

Hotel „Plaza"

Mit seinem dreieckigen Grundriss und seiner einzigartigen klassizistischen Fassade gilt das Gebäude als Musterbeispiel für die koloniale Architektur Cubas – die Lobby mit ihrer hohen, kunstvoll verzierten Decke und dem Originalmarmorboden muss man gesehen haben. 1909 eingeweiht, wurde das Plaza an jener Stelle errichtet, an der vorher das Verlagsgebäude der Tageszeitung „Marina" stand. In die Gästeliste trugen sich seitdem viele prominente Persönlichkeiten ein, darunter auch Albert Einstein. Das Mobiliar der 188 Zimmer (drei Suiten) stammt noch aus der Kolonialzeit, die übrige Ausstattung (Klimaanlage, Satelliten-TV, Safe, Haartrockner, Minibar, Radio, Telefon) ist halbwegs modern, allerdings hat man sich bei der Renovierung der Zimmer nicht so viel Mühe gegeben wie in der Eingangshalle. Das von vielen Lesern als „Bruchbude" kategorisierte Hotel verfügt über zwei Restaurants, eine 24-Stunden-Lobby-Bar und eine Bar auf der Dachterrasse (tägl. bis 22 Uhr) mit einem schönen Blick auf das nahe Edificio Bacardi, das Gran Teatro und das Capitolio.

€€€€ Calle Agramonte Nr. 267 esquina Neptuno, ✆ 8608583-89, www.gran-caribe.com. → **11** auf Karte S. 147.

Treffpunkt von Stars und Sternchen aus aller Welt: das Hotel „Nacional de Cuba"

Tour 5: Vom Malecón zur Universität und zurück

Vorbei an den berühmten Hotels von Havanna-Vedado

Diese Runde bietet sich als Nachmittagsspaziergang durch den Stadtteil Vedado an, wo das wirtschaftliche Herz Havannas schlägt, wo zahlreiche Fluggesellschaften ihre Büros haben und wo aufgrund der großen Zahl von Hotels viele Touristen unterwegs sind. Bergauf, bergab – Vedado ist etwas hügelig – ist man rund 65 Minuten unterwegs, wenn man sich nirgendwo aufhält und unterwegs nicht einkehrt.

Der Spazierweg
→ Karte S. 163

Los geht's am Malecón, wo die Calle 23 abzweigt, die in diesem Abschnitt „La Rampa" genannt wird, und wo man zunächst „stadtauswärts" geht, wenn dieser Begriff in Havanna aufgrund der Größe überhaupt angebracht ist. Links bleibt auf der anderen Straßenseite (zunächst) das Hotel „Nacional de Cuba" liegen, im Rücken befinden sich das Capitolio und das Castillo de los Tres Reyes del Morro an der Hafeneinfahrt, vor einem schiebt sich das monströse, in Form eines Bumerangs errichtete Edifi-

cio FOCSA ins Bild – grün-beige und mit knapp über 120 Metern das dritthöchste Gebäude der Hauptstadt. Wohnungen, Fernsehstudios, Restaurants und Geschäfte sind darin untergebracht.

Auf einer Verkehrsinsel liegt links das Monumento a las Víctimas del Maine, zu dem man die Straße überquert. Danach geht man geradeaus über eine große Kreuzung zur Plaza Antiimperialista José Martí – das Denkmal für den Nationalhelden weist den Weg, die Skulptur zeigt direkt auf die Ständige Vertretung der

USA in Cuba, die nach dem politischen Tauwetter der beiden Erzfeinde demnächst wieder eine Botschaft sein wird. Die Plaza selbst führt eigentlich ein Schattendasein und rückt immer nur dann in den Blickpunkt, wenn auf ihr Konzerte und Kundgebungen mit Tausenden Menschen stattfinden.

In der Calle Calzada geht es ein Stück zurück in Richtung Hotel „Nacional de Cuba", zu dem man an der zweiten Cupet-Cimex-Tankstelle mit dem eindeutigen Namen „Vista al Mar" (dt. „Meerblick") in die Calle O einbiegt. Nachdem man am Restaurant „Gato Tuerto" (rechts) vorbei ist, öffnet sich links die große Anlage des wohl berühmtesten (aber nicht besten!) Hotels der Insel, das inzwischen selbst zu einer Sehenswürdigkeit geworden ist. Nach der Einfahrt zum „Nacional", wo auch die „Cueva Taganana" zu finden ist, passiert man rechts das Restaurant „", stößt auf die Calle 23 („La Rampa") und biegt dort nach rechts ab. Auf der anderen Straßenseite sieht man das „Café Sofía" sowie die Nachtclubs „Karabali Café", „La Zorra y el Cuervo" und „Club Tikoa" – mit Ausnahme der „Zorra" allesamt nichts Besonderes, was auch für den „Club 23" und „Coctel Habana" gilt, an denen man direkt vorbeiläuft. Auf dem Weg bergauf zur Kreuzung mit

El Monte de las Banderas, der Berg der Flaggen vor der US-Botschaft

der Calle L folgen der „Pabellon Cuba" (rechts), der Touristenmarkt „La Feria de 23" (links, andere Straßenseite), das China-Restaurant „Mandarin" (rechts), das Restaurant „Polinesio" (links, andere Straßenseite), „Dinos Pizza" (rechts) und die Cafetería „La Rampa" (links, andere Straßenseite).

An der Kreuzung mit der Calle L selbst, an der man die Calle 23 an der Fußgängerampel überquert, liegt gegenüber die aus dem Film „Fresa y Chocolate" bekannte Eisdiele „Coppelia". In der Calle L findet man ebenfalls wieder mehr Lokale als Sehenswürdigkeiten, was zweifellos in der Nähe zu den vielen Hotels begründet ist. Den Anfang macht das Hotel „Habana Libre" (links) mit seinen Restaurants und dem Nachtclub „El Turquino" in der 25. Etage. Gegenüber befinden sich der Paladar „Monguito", daneben das „Las Bulerías", das „Waoo" und das „Cibo Café". Ein paar Schritte weiter stößt man links auf das Hotel „Colina" – gegenüber ist das neue und schicke Restaurant „Cuba Pasión" zu Hause. Schließlich gelangt man zur Universität Havannas, an deren großer Freitreppe man nach links in die Calle San Lázaro einbiegt. Die Plaza Mella mit dem Denkmal für den bis heute populären Studentenführer bleibt rechts auf der anderen Straßenseite liegen. Der Weg führt geradeaus weiter bis zur Calle N, wo man links abbiegt. An der Kreuzung mit der Calle 25 zweigt man schließlich rechts ab, links sieht man nach der Kreuzung mit der Calle O alsbald das Café „Dulcinea" (leckere Kuchen!) und gleich daneben das Wohnhaus des einstigen Revolutionärs Abel Santamaría, das heute ein kleines, aber sehenswertes Museum ist.

Hunger? Durst? Geradeaus kommt man zur Calle Infanta, an deren Ecke das „Toke" liegt – Restaurant, Cafetería und Bar in einem. In dieser Straße geht man nach links bis zum Malecón und erreicht wieder den Ausgangspunkt.

Die Stationen im Einzelnen

Edificio FOCSA

Der Wohn-, Büro- und Geschäftskomplex im Herzen Vedados, der mit knapp über 120 Metern als dritthöchstes Gebäude Havannas gilt, beherbergt in der 33. von 35 Etagen das Nobel-Restaurant „La Torre" **2** und die gleichnamige Cocktail-Bar. Die traumhaften Ausblicke auf den Malecón und die Festung „El Morro" sind kostenlos, die Getränke nicht.

Tägl. 12–23.30 Uhr. Eintritt frei. Calle 17 e/ M y N. → **2** auf Karte S. 163.

Monumento a las Víctimas del Maine

Das Denkmal am Malecón unterhalb des Hotels „Nacional de Cuba" erinnert an die 260 Seeleute, die am 15. Februar 1898 bei einer Explosion an Bord der „USS Maine" ums Leben kamen. Der US-amerikanische Panzerkreuzer war während des Zweiten Unabhängigkeitskrieges nach Cuba abkommandiert worden, um die Interessen der USA wahrzunehmen. Der Sprengstoffanschlag auf das Schiff war für die Vereinigten Staaten natürlich ein gefundenes Fressen: Sie machten die Spanier für die Sabotage verantwortlich, traten in den Krieg ein und besiegten die Kolonialmacht zusammen mit der cubanischen Widerstandsarmee binnen weniger Monate. Bis heute hält sich nicht zuletzt deshalb hartnäckig das Gerücht, dass die Amerikaner die Bomben selbst zündeten, um so einen Grund zu haben, die Spanier aus dem Land zu jagen und Cuba unter ihre Kontrolle zu bringen. Das auf den Tag genau 28 Jahre später, am 15. Februar 1926, enthüllte Denkmal besteht aus zwei griechischen Marmor-Säulen, an deren Seiten zwei der großen, inzwischen verrosteten Kanonen der „Maine" liegen, um die die Ankerkette des Schiffes geschlungen ist. Eine Bronzetafel listet die Namen aller gefallenen Soldaten auf. Die Gedenkstätte ist die einzige im Land für Soldaten der USA – weshalb sie bei organisierten Führungen in der Regel geflissentlich übergangen wird.

Malecón y Calzada.

Plaza Antiimperialista José Martí

Der Platz unmittelbar vor der Ständigen Vertretung der USA in Havanna – seit dem Abbruch der diplomatischen Beziehungen zwischen beiden Ländern im Jahr 1961 gibt es keine US-Botschaft mehr, was sich jetzt bekanntlich wieder ändern soll – erinnert mit seinen mit Scheinwerfern versehenen Stahlgerüsten an den Bühnenaufbau bei Rock-Konzerten in Sportstadien. Das Auditorium wurde im Jahr 2000 in aller Eile geschaffen, als die Auseinandersetzung zwischen Cuba und den USA um den kleinen Bootsflüchtling Elián González ihren Höhepunkt erreichte und der damalige Staatspräsident Fidel Castro den Vereinigten Staaten in flammenden Reden immer wieder Kindesentführung vorwarf – natürlich bewusst neben der Ständigen Vertretung der USA, um den Ernst der Lage Auge in Auge mit dem Klassenfeind deutlich zu machen. Fast unnötig zu erwähnen, dass man den Platz wenige Meter östlich des Hotels „Nacional de Cuba" mit den typischen Kampfparolen „Venceremos!" (dt. „Wir werden siegen!"), „Patria o Muerte!" (dt. „Vaterland oder Tod!") und „Gloria eterna a los Mártires" (dt. „Ewiger Ruhm den Märtyrern") versehen hat, auf dass sie die Amerikaner gar nicht übersehen können.

Zwischen der Plaza Antiimperialista und der Ständigen Vertretung der USA hat man an einem sogenannten „Monte de las Banderas" (dt. „Berg der Flaggen") überdies 138 große schwarze Fahnen mit weißem Stern gehisst, die an die 138 Helden erinnern sollen, die von den USA im Lauf der Jahre getötet wurden. Die Farbe Schwarz steht dabei für die Opfer, der weiße Stern für das cubanische Vaterland.

Mindestens ebenso sehenswert waren früher die vielen Plakatwände mit regelmäßig wechselnden Motiven, die entlang der US-amerikanischen Interessensvertretung am Malecón aufgestellt wurden und die zum Teil nicht einer gewissen Ironie entbehrten. Außer der Tatsache, dass darauf unter anderem Ex-US-Präsident George W. Bush als Mörder dargestellt und mit Adolf Hitler gleichgesetzt wird, zeigte einst ein wirklich witziges Cartoon einen cubanischen Revolutionär, der einem vor Angst schlotternden Uncle Sam über das Meer hinweg zuruft: „Meine Herren Imperialisten, wir haben überhaupt keine Angst vor euch!"

Calle Calzada e/ L y M.

El Gato Tuerto

Das Lokal, nur ein paar Schritte vom Hotel „Nacional de Cuba" und dem Denkmal für die Opfer der Maine entfernt, ist gepflegtes Speise-Restaurant und Showbühne gleichermaßen. In der „einäugigen Katze" dominieren cubanische Spezialitäten und Meeresfrüchte zu fairen Preisen, wie etwa „Hummer Compay", der paniert und mit drei verschiedenen Saucen serviert wird. Nicht ganz so günstig sind die Weine mit Preisen bis zu 42 CUC pro Flasche. Und wer es so richtig krachen lassen möchte, muss gar wirklich tief in die Tasche greifen – ein „Dom Pérignon" kostet schlappe 388 CUC. Neben dem Restaurant gibt es eine bei Cubanern wie Touristen beliebte Bar mit traditioneller Live-Musik. Übrigens: Zwischen dem 21. Juni 2001, 22.50 Uhr, und dem 25. Juni 2001, 14.50 Uhr, wurde dort auch der längste Bolero der Welt gespielt und gesungen – er dauerte exakt 76 Stunden, wurde von 498 cubanischen sowie 74 ausländischen Künstlern interpretiert und in 2175 Variationen aufgeführt.

€€€. Restaurant tägl. 12–24 Uhr, Bar tägl. 22–3 Uhr. Calle O Nr. 14 e/ 17 y 19. → **1** auf Karte S. 163.

Hotel „Nacional de Cuba"

Das Prestige-Objekt der cubanischen Hotellerie ist weit mehr als ein normales Hotel: Es ist Wahrzeichen der Stadt, Treffpunkt von Stars und Sternchen aus aller Welt, Bühne für berühmte in- und ausländische Künstler sowie – ganz nebenbei – eine der teuersten Herbergen des Landes mit einem der edelsten Restaurants Cubas, dem „Comedor de Aguiar". Außerdem kann das am 30. Dezember 1930 eröffnete Haus auf eine lange Geschichte verweisen, die eng mit der des Landes verknüpft ist. So putschte sich hier im August 1933 der damalige Unteroffizier und spätere Diktator Fulgencio Batista gegen seinen Vorgänger Gerardo Machado an die Macht. Und nur zwei Monate später wurden an gleicher Stelle mehrere Hundert nach dem Staatsstreich entlassene Armee-Offiziere erschossen, nachdem sie sich in dem Hotel verschanzt hatten, in der Hoffnung, bei dem zu diesem Zeitpunkt im „Nacional" logierenden US-Botschafter Sumner Wells Hilfe zu finden. Er ließ sie abblitzen, die Soldaten des Diktators eröffneten das Feuer. Die Nobel-Herberge erlebte aber auch schöne Tage, als sich in den 1950er Jahren Hollywood-Stars und Las-Vegas-Legenden die Klinke in die Hand gaben. Nat King Cole stieg hier 1957 während seines Gastspiels im „Tropicana" gleich für drei Monate ab und wohnte im Zimmer 218. Ava Gardner bevorzugte Zimmer 225 und hatte „Tarzan" Johnny Weissmüller (Zimmer 232) und „Gentleman Jim" Errol Flynn (Zimmer 235) als Nachbarn. Die Reihe berühmter Namen ließe sich endlos fortsetzen: Frank Sinatra, Toshiro Mifune, Buster

Einkaufen
2 Edificio FOCSA (S. 161)
8 Pabellon Cuba (S. 165)
11 La Feria de 23 (S. 165)
Übernachten
3 Hotel Nacional de Cuba (S. 162)
18 Hotel Habana Libre (S. 166)
23 Hotel Colina (S. 167)
Nachtleben
1 El Gato Tuerto (S. 162)
6 Karabali Café (S. 164)
7 La Zorra y el Cuervo (S. 164)
9 Club Tikoa (S. 165)
18 El Turquino (S. 166)
Plaza Antiimperialista José Martí
Malecón
Monumento a las Victimas del Maine
Calle 7
Cueva Taganana
Calle O
Calle N
Calle L
Línea
Humboldt
Museo Casa de Abel Santamaría
Coppelia
Galería Ciudades del Mundo
Jovellár
San Lázaro
La Rampa
Monumento Julio Antonio Mella
Universidad de La Habana
Museo Napoleónico
Museo Antropológico Montané
Museo de Historia Natural
Av. de los Presidentes
150 m
Tour 5: Vom Malecón zur Universität und zurück

Keaton, Marlon Brando … Heute nächtigen in dem Fünf-Sterne-Haus auch Touristen-Gruppen – solche mit dem nötigen Kleingeld, denn 170 CUC für ein Doppelzimmer muss man schon hinblättern, wenn man wenigstens einmal in Cubas berühmtestem Hotel geschlafen haben will. Aber auch wer hier nicht wohnt, sollte das Haus zumindest kurz besichtigen – und sei es nur wegen des „Pozo del Deseo", des Wunsch-Brunnens, links vom Haupteingang. Eine Legende erzählt, dass jeder Wunsch in Erfüllung geht, wenn man seine Hand über den Rand des Brunnens hält.

€€€€ Calle O esquina 21, ☎ 8363564-67, www.gran-caribe.com. → **0** auf Karte S. 163.

Cueva Taganana

Die Taganana-Höhle unter dem gleichnamigen Hügel, auf dem heute das Hotel „Nacional de Cuba" steht, ist ein Ort der Legenden – überlieferten und (noch) lebenden. Einer Sage nach soll in dem unterirdischen Labyrinth nämlich im 16. Jahrhundert ein alter Indio namens Taganana gelebt haben, den Cirilio Villaverde, der bedeutendste Schriftsteller des kolonialen Cuba, übrigens in einer seiner Erzählungen verewigte. Tatsächlich stammt die Bezeichnung Taganana allerdings schlicht und einfach von einem Dorf am Nordhang des Anagagebirges auf Teneriffa. So oder so wurde das Tunnelsystem während der Cuba-Krise von Fidel Castro als strategischer Punkt benutzt, von dem aus die Stadt bei einem US-amerikanischen Angriff mit Luftabwehrraketen verteidigt werden sollte. Gezeigt werden in der 400 Quadratmeter großen Höhle deshalb neben verschiedenen archäologischen Funden, die dort bei Ausgrabungen entdeckt wurden, auch Schautafeln mit Zeitungsausschnitten und alte Fotos, die von jenen Tagen im Oktober 1962 zeugen. Anmeldungen für Besichtigungen, die dreimal täglich stattfinden, nimmt die Rezeption des Hotels „Nacional de Cuba" entgegen.

Eintritt frei, Führung Mo–Fr 10 + 15 Uhr, Sa 10 Uhr (ca. 60–90 Min.). Calle O esquina 21.

Monseigneur

Gegenüber vom Hotel „Nacional de Cuba" hat man natürlich (auch) die meist etwas betuchten Gäste des prominenten Nachbarn im Auge, was allerdings nur in der perfekten Tischdekoration und dem korrekten Auftreten der Service-Kräfte zum Ausdruck kommt. Die Preise in dem eleganten Restaurant – etwa für Schweinefilet „Uruguayo", Garnelen oder Hummer – sind angesichts der sehr gepflegten Atmosphäre keineswegs übertrieben. Die fünf Komplett-Menüs, die für 5 CUC angeboten werden, sind dennoch „Lockvögel". Schräg-schön ist das Originalinterieur des 1953 eröffneten Lokals, das bis heute seinen Dienst tut.

€€€ Tägl. 17–2.30 Uhr, Cafetería tägl. 7.45–4.45 Uhr. Calle O esquina 21. → **4** auf Karte S. 163.

Café Sofía

Der beliebte Treffpunkt von Cubanern wie Touristen, in dem schon ab vormittags Live-Combos traditionelle cubanische Klänge zu Gehör bringen, ist so etwas wie das „Überraschungsei" der Gastro-Szene an der Rampa: Frühstückslokal, Schnellimbiss, Restaurant, Nachtclub – Letzteres mit Abstrichen. Anfang 2008 wurde die Location grundlegend renoviert und macht seitdem auf steril-modern statt auf gemütlich, was dem Zulauf aber keinen Abbruch tut. Gleichzeitig wurden auch die Preise runderneuert, irgendwo muss die „Kohle" für den Umbau offenbar herkommen. Zu essen gibt es frittiertes Hähnchen, Fischgerichte, Schweinefilets, zu trinken Bier (neben cubanischen Sorten auch Corona, Beck's, Heineken und Bavaria), Cocktails und Wein (auch glasweise).

€€€ tägl. 24 Std. Calle 23 (La Rampa) esquina O. → **5** auf Karte S. 163.

Karabali Café

Das frühere „Café Amor" präsentiert direkt an der Rampa in unmittelbarer Nähe des Cafés „Sofía" auf einer großen Bühne ein täglich wechselndes Showprogramm – mal Live-Musik, mal Varieté, mal Comedians, für die man allerdings der spanischen Sprache mächtig sein sollte. Der Eintritt beträgt 3 CUC pro Person, bei den Matineen zwischen 1 und 2 CUC, die Getränkepreise bewegen sich auf dem Niveau der anderen Abendlokale, sind also durchwegs zivil.

€ Tägl. 16–20 (Matinee) + 22–4 Uhr. Calle 23 (La Rampa) e/ O y N. → **6** auf Karte S. 163.

La Zorra y el Cuervo

Der Club hat seinen Namen – „Die Füchsin und der Rabe" – von einem spanischen Märchen des Erzählers Félix María Smaniego, ist allerdings weniger ein märchenhafter als vielmehr angesagter Jazzclub an der Rampa. Viele Studenten und Musiker mischen sich hier unters Volk, wenn die Größen der Szene zu ihren Instrumenten greifen. Ganz witzig: Den Eingang des Kellerlokals stellt ein altes britisches Telefonhäuschen dar. Im Eintritt von 10 CUC sind zwei Cocktails enthalten.

€€€ Tägl. 22–2 Uhr. Calle 23 (La Rampa) e/ N y O. → **7** auf Karte S. 163.

Club Tikoa

Der Club im Souterrain eines Rampa-Gebäudes, der an ein Jugend-Zentrum der späten 1960er Jahre erinnert, bietet unter dem maßlos übertriebenen Motto „Die Nacht der wahr gewordenen Träume" jeden Abend Musik – mal live, mal von CDs. Zu Letzteren laufen die entsprechenden Videos. Das Publikum in dem Nachtclub der dritten und damit übelsten cubanischen Kategorie ist gemischt, die Preise sind logischerweise sehr günstig. Der Eintritt beträgt Mo–Do 2 CUC, Fr–So 3 CUC.

€€ Tägl. 16–20 (Matinee) + 22–3 Uhr. Calle 23 (La Rampa) e/ N y O. → **9** auf Karte S. 163.

Pabellon Cuba

Ein paar Marktstände auf einer Terrasse über der Rampa führen Kunsthandwerk und Schmuck.

Tägl. 8–18 Uhr. Calle 23 (La Rampa) e/ N y M. → **8** auf Karte S. 163.

La Feria de 23

In dem kleinen Markt an der Rampa werden Souvenirs, Kleidung und Gemälde feilgeboten.

Mo–Sa 9–17.30, So 9–15 Uhr. Calle 23 (La Rampa) e/ M y N. → **11** auf Karte S. 163.

Mandarin

Am oberen Ende der Rampa findet man seit 2012 endlich einmal ein China-Restaurant, das diesen Namen auch wirklich verdient. Statt ein paar wenigen Chop-Suey-Gerichten, wie in vielen anderen cubanisch-chinesischen Lokalen, gibt es im Mandarin nämlich ausschließlich asiatische Kost. Neben einer chinesischen Nudelsuppe, Frühlingsrollen und einem Hähnchen in Champignon-Sauce steht sogar Dim Sum (18 CUP/ca. 0,75 CUC) auf der Karte. Dass das Essen in cubanischen Pesos abgerechnet wird, macht das gepflegte und geschmackvoll eingerichtete Restaurant, das man über eine kleine Holzbrücke betritt, zudem interessant. Und die Getränke für konvertible Währung machen auch nicht arm – Cocktails schlagen auch gerade einmal mit 2,50 CUC zu Buche.

€€ Tägl. 12–22.45 Uhr. Calle 23 e/ L y M. → **10** auf Karte S. 163.

Polinesio

Das schön-schummrige Restaurant mit geschnitzten polynesischen Götzen-Standbildern vor der Tür gehört zum Hotel „Habana Libre" und bietet vornehmlich Fischgerichte und Meeresfrüchte sowie cubanische Speisen mit phantasievollen Namen. Hummer kommt als „Mosaico de Langostas" auf den Tisch, Hähnchen als „Pollo ahumado en el horno polinesio", also geräuchert und im polynesischen Ofen gebraten. Außerdem gibt es als „Oferta" (dt. „Angebot") zwei Komplett-Menüs mit Hähnchen, Schwein und Rind, die in einem „Canoa Polinesia", einem dicken, aufgeschnittenen Bambusrohr, serviert werden. Im Restaurant gibt es auch eine kleine Bar, die tägl. von 16 bis 20 Uhr zur „Happy Hour" lädt, dann kostet Rum etc. gerade mal 1 CUC.

€€€€ Tägl. 12–22.30 Uhr. Calle 23 (La Rampa) e/ L y M. → **14** auf Karte S. 163.

Dinos Pizza

Die Schnell-Cafetería neben dem Yara-Kino ähnelt den „Rápidos" mit dem Unterschied, dass es hier eben Pizzen gibt. Die kosten ab 1,40 CUC, sind unterschiedlich groß – und allesamt viel zu dick.

€ Tägl. 24 Std. Calle 23 (La Rampa) esquina L. → 🔢 auf Karte S. 163.

La Rampa

Die Cafetería gehört zum „Habana Libre", liegt links neben dem Haupteingang des Hotels und ist eine „Bogen-Location". Den sollte man nämlich besser um das Fastfood-Restaurant machen – aus dreierlei Gründen: Die Atmosphäre ist nichtssagend bis unterkühlt, das Personal gelangweilt und unaufmerksam, die Preise entstammen ganz offensichtlich der Phantasie eines Utopisten. Für ein simples Frühstück verlangt man bis zu 10 CUC, Sandwiches gibt es erst ab 4,75 CUC, Pizzen kosten zwischen 5 und 10 CUC, Eis bis zu 6 CUC und – der Gipfel – Mineralwasser 2,25 CUC.

€€€ Tägl. 24 Std. Calle L e/ 23 y 25. → 🔢 auf Karte S. 163.

Coppelia

Das inzwischen weltberühmte Eiscafé am höchsten Punkt der Rampa, in dem Tomás Gutiérrez Alea und Juan Carlos Tabío ihren Kino-Erfolg „Fresa y Chocolate" (dt. „Erdbeer und Schokolade") beginnen lassen und das sich selbst als „La Catedral del Helado" (dt. „Die Kathedrale der Eiscreme") bezeichnet, ist ein Muss. Auch wenn man den futuristischen Bau aufgrund seiner Lage in einem parkähnlichen Gelände vielleicht nicht auf den ersten Blick sieht, man wird ihn sofort orten – wegen der Schlange stehenden Cubaner, die vor den Eingängen wegen zwei Kugeln Eis auf Einlass warten. Der Grund dafür bleibt Ausländern verborgen: Man kann die Eissorten nur bedingt wählen, muss vielmehr nehmen, was gerade da ist, wird mit wildfremden Menschen an einem Vierertisch platziert, von mürrischem Personal bedient, isst mit dünnen Blechlöffeln, zahlt allerdings gerade

einmal ein paar Pesos. Ein völlig konträres Bild bietet die daneben liegende „Sodería Coppelia", das Devisen-Café, in dem Cubaner meist ausgesperrt bleiben, außer sie verfügen über konvertible Währung: eine breite Auswahl an Eissorten, natürlich freie Platzwahl, wesentlich freundlicherer Service, und Menschenschlangen gibt es auch nicht. Nur an wenigen Orten Havannas wird der Unterschied zwischen Arm und Reich deutlicher.

€ Di–So 10–21.15 Uhr, Sodería tägl. 24 Std. Calle 23 esquina L. → 🔢 auf Karte S. 163.

Hotel „Habana Libre"

Das nach dem Denkmal für José Martí an der Plaza de la Revolución mit 137 Metern zweithöchste Gebäude der Stadt wurde im Jahr 1958 als „Habana Hilton" eröffnet, nach dem Sieg der Revolution nur wenige Monate später aber umbenannt. Wichtige Konferenzen mit Fidel Castro und Ernesto Che Guevara fanden damals in dem Hotel statt, in dessen 22. Etage sich die Rebellen nach ihrem Einzug in Havanna vorübergehend einquartiert hatten. Anfang der 1970er Jahre war das Haus Kulisse für einen Teil der Innendrehs zu dem oscarprämierten Hollywood-Klassiker „The Godfather" (dt. „Der Pate"). Hauptdarsteller Marlon Brando zog es damals allerdings vor, im nahe gelegenen, deutlich exklusiveren Hotel „Nacional de Cuba" abzusteigen.

€€€€ Calle L e/ 23 y 25, ✆ 554011, 662181, www.meliacuba.com. → 🔢 auf Karte S. 163.

El Turquino

Den Nachtclub bzw. die Diskothek des „Habana Libre" sollte man allein wegen der Lage besuchen. In der obersten Etage des zweithöchsten Gebäudes von Havanna tanzt man über den Dächern der Stadt, zu Füßen liegt ein Lichtermeer und – wenn sich auf Knopfdruck das Dach über der Tanzfläche öffnet – darüber der Sternenhimmel. Wirklich spektakulär! Eintritt 10 CUC/Pers. inkl. Cocktail, Karten gibt es im Erdgeschoss.

€€ Tägl. 22.30–4.30 Uhr. Calle L e/ 23 y 25. → **18** auf Karte S. 163.

Monguito

Der Paladar existiert schon seit 1995 und bewirtet nicht selten auch Gäste des gegenüberliegenden Luxus-Hotels „Habana Libre“. In gemütlicher Wohnzimmer-Atmosphäre werden ausnahmslos cubanische Speisen serviert – Hähnchen, Schwein, Fisch. Ein Glas Wein kostet 2 CUC, die ganze Flasche 8 CUC.

€€€ Fr–Mi 12–22.30 Uhr. Calle L Nr. 408 e/ 23 y 25. → **19** auf Karte S. 163.

Las Bulerías

Das Lokal gegenüber dem Haupteingang des „Habana Libre“ behauptet, „Cubas beste Taverne“ zu sein – eine glatte Selbstüberschätzung. Das rustikal eingerichtete Restaurant im Souterrain ist allenfalls guter Durchschnitt, sein Speisen-Angebot auch. Die spanisch orientierte Küche bietet u. a. Langusten, Garnelen und Rinderfilet. Am Wochenende (Fr–So) gibt es abends bei freiem Eintritt Shows mit Gesangs-, Tanz- und Flamenco-Darbietungen – allerdings wird verlangt, dass man wenigstens für 5 CUC isst oder trinkt. Die dazugehörige Cafetería, die ihre Tische unmittelbar an der verkehrsträchtigen Calle L aufgestellt hat, serviert in erster Linie Snacks und kalte Getränke. Vor der Bestellung sollte man sich die Karte zeigen lassen und nach den Preisen fragen, weil das Personal andernfalls bei der Rechnung gerne „Fehler“ macht.

€€€ Restaurant tägl. 12–2 Uhr, Cafetería 24 Std. Calle L Nr. 214 e/ 23 y 25. → **20** auf Karte S. 163.

Waoo

Das Lokal gegenüber vom Hotel „Habana Libre“, das der benachbarten Konkurrenz seit seiner Eröffnung im August 2012 den Rang abläuft, nennt sich offiziell Snackbar – eine maßlose Untertreibung. Der Begriff Gourmet-Restaurant entspräche der Wahrheit wohl eher. Geschäftsführer William Arias hat seiner Küche nämlich Qualität verordnet. So werden beispielsweise alle Gerichte frisch zubereitet, werden nur hochwertiges Olivenöl sowie aus Brasilien und Argentinien importiertes Fleisch verwendet, kommt kein billiges Bistec, sondern nur Lende oder Filet auf den Tisch. Auch Reis und Bohnen sucht man auf der Karte vergeblich. Stattdessen gibt es Pommes frites und frische Salate. Besonderheiten der „Snackbar“ sind eine Vielzahl von Tapas, darunter „Pa amb Tomaca“, Rinder-Carpaccio und Tintenfisch. So umfangreich wie die Speisen-Palette ist auch die Bar-Karte, auf der jede Menge Cocktails und importierte Spirituosen zu finden sind. Jedenfalls sorgen sowohl das umfangreiche Angebot wie auch der aufmerksame Service dafür, dass man nach einem Besuch des Waoo garantiert „Wow!“ sagt.

€€€ Tägl. 12–24 Uhr. Calle L Nr. 414 esquina 25. → **21** auf Karte S. 163.

Cibo Café

Schräg gegenüber vom Hotel „Habana Libre“ wurde Mitte 2013 das kleine, feine Privat-Restaurant eröffnet, das natürlich auch von den Hotel-Gästen profitiert – und umgekehrt. Denn während man in den Lokalitäten der einstigen Nobel-Herberge mit Qualität und Service nicht immer zufrieden sein kann, stimmen im Cibo Café Preis und Leistung. Geboten werden diverse italienische Pastas, Pizzen und Risottos, aber auch cubanische Fleisch- und Fischgerichte.

€€€ Tägl. 12–24 Uhr. Calle L Nr. 452 esquina 25. → **22** auf Karte S. 163.

Hotel „Colina“

Das eher einfache Haus liegt in der zentralen Calle L zwischen Universität und „Habana Libre“, zur Rampa sind es nur wenige Schritte. Die 64 Zimmer sind nicht supermodern, aber klimatisiert und mit Telefon, Safe und Satelliten-TV ausgestattet. Das Hotel bietet Internet-Ecke, Autovermietung, Tourist-Info, Restaurant, die Snackbar „Los Perritos" (tägl. 7–22 Uhr) sowie die Cafetería „Portal Colina".

€ Calle L Nr. 23 esquina 27, ✆ 8364071, www. islazul.cu. → 🟦 auf Karte S. 163.

Cuba Pasión

Das neue Lokal, das in einer sanierten Kolonialvilla gegenüber vom Hotel „Colina" residiert, ist Zigarren-Lounge, Tapas-Bar und Restaurant in einem – und wird jedem Anspruch gerecht. Die Küche kocht eher mediterran, auf der Karte findet man ausgefallene Nudelgerichte ebenso wie nicht alltägliche Fleisch- und Fisch-Kreationen – Oktopus auf sizilianische Art etwa. Trotz der Gourmet-Qualität der Speisen bewegen sich die Preise durchwegs im Rahmen.

€€€ Tägl. 11–24 Uhr. Calle L Nr. 502 e/ 27 y 27 de Noviembre. → 🟦 auf Karte S. 163.

Universidad de La Habana

Die Universität Havannas hat schon einige Jährchen auf dem Buckel. Am 21. September 1721 gegründet, war sie zu jener Zeit die dritte in dem von den Spaniern beherrschten Teil der Karibik und die 16. in ganz Lateinamerika. Damals befand sie sich mitten in der Altstadt im Kloster von San Juan de Letrán in der Calle O'Reilly und war sowohl weltliche als auch kirchliche Hochschule. Dies änderte sich erst am 24. August 1842, als man sie im Zeichen der Säkularisation zu einer königlichen und literarischen Einrichtung machte. An ihren heutigen Standort auf dem Aróstegui-Hügel Vedados, den man inzwischen ganz profan zum Uni-Hügel umfirmiert hat, zog die Hochschule am 1. Mai 1902. Davor waren die Räumlichkeiten, die bis dahin von den Feuerwerkern des spanischen Militärs benutzt worden waren, aufwendig und stilvoll renoviert worden. Die Ausgestaltung lag in den Händen des Künstlers Armando Menocal y Menocal, der sieben Fresken malte, die die Medizin, die Wissenschaft, das Denken, die Kunst im Allgemeinen, die Schönen Künste, die Literatur und die Rechte darstellen sollen und in der „Aula Magna" zu sehen sind. Das Auditorium maximum entstand zwischen 1906 und 1911, die Bronze-Statue der „Alma Mater", die noch heute in der Mitte der 88-stufigen Freitreppe zum Haupteingang

An der Universität von Havanna sind heute rund 30.000 Studenten eingeschrieben

steht, noch später. Der tschechisch-cubanische Künstler Mario Korbel schuf sie im Jahr 1919 nach dem Vorbild zweier völlig unterschiedlicher Modelle. Während er den Körper nach einer stämmigen Mestizin aus Havanna anfertigte, gestaltete er Kopf, Hals und Gesicht nach den Zügen der damals 16-jährigen Chana Villalón, der Tochter von José Ramón Villalón y Sánchez, einem Professor der Universität für mathematische Analysen. Diese wiederum heiratete später den Jura-Professor Juan Manuel Menocal, in dessen Vorlesungen Fidel Castro in den 1940er Jahren saß. Heute sind an der Universität von Havanna mit ihren 15 Fakultäten und 14 Forschungszentren rund 30.000 Studenten eingeschrieben.

Calle L esquina San Lázaro.

Monumento Julio Antonio Mella

Das Denkmal für den populären Studentenführer und Mitbegründer der Kommunistischen Partei Cubas befindet sich gegenüber dem Beginn der großen Freitreppe zur Universität. Es besteht aus schiefen Betonstelen, die auf einer schräg abfallenden Plattform aufgestellt sind. An der Hauptsäule prangt unter einem einfachen Bronzeschild, das nur den Namen „Mella" trägt, der Satz „Kämpfen für die soziale Revolution in Amerika ist keine Utopie von Verrückten oder Fanatikern. Es ist Kämpfen für den nächsten Schritt in der voranschreitenden Geschichte." Rechts neben dem stilisierten Trümmerfeld steht in Kniehöhe eine kleine Bronzebüste Mellas, an die viele Cubaner immer wieder Blumen niederlegen. Auch Hochzeitspaare drücken ihre Verehrung für den Studentenführer oftmals dadurch aus, dass sie den Brautstrauß hierher bringen. Julio Antonio Mella, wegen seiner irisch-dominikanischen Abstammung mit bürgerlichem Namen eigentlich Nicanor McPartland, gilt bis heute als heldenhafter Vor-Revolutio-

när. Am 25. März 1903 in Havanna geboren, wurde er 1923 zum Vorsitzenden des cubanischen Studentenverbandes FEU (Federación de Estudiantes Universitarios) gewählt, wurde 1924 Mitglied der „Kommunistischen Gruppe" von Havanna, Vorsitzender der „Antiklerikalen Vereinigung" und Führer der Protestbewegung gegen den Besuch des Schiffes „Italia" aus dem faschistischen Italien. Nur ein Jahr später war er Mitbegründer der „Antiimperialistischen Amerikanischen Liga" und zusammen mit Carlos Baliño Gründer der Kommunistischen Partei Cubas. Daraufhin wurde er von der Polizei des Diktators Gerardo Machado verhaftet, wegen angeblicher terroristischer Umtriebe angeklagt, wenige Wochen später allerdings auf freien Fuß gesetzt. Im Januar 1926 floh er vor Morddrohungen des Machado-Regimes nach Mexiko, wo er sich immer wieder gegen die Vorherrschaft der USA in Lateinamerika zu Wort meldete. Am 10. Januar 1929 wurde Mella in Mexiko-City auf offener Straße erschossen – die Attentäter waren Agenten von Diktator Machado. Bis heute findet sich das Konterfei Mellas neben jenen von Ernesto Che Guevara und Camilo Cienfuegos auf dem Emblem des Kommunistischen Jugendverbands Cubas (UJC).

Calle San Lázaro esquina Neptuno.

Dulcinea

Die Konditorei, die auch europäischen Ansprüchen genügt, hat traumhafte Kuchen und Torten in der Theke. Daneben gibt es verschieden belegte Baguettes und französische Croissants, z. B. mit Schinken und Käse. Dazu bekommt man einen hervorragenden Cappuccino und natürlich eine Vielzahl anderer heißer und kalter Getränke.

€ Tägl. 7–24 Uhr. Calle 25 Nr. 164 e/ Infanta y O. → **13** auf Karte S. 163.

Museo Casa de Abel Santamaría

Die frühere Wohnung des Untergrund-
kämpfers gleich daneben, die man nach
dem Sieg der Revolution ohne viel
Federlesen zu einer Sehenswürdigkeit
erklärt hat, ist eines der bemerkenswer-
testen Museen Vedados. In dem kleinen
Apartment in der sechsten Etage eines
heute noch genutzten Wohnhauses dis-
kutierten   Abel   Santamaría,   seine
Schwester Haydée, Fidel Castro und einige Gleichgesinnte während der Batista-Diktatur die ausweglose Situation
Cubas. Von hier aus organisierten sie
auch den Widerstand, hier planten sie
schließlich den Überfall auf die Moncada-Kaserne am 26. Juli 1953, weshalb
ihre Gruppe auch kurz „M 26-7", für
„Movimiento 26-7" (dt. „Bewegung
26. Juli"), genannt wurde. Seit Abel Santamaría zwei Tage vor dem denkwürdi-
gen Angriff seine Wohnung verließ, um
nach Santiago de Cuba zu reisen, wurde
nichts mehr verändert. Bücher, Möbel,
Kühlschrank – alles ist im Originalzustand erhalten. Selbst der Abreiß-
Kalender aus dem Jahr 1953 zeigt noch
heute den 24. Juli. Abel Santamaría
kehrte nie zurück. Nachdem der Überfall fehlgeschlagen war, wurde er noch
an Ort und Stelle festgenommen und
auf Befehl Batistas zu Tode gefoltert.
Tipp für Besucher: Wenn die Haustüre
geschlossen ist, einfach warten. Da das
Haus von vielen Parteien bewohnt wird
und ständig Betrieb herrscht, dauert es
allenfalls ein paar Minuten, bis irgendje-
mand raus oder rein möchte. In das
sechste Geschoss kommt man mit einem
– etwas abenteuerlichen – Aufzug.

Mo–Fr 10–16, Sa 10–13 Uhr. Eintritt frei.
Calle 25 Nr. 164 App. 603 e/ O y Infanta.

Toke

Die Zuordnung des modernen Lokals
an der Calle Infanta fällt schwer: Es ist
kein klassisches Restaurant, keine billige Cafetería, keine chillige Bar, sondern hat von allem etwas. Jedenfalls ist
es angesagt. Sowohl der kleine Freisitz
mit vier Tischen direkt an der Hauptstraße als auch der klimatisierte Innenraum sind stets gut besucht. Geboten
werden kreolische Speisen und Seafood,
nett angerichtete Sandwiches und große
Hamburger,   Rinder-Carpaccio   und
Schweine-Kotelett in Knoblauch sowie
viele Salate – eine Seltenheit in Cuba.
Dazu werden gut gemixte Cocktails und
neben den cubanischen Bieren auch
Heineken, Corona und Beck's serviert.

€€€ Tägl. 24 Std. Calle Infanta esquina 25.
→ 15 auf Karte S. 163.

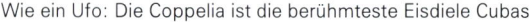

Wie ein Ufo: Die Coppelia ist die berühmteste Eisdiele Cubas

Tour 6: Mit dem T1 vom Parque Central nach Havanna Miramar und zurück

Über die Plaza de la Revolución und den Cementerio Colón

Der bei Touristen beliebte rote Doppeldecker der Linie T1 fährt von 9.10 bis 18.10 Uhr alle 30 Minuten am Parque Central ab und startet zu einer Rundfahrt – die genau genommen keine ist. Denn der Bus steuert den Stadtteil Miramar an, wendet dort am Restaurant-Komplex „La Cecilia" und nimmt auf dem Rückweg (fast) dieselbe Route. Nach knapp zwei Stunden ist man wieder am Ausgangspunkt – wenn man sitzen bleibt, was man nicht muss. Man hat nämlich die Möglichkeit, den T1 an jeder Haltestelle zu verlassen und mit seinem Ticket einen späteren Bus zu nehmen und weiter- bzw. zurückzufahren. Auf diese Weise kann man für 5 CUC den ganzen Tag unterwegs sein und hat die wichtigsten Sehenswürdigkeiten Havannas gesehen – jedenfalls jene, für die man sonst einen Mietwagen oder ein Taxi bräuchte. Ganz wichtig: Sonnencreme und Kopfschutz nicht vergessen, zumindest wenn man oben sitzen will, und nur das macht wirklich Sinn. Durch den permanenten Fahrtwind spürt man nicht, wie man „verbrennt", und kommt andernfalls krebsrot wieder zurück.

Die Spazierfahrt   → Karte hintere Umschlagklappe

Nach der Abfahrt am Parque Central nimmt der T1 den Prado, biegt an dessen Ende nach links in den Malecón ein und fährt diesen bis zum Hotel „Riviera" entlang – permanenter Meerblick inklusive. Von dort geht es am Denkmal für Calixto García vorbei in die Avenida de los Presidentes, wo sich am Hotel „Presidente" eine offizielle Haltestelle befindet, und anschließend über die Avenida Rancho Boyeros zu einem Highlight jeder Sightseeing-Tour in Havanna, der Plaza de la Revolución mit dem Memorial für José Martí. Danach passiert der T1 das Teatro Nacional de Cuba mit dem Café Cantante und dem Delirio Habanero, fährt über die Calle Zapata zum Cementerio Colón und biegt in die Calle 23 ein. Über die Puente Almendares und die Calles 28, 41 und 42 geht die Fahrt in den Stadtteil Miramar zur Avenida 1ra, an der viele Hotels liegen: das Hotel

„Copacabana", das Hotel „Chateau Miramar", das Hotel „Panorama", die Schwester-Hotels „Neptuno" und „Tritón", das Hotel „Meliá Habana" und das Hotel „Comodoro". Sie alle bleiben rechts liegen, dazwischen auch das Acuario Nacional de Cuba – dies allerdings links.

Vom „La Cecilia" aus geht es auf derselben Strecke zurück, allerdings steuert der Doppeldecker nach dem Passieren der Plaza de la Revolución nun die Universität an, fährt in der Calle L am Hotel „Habana Libre" vorbei, biegt in die Calle 23 und an deren Ende in den Malecón ein und befährt diesen bis zur Avenida del Puerto. Nach der Kreuzung mit der Calle Peña Pobre sieht man das Restaurant „Cabaña", den „Kreisel" zum Tunnel unter der Hafeneinfahrt und das Museo de la Revolución, ehe man wieder zum Ausgangspunkt, dem Parque Central, zurückkehrt.

Havanna Tour 6 → Karte hintere Umschlagklappe

Die Stationen im Einzelnen

Parque Central

Der 1877 angelegte Parque Central lockt mit zahlreichen Steinbänken, schattenspendenden tropischen Bäumen und kleinen Springbrunnen. Mittelpunkt der Anlage ist eine marmorne Statue von José Martí, der Ikone des cubanischen Unabhängigkeitskampfes. Ein bisschen streng schaut er schon drein, der Nationalheld ...

Paseo de Martí, Calles Neptuno, Agramonte, San Martín.

Prado (Paseo de Martí)

Die Flaniermeile erstreckt sich zwischen Malecón und Parque de la Fraternidad, ihr nördlicher Teil (bis zum Hotel „Parque Central") wird Prado genannt, der südliche Paseo de Martí. Als Repräsentationsmeile der Aristokratie hatte er nach der Revolution naturgemäß ausgedient, heute ist er von ganz normalen Habaneros und Touristen bevölkert.

Prado (Paseo de Martí) e/ Malecón y Dragones.

Malecón

Die sechs Kilometer lange Uferpromenade mit ihren mächtigen Kaimauern ist Lebensader und berühmteste Straße der Stadt zugleich. Sie könnte sogar eine der schönsten Straßen der Welt sein, hätte man die sie flankierenden Prachtbauten nicht allzu lange sträflich vernachlässigt. Doch inzwischen tut sich was am Malécon, nichts in Havanna verändert derzeit schneller sein Gesicht als das städtebauliche Aushängeschild der Stadt.

Malecón e/ Prado y Calzada.

Hotel „Riviera"

Unmittelbar am Malecón gelegen, ist das „Riviera" Havannas Symbol der 1950er Jahre, wohl weil es damals von einem US-amerikanischen Mafia-Boss erbaut wurde und zu jener Zeit (einmal!) auch die berühmte Schauspielerin und Tänzerin Ginger Rogers zu seinen Gästen zählen durfte. Heute weist man zwar noch immer gern auf die Bühnenpartnerin von Fred Astaire hin, ansonsten erinnert aber nichts mehr daran, dass das Hotel bereits 1950 eröffnet wurde. Vielmehr gilt das Haus inzwischen als eines der Hotels mit dem besten Preis-Leistungs-Verhältnis, in dem das Personal auf Kundenservice getrimmt wurde – vom Zimmermädchen bis zum Oberkellner. Und auch die 204 Zimmer halten strengen Blicken stand. Mit Klimaanlage, Safe, Telefon, Plasma-TV und Minibar ausgestattet, verfügen alle auch über einen Balkon oder eine Terrasse mit Blick aufs Meer und den Malecón. In der Anlage selbst gibt es die obligatorischen Einrichtungen, besonders stolz ist man auf den großen Swimmingpool, das Spa und das „Copa Room"-Cabaret, in dem Do–So Shows und Konzerte stattfinden.

€€€ Avenida Paseo esquina Malecón, ☎ 2040575, www.gran-caribe.com. → **1** auf der hinteren Umschlagklappe.

Monumento Calixto García

Das Ehrenmal für den berühmten General des Widerstands gegen die spanische Kolonialmacht liegt am nördlichsten Punkt der Avenida de los Presidentes direkt am Malecón nahe der „Casa de las Américas" und dem unscheinbaren cubanischen Tourismusministerium. Verehrt wird Calixto García vor allem, weil er an allen drei Unabhängigkeitskriegen – dem „Zehnjährigen Krieg" (1868–1878), dem „Kleinen Krieg" (1878–1879) und dem von José Martí so genannten „Notwendigen Krieg" (1895–1898) – teilgenommen hatte. Das dynamische Reiterstandbild wurde 1958 von dem bekannten US-

amerikanischen Bildhauer Felix de Wel-
don geschaffen, der auch Persönlichkeiten wie John F. Kennedy oder Winston Churchill in Stein abbildete bzw. in
Bronze goss. Rund um das Denkmal erklären 24 in eine polierte Granitwand
eingelassene Bronzetafeln das Leben
und Wirken Garcías. Auf einer der Platten sind unter der Zeile der National-
hymne „Morir por la patria es vivir"
(„Sterben für das Vaterland heißt
leben") auf einer schwer leserlichen
Landkarte die Schlachten eingezeich-
net, an denen der Widerstandskämpfer
beteiligt war. Eine andere gibt den Brief
wieder, den García am 17. Juli 1898,
wenige Monate vor dem endgültigen
Sieg über die Spanier, an US-General
William Shafter schrieb. Flankiert wird
das Reiterstandbild von zwei auf das
Meer hinaus gerichteten alten Kanonen.

Malecón y Avenida de los Presidentes.

Avenida de los Presidentes

Die als breite Allee angelegte Straße, die
berühmten lateinamerikanischen Staatspräsidenten gewidmet ist, wird immer
wieder unterbrochen von mehr oder
weniger kolossalen Denkmälern, Statu-
en und Standbildern. Eines der größten
ist dem Befreier Südamerikas, Simón
Bolívar (1783–1830), gewidmet, der wie
Calixto García auf einem Hengst rei-
tend dargestellt ist. Ein paar Schritte
weiter südlich zwischen den Calles 15
und 17 stößt man auf das Denkmal für
den zweimaligen ecuadorianischen Präsidenten Eloy Alfaro (1842–1912), dessen dunkle Bronze-Statue förmlich aus
einem weißen Marmorblock heraus-
wächst. Zeitgemäßer, also ohne Pferd,
gibt sich die Statue des mexikanischen
Präsidenten Benito Juárez (1806–1872),
die zwischen den Calles 17 und 19
steht. Bedeutungsschwer liegt zu seinen
Füßen die französische Königskrone –
Juárez hatte 1866 die Franzosen mit
Hilfe der USA aus dem Land getrieben
und 1867 persönlich die standrechtli-
che Exekution von Kaiser Maximilian I.

Che wacht über die Plaza de la
Revolución

überwacht, den Napoleon III. als Statt-
halter eingesetzt hatte. Sehenswert ist
zwischen den Calles 19 und 21 auch das
Denkmal für Omar Torrijos Herrera
(1929–1981), dem einstigen Staatschef
von Panama, der 1968 Präsident Ar-
nulfo Arias gestürzt und 1977 in Ver-
handlungen mit US-Präsident Jimmy
Carter die endgültige Rückgabe des Pa-
nama-Kanals an sein Land erreicht
hatte. Nahe der Calle 23 schließlich
winkt die Büste des chilenischen Präsidenten Salvador Allende (1908–1973)
dem cubanischen Volk zu. Überquert
man die Hauptverkehrsader des Stadt-
teils Vedado, erreicht man schon bald
den höchsten Punkt der Avenida de los
Presidentes, wo das monumentale Denkmal für José Miguel Gómez (1858–1921)
steht. Die Gedenkstätte für den General
des Zweiten Unabhängigkeitskriegs und
zweiten Präsidenten der Republik Cuba
ruht auf einem Granitsockel, der von

Havanna Tour 6 → Karte hintere Umschlagklappe

griechischen Marmor-Arkaden halbkreisförmig umgeben ist.

Avenida de los Presidentes e/ Malecón y Universidad.

Hotel „Presidente"

Zwischen 1925 und 1927 als erstes Hochhaus Havannas erbaut, hat das Vier-Sterne-Hotel seitdem zahlreiche hochgestellte Persönlichkeiten aus aller Herren Länder beherbergt. Dennoch: Das „Presidente" liegt irgendwie dazwischen, gerade noch in Vedado, noch nicht ganz in Miramar, jedenfalls von allen Sehenswürdigkeiten eine – wenn auch kurze – Taxifahrt entfernt. Die 158 edlen Zimmer, darunter zwei Präsidenten-Suiten und zwei Junior-Suiten, bieten jeglichen Komfort wie Klimaanlage, Safe, Telefon, Satelliten-TV, Audio-System und Minibar. Das Haus verfügt über einen Swimmingpool, ein Buffet-Restaurant, das Gourmet-Restaurant „Chez Merito", mehrere Bars sowie das „Gran Café".

€€€€ Calle Calzada Nr. 110 esquina Avenida de los Presidentes, ✆ 8381801. → **4** auf der hinteren Umschlagklappe.

Plaza de la Revolución

Rund um den 45.000 Quadratmeter großen Aufmarschplatz zu Füßen des Denkmals für José Martí schlägt das politische Herz Cubas: Das Innenministerium, leicht zu erkennen an dem stilisierten Che-Guevara-Porträt an seiner Fassade, das Ministerium für Postwesen und Telekommunikation, das seit 2010 das Konterfei von Camilo Cienfuegos ziert, der Palacio de la Revolución, in dem Fidel Castro früher sein Büro hatte, das Verteidigungsministerium und das Gebäude des Zentralkomitees der Kommunistischen Partei PCC flankieren seine Seiten. Doch nicht allein dies begründet den Ruf des Platzes – in erster Linie ist er für die Massenveranstaltungen zu Jahrestagen wie dem Überfall auf die Moncada-Kaserne in Santiago de Cuba oder dem Sieg der Revolution bekannt, bei denen die politischen Köpfe des Landes regelmäßig mehr als eine Million von Getreuen auf die Beine bringen. Die Errichtung des Areals, das zunächst Plaza de la República hieß, geht auf die 1940er Jahre zurück. Damals beschloss man, auf dem Gelände der früheren Ermita de los Catalanes, einer Einsiedelei, eine Fläche für Großkundgebungen zu schaffen, schrieb einen internationalen Wettbewerb aus, der im Jahr 1943 auch entschieden wurde – und ließ die Pläne in der Schublade verschwinden. Erst 1952, ein Jahr vor dem 100. Geburtstag von José Martí, griff Diktator Fulgencio Batista das Vorhaben wieder auf, um die Feierlichkeiten für den Nationalhelden ein Jahr später in einem angemessenen Rahmen veranstalten zu können. Das eigentliche Denkmal für ihn stand zu diesem Zeitpunkt allerdings noch nicht, es wurde erst 1958, ein Jahr vor dem Ende der Revolution, enthüllt.

Plaza de la Revolución e/ Céspedes y Rancho Boyeros.

Memorial José Martí

Das im Jahr 1958 fertiggestellte Denkmal für den Nationalhelden und -heiligen entspricht ganz und gar der Bedeutung, die man José Martí in Cuba beimisst: Die kolossale Plastik aus 52 weißen Marmorblöcken, die den Poeten und Widerstandskämpfer, Visionär und Antiimperialisten in Denkerpose zeigt, ist mit 17 Metern die größte unter den Abertausenden Martí-Skulpturen im ganzen Land. Und das eigentliche Monument, das auf einem fünfzackigen Fundament ruht, ist mit 139 Metern auch das höchste Gebäude Havannas. Gleichzeitig hat man versucht, mit dem Turm einen symbolischen Mittelpunkt zu schaffen, was in der obersten Etage deutlich wird, von wo aus man an klaren Tagen nicht nur bis zu 60 Kilometer weit ins Land hineinschauen kann, sondern wo ein Bodenmosaik auch die Entfernungen zu den Metropolen von 43

Staaten und zu acht Provinzhauptstädten Cubas angibt. Zu diesem Aussichtspunkt führen 567 Treppenstufen – oder ein Aufzug. Ein Abbild dieses Stockwerks hinsichtlich Form und Struktur ist das Erdgeschoss, das erneut die herausragende Bedeutung Martís für die cubanische Gesellschaft zum Ausdruck bringt. In dem seinem Leben und seinem Werk gewidmeten Museum stehen auf einer venezianischen Keramikwand (ein Werk des cubanischen Bildhauers Enrique Carabia) in zehnkarätigen Goldlettern 79 Texte bzw. Textteile aus seinen Büchern. Daneben sieht man zahlreiche Dokumente von und über den Nationalhelden, Urkunden der spanischen Universität Saragossa, die seine akademischen Grade in Philosophie und Jura ausweisen, seinen ersten Brief, den er im Alter von neun Jahren an seine Mutter schrieb, und seinen letzten vom 19. Mai 1895 an General Máximo Gómez wenige Stunden vor seinem Tod. Unter Martís Parolen wie „Grundrechte erkauft man sich nicht mit Tränen, sondern mit Blut" oder „Wer sich heute mit Cuba erhebt, erhebt sich für alle Zeiten" sind ferner viele vergilbte Schwarz-Weiß-Fotografien ausgestellt, die ihn zusammen mit seinen Brüdern und seinem Sohn zeigen, sowie eine Flinte und ein sechsschüssiger Colt-Revolver, die er im Zweiten Unabhängigkeitskrieg benutzte. Außergewöhnlichstes und auf den ersten Blick etwas deplatziert wirkendes Exponat ist ein präparierter Quetzal, der Nationalvogel Guatemalas, den Martí im Jahr 1877 von dem späteren guatemaltekischen Präsidenten Justo Rufino Barrios bekommen hatte. Auf den zweiten Blick wird klar, was dieses Geschenk eigentlich bedeuten sollte: Man sagt nämlich, dass der Quetzal vor Schmerz stirbt, wenn man ihn in Gefangenschaft hält. Ähnliches erzählt man sich übrigens auch über den cubanischen Nationalvogel, den Tocororo.

Tägl. 9–16.30 Uhr. Eintritt Museum 3 CUC, Aussichtsplattform 3 CUC, Museum und Aussichtsplattform 5 CUC, Fotoaufnahmen 1 CUC. Plaza de la Revolución Nr. 51 e/ Céspedes y Rancho Boyeros.

Teatro Nacional de Cuba

Der große, moderne Bau an der Plaza de la Revolución fungiert u. a. als Spielstätte des berühmten cubanischen Staatsballetts und des Kinder-Theaters „La Colmenita". Außerdem treten immer wieder verschiedene ausländische Schauspiel-Gruppen auf. Das Haus verfügt über zwei große Bühnen, die „Sala Avellaneda" mit 2500 Plätzen und die „Sala Covarrubias" mit 800 Plätzen, benannt nach dem cubanischen Theater-Autor Francisco Covarrubias (1775–1850). Beide Säle sind mit modernster Licht- und Tontechnik ausgestattet, was nicht unwesentlich zur hohen Qualität der Aufführungen beiträgt. Das jeweilige Programm ist im Foyer angeschlagen, wo tägl. von 9 bis 17 Uhr sowie an der Abendkasse Karten für 10 CUC erworben werden können.

Paseo y 39.

Café Cantante

Der Club, im „Teatro Nacional de Cuba" (Seiteneingang) nahe der Plaza de la Revolución untergebracht, ist eine Institution in Havanna – entsprechend ist der Andrang. Vor allem an Wochenenden bilden sich lange Schlangen vor dem Eingang, warten chic herausgeputzte Cubaner und meist weniger gestylte Touristen einträchtig nebeneinander, bevor sie die Türsteher endlich einlassen in diesen Hotspot des Nachtlebens. Drinnen gibt es Live-Musik und Disco bis in die Morgenstunden, auch wenn offiziell schon um 2 Uhr Schluss ist. Je nach Event bzw. Band – die Einzelheiten entnimmt man einer großen Tafel am Theatereingang – kostet der Eintritt 5–15 CUC.

€€€ Tägl. 22–2 Uhr. Paseo esquina Avenida Carlos Manuel de Céspedes. → 🅱️ auf der hinteren Umschlagklappe.

Havanna Tour 6 → Karte h ntere Umschlagklappe

Delirio Habanero

Das kleinere Nachtlokal im „Teatro Nacional de Cuba" (Haupteingang links) nennt sich Piano-Bar, was bedeutet, dass Bühne, Live-Gruppen und Räumlichkeit etwas kleiner sind als im Cantante nebenan. Oft treten einzelne Trovadores und Son-Sänger auf, denen man auf dunkelroten Plüsch-Sofas lauschen kann. Das täglich wechselnde Programm ist an einer Tafel am Theatereingang abzulesen, Eintritt je nach Bekanntheitsgrad der Künstler 5–15 CUC – alles wie im Café „Cantante" auch.

€€€ Tägl. 22–2 Uhr. Paseo esquina Avenida Carlos Manuel de Céspedes.

Cementerio de Cristóbal Colón

Der Zentralfriedhof Havannas, mit etwa einer Million Gräbern der größte Amerikas und der drittgrößte der Welt, ist viel mehr als nur ein Gräberfeld. Zwischen der Plaza de la Revolución und dem Parque Almendares erstreckt er sich auf einer Fläche von fast sechs Quadratkilometern und ist Totenstadt, Pilgerstätte und Touristen-Magnet gleichermaßen. 20 Kilometer misst das Straßennetz, das durch den Friedhof führt, in dem sich mehr als 53.000 Familiengräber, Mausoleen und kleine Grabkapellen befinden. Sie waren in der Vergangenheit allerdings den wohlhabenden Bevölkerungsschichten vorbehalten, deren letzte Ruhestätten 98 Prozent der Gesamtfläche einnehmen, obwohl nur ein Drittel aller Toten aus ihren Reihen kommen. Den Armen wies man Randplätze zu oder bestattete sie in Massengräbern. Obwohl es in Havanna noch etwa 20 andere Friedhöfe gibt, werden bis heute rund 80 Prozent aller Toten auf dem Cementerio de Cristóbal Colón beerdigt, täglich zwischen 40 und 50, pro Jahr rund 15.000.

Die Gründung der Totenstadt geht auf einen Erlass der bigotten Königin Isabella II. von Spanien vom 28. Juli 1866 zurück. In dessen Folge wurde für 40.867 Pesos Ackerland weit außerhalb der Stadt gekauft. Nachdem der junge Spanier Calixto Aureliano de Loira y Cardoso mit seiner Arbeit unter dem Titel „Der bleiche Tod tritt in die Hütten der Armen und in die Paläste der Könige gleichermaßen" eine Art Architektenwettbewerb für sich entschieden hatte, erfolgte am 30. Oktober 1871 die offizielle Grundsteinlegung. Nur ein Jahr später wurde der Friedhof eröffnet, die Baumaßnahmen dauerten allerdings bis 1886 an. In diesem Jahr wurde auch die Capilla Central eingeweiht, die von einer Kuppel gekrönte und mit Buntglasfenstern aus einer Kölner Manufaktur ausgestattete Zentralkapelle. In dieser sollten ursprünglich die sterblichen Überreste von Christoph Kolumbus beerdigt werden, die zu jener Zeit in der Kathedrale von Havanna beigesetzt waren. Im Jahr 1898 wurden seine Gebeine bzw. das, was man dafür hielt, aber bekanntlich nach Sevilla überführt.

Die Aussegnungshalle ist nur eines von vielen extravaganten und pompösen architektonischen Schmuckstücken in diesem Gräberfeld aus Granit und Marmor. Schon das 34 Meter breite und 22 Meter hohe „Tor des Friedens" aus weißem Carrara-Marmor mit den drei romanisch-byzantinischen Bögen, das an der Nordseite des Friedhofs den Haupteingang bildet, weist darauf hin, dass dahinter etwas ganz Besonderes wartet. Nach den Plänen von de Loira errichtet, betrug die Bauzeit acht Jahre. Erst im Jahr 1901 wurde das Werk mit drei großen Statuen, die die christlichen Tugenden Glaube, Liebe und Hoffnung darstellen, vollendet.

Unmittelbar danach, auf der Avenida Colón des Friedhofs, trifft man auf die Gräber von Máximo Gómez, dem großen General der cubanischen Unabhängigkeitskriege, von Carlos Miguel de Céspedes, dem Sohn des „Vaters des Vaterlandes" Carlos Manuel de Céspedes, und auf das wunderschön gearbeitete Mausoleo de los Bomberos, in dem die 28 Feuerwehrleute ihre letzte Ruhe fanden, die am 17. Mai 1890 bei einem Großbrand in Havannas Altstadt ums Leben gekommen waren. Mit dem Bau des Grabmals begann man im Dezember 1892, die Beisetzung fand im Juli 1897 statt. Der Zeremonie wohnte seinerzeit sogar der damalige Generalgouverneur Cubas, Valeriano Weyler, bei. Schräg dahinter befindet sich seit 2005 das schlichte Marmor-Grab von Ibrahim Ferrer. Nur eine Fotografie erinnert an den berühmten Sänger des „Buena Vista Social Club" mit der unverkennbaren Stimme, der am 6. August jenes Jahres im Alter von 78 Jahren verstorben war. Neun Jahre vorher hatte ihn der US-amerikanische Musiker Ry Cooder zusammen mit anderen Granden des Son wie Compay Segundo wiederentdeckt, 1999 der deutsche Regisseur Wim Wenders mit ihm den legendären Film gedreht, der das Interesse vieler Kinobesucher für Cuba und seine Musik wachrief. Der Streifen „Buena Vista Social Club" wurde zu einem weltweiten Kassenschlager, das Album über fünf Millionen Mal verkauft und mit dem begehrten Grammy ausgezeichnet. Die Avenida Colón, an der entlang all diese Grabstätten liegen, endet an der Capilla Central (übrigens die einzige achteckige Kirche Cubas), wo sie auf die nach Bischof Fray Jacinto Martínez benannte Querstraße stößt – beide teilen den Friedhof in vier Quadrate, ein Charakteristikum für die Bauweise im 19. Jahrhundert. Aber egal, in welchem Bezirk man sich gerade befindet, man kann jeweils nur wenige Schritte tun, ohne dass eine Grabstein-Inschrift auf die letzte Ruhestätte einer berühmten Persönlichkeit hinweist, wie etwa auf die von Revolutionärin Celia Sánchez Manduley, die im Mausoleum der Revolutionären Streitkräfte (span. Mausoleo a las Fuerzas Armadas Revolucionarias) in der Nische mit der Nummer 43 begraben liegt, von Che-Fotograf Alberto Korda oder von den Literaten Alejo Carpentier und Nicolás Guillén. Trotz aller Prominenz ist das Grabmal von Amelia Goyri de Adot links der Avenida

Letzte Ruhestätte einer großen Stimme: das Grab von Ibrahim Ferrer

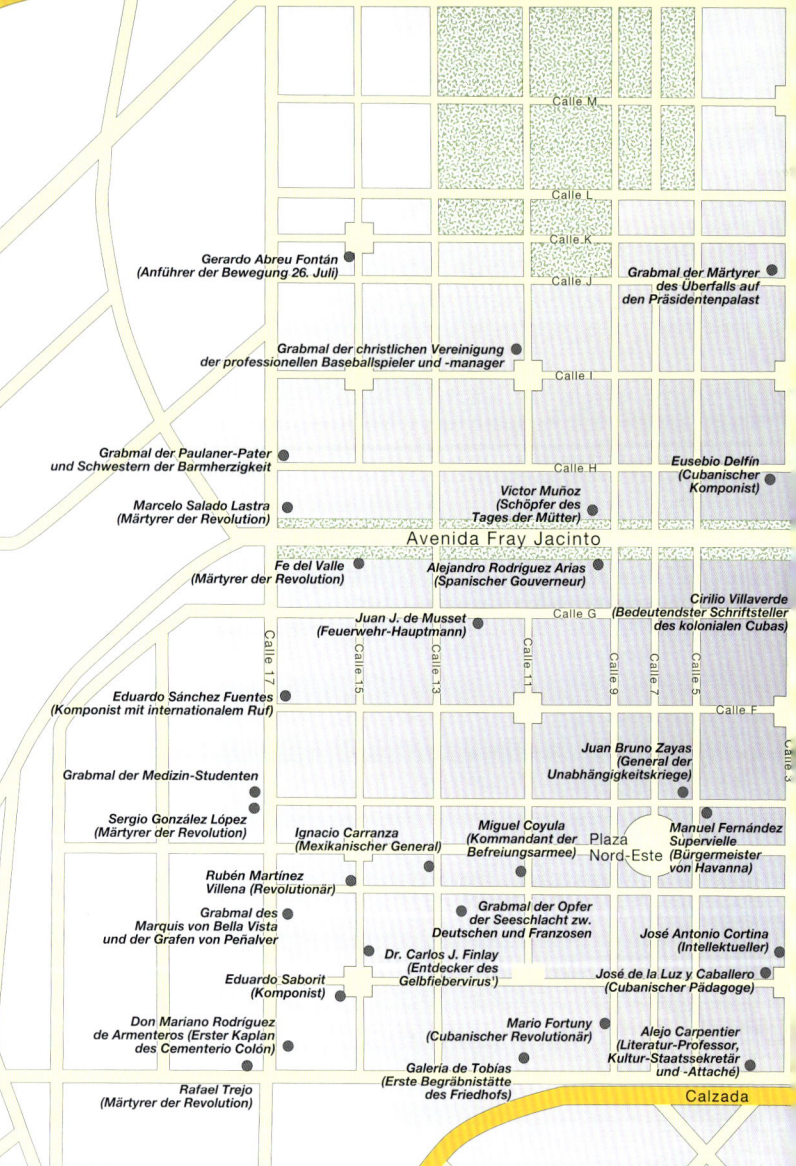

Gerardo Abreu Fontán
(Anführer der Bewegung 26. Juli)

Grabmal der Märtyrer
des Überfalls auf
den Präsidentenpalast

Grabmal der christlichen Vereinigung
der professionellen Baseballspieler und -manager

Grabmal der Paulaner-Pater
und Schwestern der Barmherzigkeit

Eusebio Delfín
(Cubanischer
Komponist)

Marcelo Salado Lastra
(Märtyrer der Revolution)

Victor Muñoz
(Schöpfer des
Tages der Mütter)

Avenida Fray Jacinto

Fe del Valle
(Märtyrer der Revolution)

Alejandro Rodríguez Arias
(Spanischer Gouverneur)

Cirilio Villaverde
(Bedeutendster Schriftsteller
des kolonialen Cubas)

Juan J. de Musset
(Feuerwehr-Hauptmann)

Calle 17

Calle 15

Calle 13

Calle 11

Calle 9

Calle 7

Calle 5

Calle G

Calle F

Calle 3

Eduardo Sánchez Fuentes
(Komponist mit internationalem Ruf)

Juan Bruno Zayas
(General der
Unabhängigkeitskriege)

Grabmal der Medizin-Studenten

Sergio González López
(Märtyrer der Revolution)

Ignacio Carranza
(Mexikanischer General)

Miguel Coyula
(Kommandant der
Befreiungsarmee)

Plaza
Nord-Este

Manuel Fernández
Supervielle
(Bürgermeister
von Havanna)

Rubén Martínez
Villena (Revolutionär)

Grabmal des
Marquis von Bella Vista
und der Grafen von Peñalver

Grabmal der Opfer
der Seeschlacht zw.
Deutschen und Franzosen

José Antonio Cortina
(Intellektueller)

Dr. Carlos J. Finlay
(Entdecker des
Gelbfiebervirus')

José de la Luz y Caballero
(Cubanischer Pädagoge)

Eduardo Saborit
(Komponist)

Don Mariano Rodríguez
de Armenteros (Erster Kaplan
des Cementerio Colón)

Mario Fortuny
(Cubanischer Revolutionär)

Alejo Carpentier
(Literatur-Professor,
Kultur-Staatssekretär
und -Attaché)

Galería de Tobías
(Erste Begräbnisstätte
des Friedhofs)

Calzada

Rafael Trejo
(Märtyrer der Revolution)

Colón in der Calle 1 aber jenes, das auf dem Friedhof am meisten auffällt. Neben einer kunstvoll gearbeiteten, lebensgroßen Figur aus feinstem Marmor, die in der rechten Hand ein Kreuz hält und im linken Arm ein Baby trägt, machen Blumenberge auf den Ort aufmerksam, zu dem täglich Dutzende von Cubanern pilgern, um ihre Anliegen vorzubringen und zu beten. Amelia Goyri ist die Schutzpatronin aller Mütter und besser bekannt

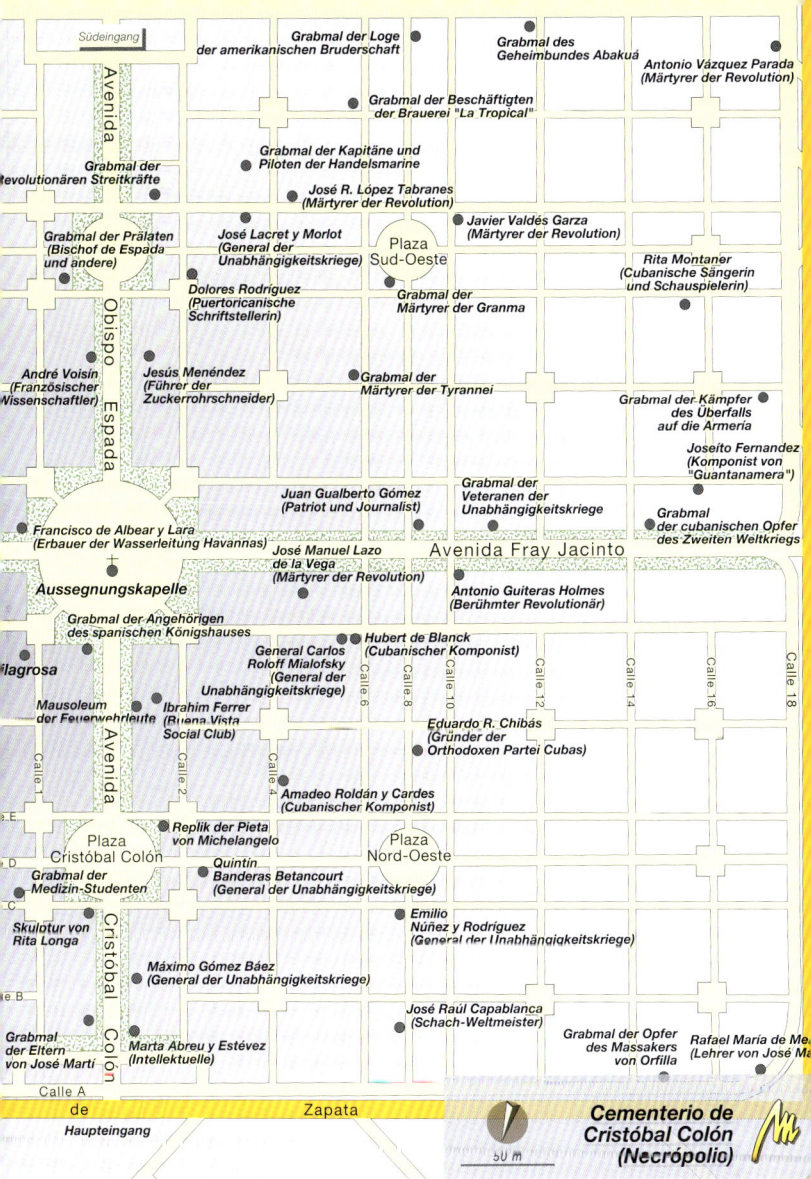

Südeingang

Avenida

Grabmal der Loge
der amerikanischen Bruderschaft

Grabmal des
Geheimbundes Abakuá

Antonio Vázquez Parada
(Märtyrer der Revolution)

Grabmal der Beschäftigten
der Brauerei "La Tropical"

Grabmal der
Revolutionären Streitkräfte

Grabmal der Kapitäne und
Piloten der Handelsmarine

José R. López Tabranes
(Märtyrer der Revolution)

Grabmal der Prälaten
(Bischof de Espada
und andere)

José Lacret y Morlot
(General der
Unabhängigkeitskriege)

Javier Valdés Garza
(Märtyrer der Revolution)

Plaza
Sud-Oeste

Rita Montaner
(Cubanische Sängerin
und Schauspielerin)

Dolores Rodríguez
(Puertoricanische
Schriftstellerin)

Grabmal der
Märtyrer der Granma

Obispo

Espada

André Voisin
(Französischer
Wissenschaftler)

Jesús Menéndez
(Führer der
Zuckerrohrschneider)

Grabmal der
Märtyrer der Tyrannei

Grabmal der Kämpfer
des Überfalls
auf die Armería

Joseíto Fernandez
(Komponist von
"Guantanamera")

Juan Gualberto Gómez
(Patriot und Journalist)

Grabmal der
Veteranen der
Unabhängigkeitskriege

Grabmal
der cubanischen Opfer
des Zweiten Weltkriegs

Francisco de Albear y Lara
(Erbauer der Wasserleitung Havannas)

José Manuel Lazo
de la Vega
(Märtyrer der Revolution)

Avenida Fray Jacinto

Aussegnungskapelle

Grabmal der Angehörigen
des spanischen Königshauses

Antonio Guiteras Holmes
(Berühmter Revolutionär)

Milagrosa

Hubert de Blanck
(Cubanischer Komponist)

General Carlos
Roloff Mialofsky
(General der
Unabhängigkeitskriege)

Calle 6

Calle 8

Calle 10

Calle 12

Calle 14

Calle 16

Calle 18

Mausoleum
der Feuerwehrleute

Ibrahim Ferrer
(Buena Vista
Social Club)

Eduardo R. Chibás
(Gründer der
Orthodoxen Partei Cubas)

Avenida

Calle 1

Calle 2

Calle 4

Amadeo Roldán y Cardes
(Cubanischer Komponist)

Replik der Pieta
von Michelangelo

Plaza
Nord-Oeste

Plaza
Cristóbal Colón

Quintín
Banderas Betancourt
(General der Unabhängigkeitskriege)

Calle D

Grabmal der
Medizin-Studenten

Calle C

Emilio
Núñez y Rodríguez
(General der Unabhängigkeitskriege)

Skulotur von
Rita Longa

Cristóbal

Máximo Gómez Báez
(General der Unabhängigkeitskriege)

Calle B

Colón

José Raúl Capablanca
(Schach-Weltmeister)

Grabmal
der Eltern
von José Martí

Marta Abreu y Estévez
(Intellektuelle)

Grabmal der Opfer
des Massakers
von Orfilla

Rafael María de Me...
(Lehrer von José Ma...

Calle A

de

Zapata

Haupteingang

Cementerio de
Cristóbal Colón
(Necrópolis)

50 m

als „La Milagrosa", die Wundertätige, der auch mehr als ein Jahrhundert nach ihrem Tod übernatürliche Kräfte nachgesagt werden.

Tägl. 9–17 Uhr. Messen tägl. 8, 9.30 + 11 Uhr in der Zentralkapelle. Eintritt 5 CUC, Führung (auch in Engl., Franz., Ital., Russ.) kostenlos. Calle Zapata esquina 12.

Hotel „Copacabana"

Das Hotel hat sich seinen Namen vom Copacabana Yacht Club geliehen, als es

1955 eingeweiht wurde. Keine Sorge – 1992 wurde es generalüberholt und vergrößert, erst 2008 noch einmal grundlegend saniert und modern eingerichtet. Das Haus liegt direkt am Meer abseits des Trubels und ist deshalb ein geschätzter Anlaufpunkt für alle, die Stadt- und Strandurlaub kombinieren möchten. Es verfügt über Restaurant, Bars und Diskothek, seinen Charakter als Ferien-Hotel unterstreichen ein Swimmingpool direkt an der Küste, Tauchschule, Fitness-Raum und Tennisplätze. Die 168 Gästezimmer sind mit dem in dieser Kategorie üblichen Standard ausgestattet.

€€€ Avenida 1ra Nr. 4404 e/ 44 y 46, ℘ 2041037, www.cubanacan.cu. → **2** auf der hinteren Umschlagklappe.

Hotel „Chateau Miramar"

Direkt am Meer gelegen, hadert das Hotel dennoch mit seinem Standort, denn der befindet sich – wie bei allen anderen Mitbewerbern in Miramar – „jwd" („janz weit draußen"). Dafür schwelgt man für cubanische Verhältnisse im Luxus und wird vom Personal professionell umsorgt. Das Vier-Sterne-Haus verfügt über Konferenzräume und Business-Center mit außergewöhnlichen Services (z. B. Handyverleih) und wird deshalb in erster Linie von Geschäftsreisenden gebucht. Den Gästen stehen drei Bars, zwei Restaurants (Buffet und à la carte) sowie Swimmingpool, Schönheitssalon und Autovermietung zur Verfügung. Die 50 Zimmer (27 mit Meer-, 23 mit Gartenblick) sind mit Klimaanlage, Satelliten-TV, Radio, Minibar, Safe und Telefon ausgestattet.

€€€€ Avenida 1ra e/ 60 y 70, ℘ 2041952, www.cubanacan.cu. → **3** auf der hinteren Umschlagklappe.

Hotel „Panorama"

Das architektonisch auffälligste Hotel in Miramar: Mit seiner großen Glasfront und zwei Panorama-Aufzügen, die von der Lobby aus die elf Etagen ansteuern, wird das Haus der H10-Kette seinem

Namen vollauf gerecht. Die Einrichtungen des im Dezember 2002 als „Maritim" eröffneten Vier-Sterne-Hauses stellen alle Ansprüche zufrieden: Souvenirgeschäft, Schönheitssalon, Autovermietung, Café, Internet-Ecke, Fitness-Center, Massagesalon, Sauna, Squash-Court, verschiedene Restaurants und Bars sowie Swimmingpool und Shuttle-Service in die Altstadt (5 CUC) – alles da. Einen Besuch lohnt auch das „Bistro Habana" im Erdgeschoss, wo eine kulinarische Spezialität Havannas, der „Picadillo à la Habanera", bereits ab 3,75 CUC serviert wird. Die 317 Zimmer sind großzügig, modern und komfortabel eingerichtet und verfügen über Klimaanlage, Satelliten-TV, Telefon, Safe und Minibar. Die Suiten haben darüber hinaus eine eigene kleine Terrasse und eine Badewanne mit Jacuzzi.

€€€€ Calle 70 esquina 3ra, ℘ 2040100, www.hotelh10habanapanorama.com. → **5** auf der hinteren Umschlagklappe.

Hotel „Neptuno"

Der ältere, 22-stöckige Hotel-Turm direkt am Meer wurde 1999 komplett renoviert, von ursprünglich vier Sternen auf drei herabgestuft und ist seitdem ein „ehrliches" Hotel mit vernünftigen Preisen. Die 266 Zimmer, darunter zwölf Suiten, sind mit Klimaanlage, Telefon, Satelliten-TV, Safe sowie Minibar ausgestattet und haben Meer- oder Stadtblick. Das Haus verfügt über eine Lobby- und eine Pool-Bar, ein Buffet- und ein À-la-carte-Restaurant sowie Swimmingpool, Friseur, Autovermietung und Babysitter-Service.

€€ Avenida 3ra esquina Calle 74, ℘ 2041606, www.gran-caribe.com. → **6** auf der hinteren Umschlagklappe.

Hotel „Tritón"

Das Schwester-Hotel des „Neptuno" (direkt rechts daneben) ist bis auf das i-Tüpfelchen mit diesem identisch: 22 Stockwerke, 266 Zimmer, darunter zwölf Suiten ... Nur die Preise sind um etwa 10 bis 20 CUC höher. Warum? Das wissen die Götter – und die Cubaner.

€€€ Avenida 3ra esquina Calle 74, ☎ 2041606, www.gran-caribe.com. → **7** auf der hinteren Umschlagklappe.

Hotel „Meliá Habana"

In dem großen Luxus-Hotel fehlt es an wirklich überhaupt nichts. 1998 vom damaligen Staatspräsidenten Fidel Castro himself offiziell seiner Bestimmung übergeben, gehört das Haus der spanischen Meliá-Gruppe sicherlich zu den Top Five in der cubanischen Hauptstadt, erfordert aber das nötige Kleingeld. Fünf Restaurants (Buffet, international, italienisch, Grill, Arrocería), fünf Bars, Cafetería mit Eisdiele, drei Swimmingpools, davon zwei mit Jacuzzi, Fitness-Studio und jede Menge weitere Sportangebote bis Golf und Jagd – was will man mehr? Die 397 Zimmer, darunter zwölf Junior- und vier Master-Suiten, sind natürlich ebenfalls nicht nur komfortabel, sondern luxuriös. Was Gäste in dem Haus erwarten dürfen, wird schon in der Lobby deutlich, wo der Rezeptionsbe-

reich ganz in Marmor gestaltet ist und zu Füßen eines kopflosen Marmor-Engels ein künstlicher Bach plätschert.

€€€€€ Avenida 3ra e/ 76 y 80, ☎ 2048500, www.meliacuba.com. → **8** auf der hinteren Umschlagklappe.

Hotel „Comodoro"

Der etwas in die Jahre gekommene Hotel-Komplex hat 254 Zimmer, die sich im Haupthaus und in einstöckigen Bungalows befinden. Ganz nett sind der – schmale – Strand und der Swimmingpool direkt am Meer. Die Zimmer sind relativ ordentlich ausgestattet und verfügen über Klimaanlage, Telefon, Satelliten-TV und Safe. In der Gesamtschau stellt sich allerdings trotz verschiedener Bars und Restaurants, Laden-Passage, Internet-Café und Autovermietung die Frage, woher die vier Hotel-Sterne kommen.

€€€ Avenida 3ra esquina 84, ☎ 2045551, www.cubanacan.cu. → **9** auf der hinteren Umschlagklappe.

Acuario Nacional de Cuba

Speziell wenn man mit Kindern reist, ist der Meeres-Erlebnispark ein ganz heißer

Luxus pur: das Hotel „Meliá Habana"

Tipp. Schon vor dem Eingangstor werden sie von einem Clown begrüßt, drinnen machen Seelöwen und Delfine Kunststücke – die Kleinen sind glücklich, was will man mehr? Außerdem sind auf der sogenannten tropischen Insel Schildkröten und Pelikane zu sehen, eine Meeresgrotte, die drei cubanischen Mangroven-Arten und die sieben verschiedenen Meereslandschaften der Insel. Insgesamt ein rundes Vergnügen! Di–So 10–18 Uhr (im Juli und August 10–22 Uhr), Shows um 11, 12 + 14 Uhr (im Juli und August auch 19 + 21 Uhr). Eintritt 10 CUC, Kinder 7 CUC inkl. aller Shows. Avenida 3ra esquina 62.

La Cecilia

Der große Komplex mit Restaurant und Cafetería in der Avenida 5ta am ersten Kreisverkehr in Richtung Marina Hemingway wird vorwiegend von Touristenbussen angesteuert. Die Speisen von Maître Ángel Amado Amaya Hernández – er kocht die ganze Palette der kreolischen Küche wie Hähnchen, dünne Scheiben von der Schweinshaxe oder Rindersteaks – kommen zum Großteil vom Holzkohlengrill und werden u. a. im „All you can eat"-Paket für 8,95 CUC angeboten. Als kleine Besonderheit gibt es als Beilage u. a. „Tamal en Cazuela", eine Art Polenta. Tagsüber werden die Gäste regelmäßig von einem Live-Trio mit cubanischen Klängen unterhalten, am Freitag und Samstag mutiert die Anlage nachts zu einer Diskothek – mit DJ bzw. Bands. €€€ Tägl. 12–24 + Fr/Sa 23–3 Uhr. Avenida 5ta Nr. 1010 e/ 110 y 112. → 🔟 auf der hinteren Umschlagklappe.

Universidad de La Habana

Die Universität Havannas wurde bereits 1721 gegründet, damals auf dem Gelände des Kloster San Juan de Letrán mitten in der Altstadt. An ihren heutigen Standort auf dem Aróstegui-Hügel in Vedado zog sie erst 1902, die dortigen Gebäude waren zuvor vom spanischen Militär genutzt worden. Zum Hauptgebäude führt eine imposante Freitreppe, das Interieur der Aula Magna wurde vom cubanischen Künstler Armando Menocal gestaltet. Calle L esquina San Lázaro.

Hotel „Habana Libre"

Das 1958 zunächst unter dem Namen „Habana Hilton" eröffnete Hotel ist mit 137 Metern das zweithöchste Gebäude der Stadt. Seine Umbenennung erfolgte nur wenige Monate nach der Eröffnung – die Revolutionäre um Fidel Castro hatten sich das Hotel nach ihrem Einzug in die Stadt unter den Nagel gerissen. €€€€ Calle L e/ 23 y 25, ✆ 554011, 662181, www.meliacuba.com. → 🔟 auf der hinteren Umschlagklappe.

Cabaña

Das angenehme Restaurant bietet ordentliche cubanische und internationale Küche zu akzeptablen Preisen, auch wenn es auf den ersten Blick wie eine Touristen-Falle aussieht. Von 12 bis 22 Uhr gibt es meistens Live-Musik. €€€ Tägl. 12–24 Uhr. Calle Cuba esquina Peña Pobre. → 🔟 auf der hinteren Umschlagklappe.

Museo de la Revolución

Das Revolutionsmuseum ist ein Muss bei einem Havanna-Besuch. Mehr als 9000 Ausstellungsstücke auf drei Stockwerken veranschaulichen die Geschichte des Landes: Kolonialzeit, Unabhängigkeitskriege, Batista-Diktatur und natürlich die Revolution. Mehrere Säle sind Ernesto Che Guevara gewidmet, und im Garten des Museums steht ein riesiges Denkmal für die „Granma", das legendäre Schiff, mit dem die Rebellen um Fidel Castro 1956 auf die Insel gelangt waren. Tägl. 9–16 Uhr. Eintritt 8 CUC, Kinder 6–12 Jahre 4 CUC, Führung 2 CUC. Calle Refugio Nr. 1 e/ Avenida de las Misiones y Agramonte.

Etwas Spanisch

Wer sich in Cuba außerhalb von Metropolen und Provinzhauptstädten bewegt, kommt ohne ein bisschen Spanisch nicht sehr weit. Die Landbevölkerung spricht kaum Englisch – von Deutsch ganz zu schweigen. Da Cubaner aber Touristen in aller Regel sehr freundlich und hilfsbereit begegnen, reicht oftmals auch die Gebärdensprache aus, um zumindest ein Zimmer zu mieten oder ein Essen zu bestellen. Damit man nicht ausschließlich auf „Hände und Füße" angewiesen ist, will der folgende Sprachführer einen kleinen Beitrag dazu leisten, wenigstens in Standard-Situationen besser zurechtzukommen – und auch all jenen Hilfestellung geben, die bereits über spanische Grundkenntnisse verfügen. Denn das Spanisch Cubas unterscheidet sich in einigen Wörtern, Begrifflichkeiten und Floskeln doch gravierend vom Hochspanisch (*castellano*), wie es an den Volkshochschulen gelehrt wird. So nennt man Autoreifen in Cuba beispielsweise *neumáticos* und nicht *ruedas*, Streichhölzer *fósforos* und nicht *cerillas*, Stadtpläne *mapas* und nicht *planos*. Vor allem aber gebraucht man in Cuba – ganz anders als in Spanien – anderen, auch fremden Personen gegenüber kein „Sie" (*Usted*), sondern ist mit aller Welt auf Du und Du.

Aussprache

c:	vor a, o, u und Konsonanten wie k (caliente = kaliente), vor e und i wie engl. th (cero = thero)	ñ:	wie nj (año = anjo)
		qu:	wie k (queso = keso)
ch:	wie tsch (mucho = mutscho)	v:	wie ein weiches b (vaso = baso)
		w:	(vino = wino)
h:	ist stumm (helado = elado)	y:	wie j (yo = jo)
j:	wie ch (rojo = rocho)	z:	wie engl. th (zona = thona)
ll:	wie j (calle = caje), manchmal auch wie lj		

Zahlen

¼	un cuarto	12	doce	32	treinta y dos
½	un medio	13	trece	40	cuarenta
0	cero	14	catorce	50	cincuenta
1	un/una	15	quince	60	sesenta
2	dos	16	dieciséis	70	setenta
3	tres	17	diecisioto	80	ochenta
4	cuatro	18	dieciocho	90	noventa
5	cinco	19	diecinueve	100	ciento, cien
6	seis	20	veinte	200	doscientos
7	siete	21	veintiuno (-ún)	300	trescientos
8	ocho	22	veintidós	500	quinientos
9	nueve	23	veintitrés	1000	mil
10	diez	30	treinta	2000	dos mil
11	once	31	treinta y uno	5000	cinco mil
10.000	diez mil	100.000	cien mil	1.000.000	un millón

Basics

Grüße

Guten Morgen	*Buenos días*	Tschüss	*Hasta luego (= bis dann)*
Guten Tag (bis zum Abend)	*Buenas tardes*	Wir sehen uns	*Nos vemos*
		Auf Wiedersehen	*Adiós*
Guten Abend/ gute Nacht	*Buenas noches*	Ciao	*Chao*
		Gute Reise	*Buen viaje*
Hallo	*Hola (sehr gebräuchlich)*		

Small Talk

Wie heißt Du?	*¿Cómo te llamas?*
Ich heiße …	*Me llamo …*
Angenehm/sehr erfreut (bei Vorstellung)	*Encantada/encantado,mucho gusto*
Woher kommst du?	*¿De dónde eres?*
Ich komme aus …	*Soy de …*
… Deutschland	*Alemania*
… Österreich	*Austria*
… Schweiz	*Suiza*
Sprechen Sie/sprichst du …?	*¿Hablas …?*
… Deutsch/Englisch/Französisch/Italienisch	*… alemán/inglés/francés/italiano*
Ich spreche kein Spanisch	*No hablo español*
Verstehst du?	*¿Comprendes/entiendes?*
Ich verstehe (nicht)	*(No) comprendo/entiendo*
Langsamer, bitte	*Despacio, por favor*
Wie geht's?/Wie geht es Ihnen?	*¿Qué tal? (bei Freunden), ¿Cómo estás?*
(Sehr) gut, und Dir?	*(Muy) bien, ¿y tú?*
In Ordnung/passt so/okay (auch als Frage)	*¿Vale?, ¡vale!, bueno*
Wie schön!	*¡Qué bueno!*
Das gefällt mir	*Me gusta esto*
logisch	*claro*

Minimal-Wortschatz

ja	*sí*	viel/wenig	*mucho/poco*
nein	*no*	ich	*yo*
bitte	*por favor*	du	*tú*
vielen Dank	*muchas gracias*	Sie	*usted*
Entschuldigung	*perdón*	Mädchen	*chica/niña*
Verzeihung	*disculpa*	Junge	*chico/niño*
groß/klein	*grande/pequeño*	Frau	*señora*
gut/schlecht	*bueno/malo*	junge Frau	*señorita*
heiß/kalt	*caliente/frío*	Herr	*señor*
oben/unten	*arriba/abajo*	blau	*azul*

grün	*verde*	Um wie viel Uhr?	*¿A qué hora?*
rot	*rojo*	Warum?	*¿Por qué?*
schwarz	*negro*	Was kostet das?	*¿Cuánto cuesta esto?*
weiß	*blanco*	weil	*porque*
verboten	*prohibido*	Wie/wie bitte?	*¿Cómo?*
Gibt es …	*¿Hay?*	Wissen Sie…?	*¿Sabes …?*
Haben Sie …?	*¿Tienes …?*	Wo ist …?	*¿Dónde está …?*
Ich möchte …	*Quisiera …*	Wo?	*¿Dónde?*
Ich weiß nicht …	*Yo no sé*	Woher?	*¿De dónde?*
Ist es möglich/kann ich?	*¿Es posible?*	Wohin?	*¿Ádonde?*
Können Sie/kannst du mir sagen, wo … *¿Podrías decirme dónde está …?*			

Orientierung

Wo ist …?	*¿Dónde está …?*	geradeaus	*todo recto*
Ist es weit?	*¿Está lejos?*	hier	*aquí*
die nächste Straße	*la próxima calle*	dort	*alli, ahí*
links	*izquierda*	Adresse	*dirección*
rechts	*derecha*	Stadtplan	*mapa de la ciudad*

Zeit

Vormittag(s)	*(por la) mañana*	Tag	*día*
Nachmittag(s)	*(por la) tarde*	jeden Tag	*todos los días*
Abend(s)	*(por la) noche*	Woche	*semana*
heute	*hoy*	Monat	*mes*
morgen	*mañana*	Jahr	*año*
übermorgen	*pasado mañana*	stündlich	*cada hora*
gestern	*ayer*	Wann?	*¿Cuándo?*
vorgestern	*anteayer*		

Jahreszeiten

| Frühling | *primavera* | Herbst | *otoño* |
| Sommer | *verano* | Winter | *invierno* |

Monate

Januar	*enero*	Juli	*julio*
Februar	*febrero*	August	*agosto*
März	*marzo*	September	*septiembre*
April	*abril*	Oktober	*octubre*
Mai	*mayo*	November	*noviembre*
Juni	*junio*	Dezember	*diciembre*

Uhrzeit

Stunde	*hora*	Wie viel Uhr ist es?	*¿Qué hora es?*
Um wie viel Uhr?	*¿A qué hora?*		

Unterwegs

Wie viele Kilometer sind es von hier bis …?	
¿Cuántos kilómetros son de aquí a …?	
Ich möchte bitte aussteigen!	
¡Quisiera salir, por favor!	
Abfahrt	*salida*
Ankunft	*llegada*
Autobus	*autobús/guagua*
Bahnhof	*estación (de ferrocarril)*
das (nächste) Flugzeug	*el (próximo) avión*
(der nächste) Bus	*(el próximo) autobús*
Deck	*cubierta*
Fähre	*ferry*
Fahrkarte	*boleto/tarjeta*

Flughafen	*aeropuerto*
Hafen	*puerto*
Haltestelle (Bus)	*parada*
hin und zurück	*ida y vuelta*
Information	*información*
Kilometer	*kilómetro*
Reisebüro	*agencia de viajes*
Reservierung	*reservación*
Schiff	*barco*
Telefon	*teléfono*
Straße	*calle*
Landstraße	*carretera*
Autobahn	*autopista*
Weg	*camino*

Auto/Zweirad

Ich möchte …	*quisiera …*
Wo ist …?	*¿dónde está …?*
… die nächste Tankstelle	*… el próximo servi*
Bitte prüfen Sie …	*Por favor, controla …*
Ich möchte … mieten (für einen Tag)	
Quisiera alquilar … (para un día)	
(Die Bremse) ist kaputt	*(Los frenos) está(n) roto(s)*
Wie viel kostet es (am Tag)?	*¿Cuánto cuesta (un día)*
Kann ich hier parken?	*¿Puedo aparcar aquí?*
Normal-Benzin	*(gasolina) regular*
Super-Benzin	*(gasolina) especial*
Diesel	*gasóleo/gasoil*
(1/20) Liter	*(un/veinte) litro(s)*
Auto	*coche/carro*
Anlasser	*starter*
Auspuff	*escape*
Batterie	*batería*
Bremse	*frenos*
Ersatzteil	*pieza de recambio*
Keilriemen	*correa*

kleben	*pegar*
kontrollieren	*controlar*
Kühler	*radiador*
Kupplung	*embrague*
Licht	*luces*
Motor	*motor*
Öl	*aceite*
Reifen	*neumático*
Reparatur	*reparación*
Stoßdämpfer	*amortiguador*
Werkstatt	*taller*
Ampel	*semáforo*
Autobahn	*autopista*
Baustelle	*obras*
Einbahnstraße	*dirección única*
Kreuzung	*crucero*
Motorrad	*moto*
Parken	*aparcar*
Straße gesperrt	*carretera cortada*
Umleitung	*desvío*

Das alte Haus von Rocky Docky

Register

Sach- und Personenregister

Havanna

Matanzas

Varadero   34

Die in diesem Reisebuch enthaltenen Informationen wurden vom Autor nach bestem Wissen erstellt und von ihm und dem Verlag mit größtmöglicher Sorgfalt überprüft. Dennoch sind, wie wir im Sinne des Produkthaftungsrechts betonen müssen, inhaltliche Fehler nicht mit letzter Gewissheit auszuschließen. Daher erfolgen die Angaben ohne jegliche Verpflichtung oder Garantie des Autors bzw. des Verlags. Autor und Verlag übernehmen keinerlei Verantwortung bzw. Haftung für mögliche Unstimmigkeiten. Wir bitten um Verständnis und sind jederzeit für Anregungen und Verbesserungsvorschläge dankbar.

ISBN 978-3-95654-277-0

© Copyright Michael Müller Verlag GmbH, Erlangen 2016. Alle Rechte vorbehalten. Alle Angaben ohne Gewähr. Druck: Westermann Druck Zwickau GmbH.

Aktuelle Infos zu unseren Titeln, Hintergrundgeschichten zu unseren Reisezielen sowie brandneue Tipps erhalten Sie in unserem regelmäßig erscheinenden Newsletter, den Sie im Internet unter **www.michael-mueller-verlag.de** kostenlos abonnieren können.

Protect our planet

Klimaschutz geht uns alle an.

Der Michael Müller Verlag verweist in seinen Reiseführern auf Betriebe, die regionale und nachhaltig erzeugte Produkte bevorzugen. Ab Januar 2015 gehen wir noch einen großen Schritt weiter und produzieren unsere Bücher klimaneutral. Dies bedeutet: Alle Treibhausgasemissionen, die bei der Produktion der Bücher entstehen, werden durch die Ausgleichszahlung an ein Klimaprojekt von myclimate kompensiert.

Der Michael Müller Verlag unterstützt das Projekt »Kommunales Wiederaufforsten in Nicaragua«. Bis Ende 2016 wird der Verlag in einem 7 ha großen Gebiet (entspricht

ca. 10 Fußballfeldern) die Wiederaufforstung ermöglichen. Dadurch werden nicht nur dauerhaft über 2.000 t CO_2 gebunden. Vielmehr werden auch die Lebensbedingungen der lokalen Bevölkerung deutlich verbessert.

In diesem Projekt arbeiten kleinbäuerliche Familien zusammen und forsten ungenutzte Teile ihres Landes wieder auf. Eine vergrößerte Waldfläche wird Wasser durch die trockene Jahreszeit speichern und Überschwemmungen in der Regenzeit minimieren. Bodenerosion wird vorgebeugt, die Erde bleibt fruchtbarer. Mehr über das Projekt unter **www.myclimate.org**

myclimate ist einer der weltweit führenden Anbieter im Bereich der freiwilligen CO_2-Kompensation. myclimate Klimaschutzprojekte erfüllen höchste Qualitätsstandards und vermeiden Treibhausgase, indem fossile Treibstoffe durch alternative Energiequellen ersetzt werden. Das Projekt »Kommunales Wiederaufforsten in Nicaragua« ist zertifiziert von Plan Vivo, einer gemeinnützigen Stiftung, die schon seit über 20 Jahren im Bereich Walderhalt und Wiederaufforstung tätig ist und für höchste Qualitätsstandards sorgt.

www.michael-mueller-verlag.de/klima

G o l f

Maqueta
La Haban

Acuario
Nacional
de Cuba

Ave 5ta

Ave 42

Iglesia Jesús
de Miramar

Ave 5ta

BUS

BUS

Miramar

Buena Vista
Social Club

Buenavista

Ave 70

Ave 41

Quibú

Ave 25

Ave 31

Ave 41

Calle 100

Ave 51

Marianao

Ave 51

Ave 114

Ave San Francisco 100